인생의 기술

SHOW ME HOW: 500 THINGS YOU SHOULD KNOW
INTRODUCTIONS FOR LIFE FROM THE EVERYDAY TO THE EXOTIC
by Derek Fagerstrom, Lauren Smith and The Show Me Team
Copyright ⓒ 2008 Weldon Owen Inc.
Korean translation copyright ⓒ 2013 by 1984 Publishing Co.
Korean translation rights arranged with Weldon Owen Inc. through Amo Agency, Seoul, Korea.
All rights reserved.
이 책의 한국어판 저작권은 아모 에이전시를 통해 저작권자와 독점 계약한
1984에 있습니다. 신 저작권법에 의해 한국 내에서 보호를 받는 저작물이므로
무단 전재와 무단 복제를 금합니다.

인생의 기술
그래픽으로 배우는 생활의 요령 500

2013년 4월 15일 초판 발행

엮은이 데릭 퍼거스트롬, 로렌 스미스 & 더 쇼 미 팀
옮긴이 신동숙

발행인 전용훈
편 집 장옥희
디자인 유진아
마케팅 이승현

발행처 1984
등록번호 제313-2012-44호
주소 서울시 마포구 동교동 158-24 혜원빌딩 1층
전화 02-325-1984
팩스 0303-3445-1984
홈페이지 www.re1984.com
이메일 master@re1984.com
ISBN 978-89-968711-9-4 13300

인생의 기술

그래픽으로 배우는 생활의 요령 500
SHOW ME HOW 500 THINGS YOU SHOULD KNOW

데릭 퍼거스트롬, 로렌 스미스 & 더 쇼 미 팀 엮음
신동숙 옮김

show me how to…

| 이 책의 활용

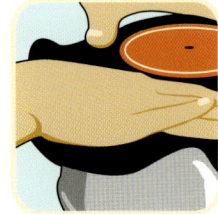

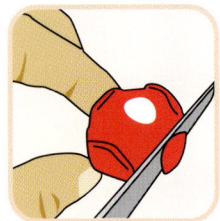

arts

crafts

science projects

kitchen tips

여러 가지 만들기

2 타이어 그네 달기
3 예쁜 꽃 말리기
4 달걀 꾸미기
5 찰흙으로 비즈 만들기
6 찰흙 비즈 꿰기
7 찰흙으로 동물 모양 빚기
8 찰흙으로 색다른 모형 창작하기
9 으스스한 부두교 인형 만들기
10 부두교 인형 사용하기
11 부적으로 적의 공격 피하기
12 스텐실 슬쩍 남기기
13 보이지 않는 잉크로 작성하기
14 책 속에 텅 빈 공간 만들기
15 초강력 새총 만들기
16 꼭짓점 16개 별 접기
17 종이 상자 만들기
18 종이 펭귄 접기
19 실크 스크린으로 멋진 디자인 찍어내기
20 아코디언 모양으로 접어 책 만들기
21 콤팩트디스크로 미러볼 만들기
22 레코드판으로 복고풍 그릇 만들기
23 폴리염화비닐(PVC)관 디저리두 만들기
24 트럼프로 지갑 만들기
25 쇠사슬 갑옷 재질의 비키니 만들기
26 발포 고무로 검 만들기
27 감자로 시계 작동시키기
28 회전체 만들기
29 참호용 라디오 조립하기
30 일식 관찰 장비 설치하기
31 화산 분출 모형 만들기
32 열대 테라리엄 만들기
33 우정 팔찌 엮어서 만들기
34 거대한 비눗방울 만들기
35 풍선으로 강아지 만들기
36 얼음사탕 만들기
37 파티 피냐타 만들기
38 감자 도장 새기기
39 스노볼 만들기
40 크리스마스 리스 꾸미기
41 향기 나는 포맨더 만들기
42 빈 캔으로 조명 밝히기
43 바틱 염색법으로 식탁보 염색하기
44 바틱 무늬의 의미 알기
45 홀치기 염색으로 줄무늬 만들기
46 근사한 나선무늬 염색하기
47 뜨개질 코잡기
48 겉뜨기
49 안뜨기
50 기본적인 자수법 익히기
51 아메리카 원주민의 비즈 장식 따라 해보기
52 모카신을 만들기 위해 발 사이즈 재기
53 스웨이드 모카신 만들기

맛있게 요리하기

54 석류 까기
55 망고 자르기
56 아보카도 씨 빼기
57 코코넛 까기
58 파인애플 자르기
59 달걀 삶기
60 완숙 달걀 껍데기 빨리 까기
61 달걀 프라이 만들기
62 수란(水卵) 만들기
63 타쿼리아 스타일의 부리토 만들기

64 토르티야 칩 만들기	83 굴 껍데기 까기	cooking
65 과카몰리 만들기	84 나라별 쇠고기 부위와 명칭 알기	
66 칠리 고추 깍둑썰기	85 나라별 돼지고기 부위와 명칭 알기	
67 피코 데 가요 만들기	86 맛있는 수제 소시지 만들기	
68 토마토 꽃 만들기	87 햄버거 근사하게 쌓아 만들기	
69 빨간 무로 장미 만들기	88 지글거리는 스테이크 굽기	
70 생강 다지기	89 비어캔 치킨 요리하기	
71 피망 껍질 벗기기	90 칠면조 굽기	
72 아티초크 다듬기	91 칠면조 고기 자르기	
73 무쇠 프라이팬 녹 제거하기	92 전통 방식의 프라이드치킨 만들기	baking
74 잘 들러붙지 않는 밀방망이 만들기	93 보글보글 끓는 그레이비 만들기	
75 칼 번쩍번쩍하게 갈기	94 파스타와 소스 짝짓기	
76 식품 보존 기간 알아두기	95 파스타 반죽 밀기	
77 젓가락질하기	96 페투치니 자르기	
78 테마키 스시 만들기	97 토르텔리니 접기	
79 마키 스시 만들기	98 갈레트 접기	
80 바닷가재 먹기 좋게 발라내기	99 바게트 모양내기	
81 새우 껍질과 내장 제거하기	100 할라빵 반죽 만들기	
82 식용 게 껍데기 발라내기	101 격자무늬를 얹은 파이 만들기	

술과 음료 만들기

cocktails

102 샴페인과 어울리는 음식	119 머들러 사용하기
103 피노 그리지오와 어울리는 음식	120 기본 마티니 만들기
104 샤르도네와 어울리는 음식	121 다양하게 변형된 마티니 만들기
105 피노누아와 어울리는 음식	122 왕비에게 어울릴 만한 차 끓이기
106 메를로와 어울리는 음식	123 사모바르로 러시아 차 끓여내기
107 카베르네 쇼비뇽과 어울리는 음식	124 티베트 야크 버터 차 만들기
108 와인 병 따기	125 타이 아이스티 대접하기
109 와인 병에서 코르크 조각 꺼내기	126 에스프레소 음료 비율 알아보기
110 와인 시음하기	127 카페인 음료 고르기
111 사브라주 체험하기	128 프레스 포트(프렌치 프레스) 사용하기
112 샴페인 병 따기	129 최적의 에스프레소 추출하기
113 격식에 맞게 압생트 준비하기	130 라테에 나뭇잎 그리기
114 푸스카페 겹겹이 따르기	131 다른 맥주병을 이용해 맥주병 따기
115 상큼한 상그리아 만들기	132 라이터로 맥주병 따기
116 잔 테두리에 설탕이나 소금 묻히기	133 맥주에 맞는 맥주잔 고르기
117 보스턴 셰이커로 칵테일 혼합하기	134 파인트 잔에 맥주 따르기
118 맛있는 칵테일 만들기	135 장화 잔에 따른 맥주 단숨에 들이키기

coffee and tea

wine

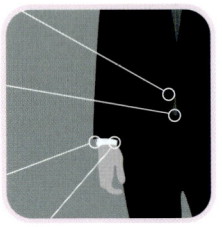
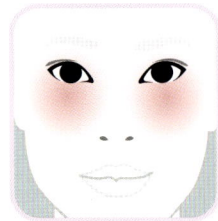
clothing

hair

makeup

flirting

dating

멋내기

136 남성의류 직물 패턴
137 각 계절에 맞는 정장 고르기
138 정장 말쑥하게 차려입기
139 구두 광내기
140 수염 모양 알아보기
141 말쑥하게 수염 깎기
142 한 갈래로 프렌치 브레이드 머리 땋기
143 뒤로 세련되게 틀어 올린 시뇽 머리하기
144 단정하게 올린 머리하기
145 기막히게 멋진 핑거웨이브 만들기
146 굵은 실을 꼬아 붙임머리 만들기
147 위로 뾰족 솟은 모호크족 머리하기
148 여러 가닥으로 땋은 콘로 머리하기
149 드레드 머리하기
150 좀비로 변신하기
151 분장용 가짜 피 제조하기
152 뼈가 드러난 것처럼 분장하기
153 피가 줄줄 흐르는 상처 분장하기
154 반짝반짝 빛나는 요정되기
155 외계인으로 변신하기
156 노인 분장하기
157 실로 눈썹 정리하기
158 인조 속눈썹 붙이고 떼기
159 섹시하고 스모키하게 아이섀도 그리기
160 전문가처럼 립스틱 바르기
161 브러시로 볼터치하기
162 기모노 입는 법
163 기모노의 종류
164 전통 게이샤 메이크업 해보기
165 매니큐어 예쁘게 바르기
166 페디큐어로 발 가꾸기
167 얼굴 클렌징하기
168 집에서 하는 얼굴 마사지
169 얼굴 각질 제대로 제거하기
170 젊은 피부의 광채 유지하기
171 여성용 셔츠 고르기
172 바지 고르기
173 드레스와 스커트 모양 구별하기
174 워스트드레서로 낙인찍히지 않기
175 첼시 매듭
176 나비넥타이 매기
177 넓고 느슨하게 매는 윈저 노트 방식으로 넥타이 매기
178 솜씨 있게 신발 끈 묶기
179 그레이스 켈리처럼 우아하게 스카프 매기
180 찢어진 청바지 수선하기
181 청바지 단 줄이기
182 단추 새로 달기
183 재봉질 없이 데님 스커트 만들기
184 옷에 묻은 얼룩 지우기
185 스웨터 손세탁하기
186 버튼다운 셔츠 다림질하기

사랑하기

187 데이트 상대의 몸짓 뒤에 숨겨진 뜻 파악하기
188 바람둥이처럼 하룻밤 즐기기
189 황도 십이궁에 맞는 짝 찾기
190 열두 띠를 기준으로 어울리는 짝 찾기
191 미니스커트 차림으로 차에서 내리기
192 데이트 상대의 어깨에 은근슬쩍 팔 얹기
193 입 속에서 체리 꼭지 매듭 묶기
194 테이블 밑으로 발을 간질이는 장난으로 상대 유혹하기
195 애인에게 발 마사지 해주기
196 팔의 불편함을 해소하면서 애무하기
197 밤새도록 왈츠 추기
198 파트너와 자이브 추기
199 격정적으로 탱고 추기

200	신나게 살사 춤추기
201	이모티콘으로 장난스럽게 수다 떨기
202	버티콘으로 장난스럽게 수다 떨기
203	섹시한 코르셋 끈 묶기
204	텍사스 로프 수갑 묶기
205	기억에 남을 첫 키스하기
206	커플 요가로 친해지기
207	데이트 상대의 손금보기—사랑
208	데이트 상대의 손금보기—머리
209	데이트 상대의 손금보기—삶
210	보석의 원석 커팅 방식 선택하기
211	전통 결혼식의 신부 헤나 바르기
212	헤나 패턴 그리기
213	헤나 상징 구별하기
214	우아한 부케 만들기
215	부토니에르 만들기
216	종이로 즉석 결혼반지 만들기
217	술 취한 결혼식 하객 돌보기
218	집 전체를 로맨틱하게 꾸미기

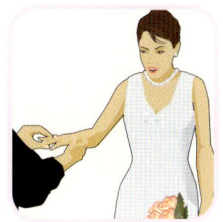

wedding

집 꾸미기

219	색채학에 대하여
220	집 꾸미기에 적합한 색 고르기
221	이음선 보이지 않게 벽지 바르기
222	오래된 벽지 뜯기
223	오래된 페인트 벗겨내기
224	군데군데 움푹 들어간 굽도리널 수리하기
225	석고판 벽에 뚫린 구멍 없애기
226	방 페인트칠하기
227	줄무늬로 페인트칠하기
228	스펀지에 페인트를 묻혀 두드려 표현하기
229	열장이음 방식으로 연결하기
230	벽에 기본 선반 설치하기
231	공간 절약형 로프트 침대 설치하기
232	덮어씌운 형태의 침대 헤드보드 만들기
233	침대 맵시 있게 정돈하기
234	침대 시트 모서리 완벽하게 접어 넣기
235	깨끗하게 시트 접기
236	오래된 컴퓨터로 어항 꾸미기
237	튜브를 엮어 의자 만들기
238	비닐봉지로 소형 깔개 만들기
239	조광 스위치 달기
240	조리용 체로 와이파이 전파 강하게 만들기
241	어떤 재료로든 램프 만들기
242	막힌 변기 뚫기
243	하수관으로 빨려 들어간 귀중품 찾기
244	줄줄 새는 샤워기 꼭지 고치기
245	물이 새는 변기 수리하기
246	날마다 집 청소하기
247	일주일에 한 번씩 집안 정리하기
248	계절이 바뀔 때마다 대청소하기
249	천연 재료로 세척하기
250	풍수(風水) 활용하기
251	스머징으로 집 정화하기
252	성 브리지드의 십자가로 수호하기
253	커튼의 기본 알기
254	색다른 커튼 연출법
255	간단한 커튼 재봉해 만들기
256	어도비 점토로 벽돌 만들기
257	어도비 벽 만들기
258	대나무 울타리 치기
259	대나무 울타리 이음매 묶기
260	근사한 나무 위 오두막집 짓기
261	나무 위 오두막 멋지게 꾸미기

home decor

plumbing

육아 & 동·식물 키우기

262	아보카도 나무 기르기
263	화분갈이

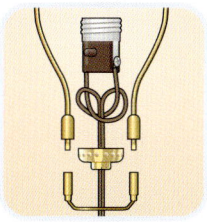

electricity

plants

264 뿌리가 화분에 꽉 찬 화초 분갈이하기
265 뿌리에 흙이 묻지 않은 나무 심기
266 감귤나무 접붙이기
267 장미나무 가지치기
268 알뿌리 식물 적당한 깊이에 심기
269 묘목 옮겨심기
270 잘라낸 가지로 화초 키우기
271 일본식 정원 만들기
272 프랑스식 파테르 정원 설계하기
273 식용 식물로 정원 꾸미기
274 다육 식물로 정원 조성하기
275 뒤뜰에 침입하는 유해 짐승과 곤충 쫓기
276 이로운 생물 끌어들이기
277 새에게 간식 만들어주기
278 양봉 벌통 설치하기
279 개미 사육 상자 만들기
280 염소 젖 짜기
281 젖병으로 새끼 양 우유 먹이기
282 말 빗겨서 손질하기
283 칠리언 로즈 타란툴라에게 먹이주기
284 상자 거북의 성별 구분하기
285 앵무새 목욕시키기
286 코이 연못 조성하기
287 고슴도치 안기

288 토끼 잡기
289 개 이빨 닦이기
290 개의 보디랭귀지 이해하기
291 낯선 개와 인사 나누기
292 개에게 알약 먹이기
293 개에게 목걸이 제대로 채우기
294 고양이의 보디랭귀지 판독하기
295 허브로 벼룩 없애기
296 겁먹은 고양이와 친구 되기
297 고양이에게 약 먹이기
298 고양이 발톱 깎이기
299 아기 목욕시키기
300 맛있는 이유식 만들기
301 초점 모빌 만들기
302 기저귀 가방 꾸리기
303 갓난아기 속싸개로 폭 감싸기
304 아기 트림시키기
305 영아 산통을 앓는 아기 마사지하기
306 천 기저귀 채우기
307 아이에게 두발 자전거 가르치기
308 상상속의 괴물 퇴치하기
309 아이 머리카락에 붙은 껌 떼어내기
310 아이가 야채를 잘 먹게 만들기
311 문어모양 바나나 간식 만들기

건강하게 살기

312 적당한 골프채 고르기
313 완벽한 스윙 자세 갖추기
314 골프 코스에 나가기
315 직구 던지기
316 프리 스로 성공시키기
317 강력한 테니스 서브 넣기
318 페탕크 던지기
319 기본 4-4-2 택하기
320 4-3-3 포메이션으로 득점하기
321 3-5-2 포메이션으로 미드필드 장악하기
322 4-5-1 포메이션으로 수비에 치중하기
323 축구경기 페널티 이해하기
324 축구공 헤딩하기
325 축구에서 골 막기

326 비타민에 대해 알기
327 칼로리를 소비시키는 활동 선택하기
328 1회 제공량 머릿속에 그리기
329 지압으로 치료하기
330 책상을 인체공학적으로 만들기
331 1도 화상 처치하기
332 코피 멎게 하기
333 벌에 쏘인 상처 처치하기
334 살에 박힌 가시 빼내기
335 눈에 들어간 이물질 제거하기
336 구급상자 꾸리기
337 지혈하기
338 심하게 상처 난 곳에 붕대 감기
339 지혈대 묶기

340 심폐소생술 실시하기	354 장거리를 뛸 수 있도록 훈련하기	 first aid
341 기도 폐쇄 증상을 보이는 사람 구하기	355 운동하기 전에 스트레칭 하기	
342 부상당한 하퇴에 부목 대기	356 주요 부위를 강화하고 탄력 있게 만들기	
343 슬링 둘러메기	357 하체를 단단하게 단련하기	
344 차에서 아기 낳기	358 상체 운동하기	
345 유방암 자가진단하기	359 자유형 수영하기	
346 모유 수유하기	360 배영으로 헤엄치기	 
347 기도가 막힌 아기 구하기	361 평영 수영하기	
348 명상으로 마음의 평안 찾기	362 올림픽 선수처럼 다이빙하기	
349 핀란드식 사우나에서 느긋하게 쉬기	363 스키를 신고 넘어졌다가 일어서기	
350 뜨거운 돌 마사지 즐기기	364 스키 슬로프 내려오기	
351 기(氣) 치료	365 스노보드로 언덕을 가르기	
352 간단한 태극권 동작 따라 하기	366 스키 메고 가기	
353 기본 요가 동작 취하기	367 장비를 든 채로 슬로프 걸어 올라가기	

❖ 여행 떠나기

368 여행가기에 딱 좋은 장소 정하기	392 보트의 각 부분 명칭 알기	 
369 세계 시간 알기	393 주요 항해 깃발 판독하기	
370 여행가방 싸기(여성의류)	394 뱃멀미 극복하기	
371 여행가방 싸기(남성의류)	395 기본적인 항해 매듭 묶기	
372 최적의 항공기 좌석	396 서핑보드에서 일어서기	
373 비행기에서 스트레칭하기	397 스릴 넘치는 덕 다이브 해보기	 travel 
374 시차 극복하기	398 끝내주는 서핑 기술 배우기	
375 세계 각지의 변기에 대해 알아보기	399 다른 차의 배터리에 연결해 시동 걸기	
376 여자 화장실 푯말 찾기	400 타이어 갈아 끼우기	
377 남자 화장실 푯말 찾기	401 낚싯바늘에 미끼 달아서 던지기	
378 재래식 화장실 사용하기	402 활활 타오르는 캠프파이어 만들기	
379 비데로 상쾌하게 마무리하기	403 꼬치에 꼽아서 구운 치즈 토스트 만들기	 culture
380 한국의 공기놀이	404 맛있는 스모어 만들기	
381 물담배(후카)에 흠뻑 취해보기	405 와인 따개 없이 병 따기	
382 해먹에 누워 쉬기	406 코끼리에 올라타기	
383 마테 차 마시기	407 낙타에 올라타기	
384 자전거 타이어 때우기	408 말에 올라타기	
385 지폐로 구멍 난 자전거 타이어 고치기	409 기억에 남을 만한 사진 찍기	
386 안전을 위한 자전거 수신호	410 흔들리지 않게 사진 찍기	 leisure 
387 침니 오르기	411 전문 사진가 같은 효과 내기	
388 깎아지른 듯한 암벽 현수하강하기	412 리오 카니발 퍼레이드에 참여하기	
389 절벽에서 다이빙하기	413 홀리 축제에서 색에 푹 젖어보기	
390 뒤집힌 카약 바로잡기	414 팜플로나에서 황소와 함께 달리기	
391 스쿠버 마스크에 들어간 물 빼기	415 '죽은 자의 날' 제단 만들기	

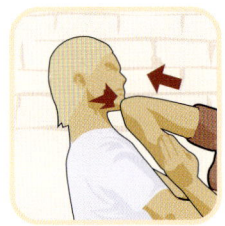

◆ 위기에서 살아남기

- 416 북극성으로 현재 위치 확인하기
- 417 태양 컴퍼스 만들기
- 418 시계를 이용해 위치 파악하기
- 419 간단한 자기 컴퍼스 만들기
- 420 남십자성으로 위치 파악하기
- 421 남은 일광시간 예측하기
- 422 나뭇가지 움막 짓기
- 423 그늘 쉼터 만들기
- 424 습지에서 잠잘 곳 만들기
- 425 눈에 동굴을 파서 설동(雪洞) 만들기
- 426 맨손으로 물고기 잡기
- 427 페트병을 이용해 물고기 잡는 기구 만들기
- 428 타란툴라 불에 굽기
- 429 토끼 덫 놓기
- 430 맛좋은 뱀 손질하기
- 431 뱀에게 물린 상처 처치하기
- 432 모기에 물리지 않기
- 433 정글 통과하기
- 434 검은 표범의 공격 피하기
- 435 으슥한 길거리 안전하게 지나가기
- 436 주효한 한방 날리기
- 437 멱살 잡힌 상태에서 벗어나기
- 438 꽉 껴안은 자세에서 풀려나기
- 439 얼음 구멍에서 기어오르기
- 440 얼음 호수에서 물고기 잡기
- 441 저체온증에 빠진 사람 구하기
- 442 동상 처치하기
- 443 먹을 수 있는 식물인지 확인하기
- 444 습지에서 안전하게 걷기
- 445 음료수 캔으로 불 지피기
- 446 유사(流沙)에서 빠져 나오기
- 447 악어와 몸싸움하기
- 448 바지를 튜브처럼 활용해 물에 떠있기
- 449 죽은 사람처럼 엎어진 자세로 살아남기
- 450 모스 부호 이해하기
- 451 조난 사고에서 살아남기
- 452 상어의 공격 막기
- 453 사막에서 물 구하기
- 454 비행기에 신호 보내기

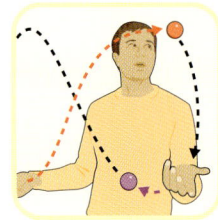

★ 개인기 배우기

- 455 밧줄로 올가미 묶기
- 456 올가미로 송아지 잡기
- 457 로프로 큰 원 만들기
- 458 전화번호부 반으로 찢기
- 459 종이를 뭉쳐 몰래 발사하기
- 460 손가락으로 농구공 돌리기
- 461 물수제비뜨기
- 462 요요 기술 땅강아지 배우기
- 463 웜 댄스 해보기
- 464 멋들어지게 문워크 춤추기
- 465 로봇처럼 춤추기
- 466 젓가락 행진곡 치기
- 467 12마디 블루스 연주하기
- 468 악보 보기
- 469 음악 톱으로 신나게 연주하기
- 470 담배를 묶어 매듭짓기
- 471 모자 쓰고 맥주 벌컥벌컥 마시기
- 472 동전 떨어뜨리기 내기
- 473 맥주통에 올라서서 맥주 마시기
- 474 딸꾹질 멈추기
- 475 클라우드버스터의 힘 이용하기
- 476 가짜 UFO로 레이더 교란시키기
- 477 크롭 서클 만들기
- 478 찻잎 점치기
- 479 삶에서 어떤 사건이 일어날 시기 점치기
- 480 찻잎으로 만들어진 기호 찾기
- 481 손 그림자 놀이하기
- 482 음향효과 내기
- 483 동전마술 프렌치 드롭으로 사람들 놀라게 하기

484 공중 부양하는 착시현상 일으키기	492 자동차 360도 회전하기
485 구속복에서 빠져나오기	493 입으로 불 내뿜기
486 위에 놓인 물건 쓰러뜨리지 않고 식탁보 잡아당기기	494 외발자전거 타이어 위를 걷기
487 가짜 지문 만들기	495 간단한 저글링 익히기
488 금고 잠금장치 비틀어 열기	496 인간 포탄이 되어보기
489 거짓말쟁이의 정체 알아내기	497 프로처럼 알리하기
490 자동차를 미끄러지듯 운전해 180도 회전하기	498 피블 그라인드 해보기
491 오토바이 앞바퀴 들기	499 전통적인 180 킥플립으로 착지하기
	500 핸드스탠드 핑거플립 해내기

데릭과 로렌이 독자 여러분께 드리는 쪽지

8 찰흙으로 색다른 모형 창작하기

언제부터인지 기억도 나지 않을 정도로 오래전부터 우리는 희귀하고, 때에 따라 유용하게 활용할 수 있는 지식을 다방면에 걸쳐 수집해 왔습니다. 배움에 대한 열정에서 한 달에 한 번씩 친구들과 함께 맛있는 잼 만들기에서 어른 아이 모두 좋아하는 풍선으로 동물 만들기 등 아주 멋지고 우스꽝스럽기도 한 여러 가지 지식과 기술을 서로 나누었습니다. 최근에는 호기심을 자극하는 여러 가지, 예를 들면 덕트 테이프로 지갑 만들기, 코바늘로 작은 물건 뜨기, 악기 만들기 등을 함께 가르치고 배우는 작은 가게도 열었지요. 그래서 '더 쇼 미 팀'이 이 굉장한 책을 만드는 데 함께 하자고 제의했을 때 정말 신이 났습니다. 찰흙으로 괴물 모형을 만들고(8번), 오래된 비닐봉지로 깔개를 만들고(238번), 검은 표범을 피해 도망가는(434번) 기술 등을 단계적으로 명료하게 세상에 소개할 수 있기 때문입니다.

238 비닐봉지로 소형 깔개 만들기

아마 이 쪽지를 읽기도 전에 이미 독자 여러분께서는 이 책 여기저기를 넘겨 보며 이 속에 있는 몇몇 기술을 배웠을 것입니다. 전체를 파악해야 직성이 풀리는 데릭과 같은 성격이라면 처음부터 끝까지 차례대로 읽으세요. 혹은 로렌처럼 삶의 특정한 부분을 더욱 체계적으로 발달시키고 싶어 하는 성격이라면 관심 있는 분야를 골라가며 읽으면 됩니다. 아니면 친구들과 머리를 맞대고 함께 책을 읽고 분석해도 좋습니다. '인생의 기술'은 가르치고 재미를 주고 새로운 기술을 전하려는 목적에서 고안되었습니다. 그러니 여러분이 책을 집어 들 때마다 새로운 기술을 배우게 되거나, 더 나아가 더욱 신기하고 재미있는 것을 찾아 나서게 된다면 저희들이 기대한 바를 이룬 셈이 될 것입니다.

434 검은 표범의 공격 피하기

데릭은 꿀벌 기르기(278번, 333번), 톱으로 연주하기(469번), 커피에 대한 집착에 푹 빠져보기(126-130번), 캠핑(404번) 등을 좋아한다. 그는 '인생의 기술' 프로젝트에 참여하면서 밧줄 매듭 묶는 법(395번)을 발전시킬 수 있어서 기쁘게 생각하고 있으며, 새롭게 취득한 고슴도치 제대로 안기(287번) 기술을 실제 적용해 볼 기회가 생기기를 고대하고 있다.

로렌은 타고난 손재주로 뜨개질하기(46번), 자수 놓기(50번), 종이 접기(18번)를 몇 시간이고 쉬지 않고 계속하기도 한다. 그녀는 항상 어떻게 하면 도구상자를 부수어 버릴 수 있을까 빌미를 찾고 있으며, 방마다 조광 스위치를 달아야(239번)겠다고 결심하고 있다. 그리고 벽지 붙이기(221번)는 전혀 겁나지 않지만 절대로 상어와 맞서 싸우고(452번) 싶지는 않으며, 그래도 만일 그런 일이 벌어진다면 어떻게 대처해야 하는지 알게 되어 기뻐하고 있다.

이 책의 활용

'인생의 기술'은 거의 모든 주요 정보가 그림과 도표로 제시되는 새롭고 색다른 형태의 책이다. 실제로 그림 그 자체만으로도 내용이 충분히 전달되는 경우가 대부분이다. 그렇다 해도 책 속의 특별한 정보가 어떤 식으로 묘사되는지 미리 알아두면 더욱 도움이 될 것이다.

상호 참조 : 가끔은 한 가지 내용이 다른 내용과 연계되기도 한다. 상호 참조 표시된 항목을 확인하면 그와 관련이 있거나, 유용하거나, 재미있는 정보를 얻을 수 있다.

물수제비뜨기 461

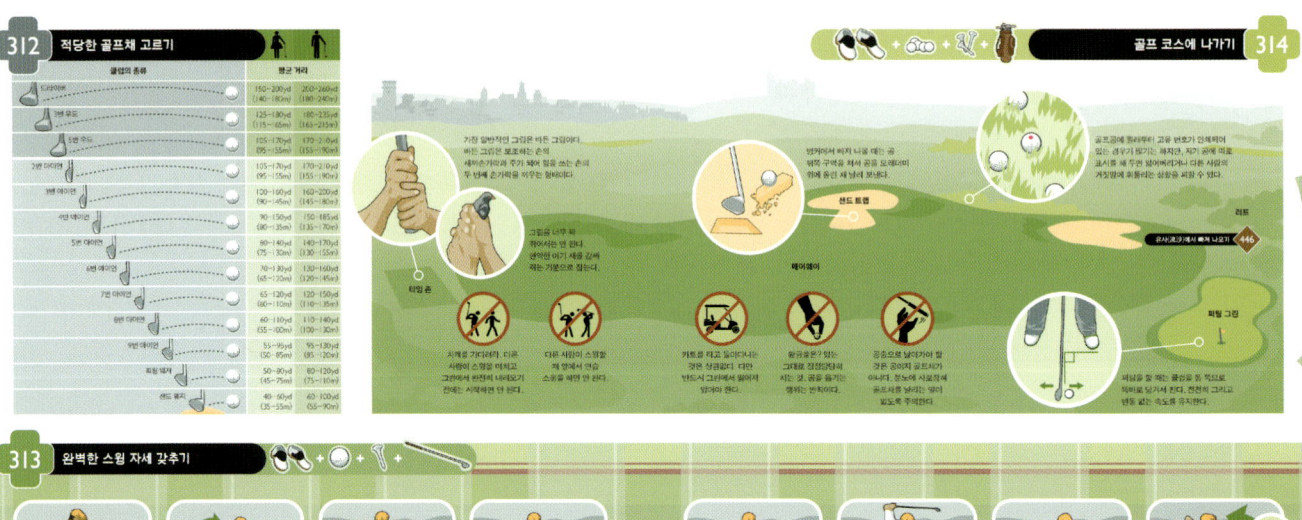

이 책 전체에 사용된 수많은 아이콘은 시간, 정도, 안전 등과 같은 중대한 사항을 파악하는 데 도움을 준다. 앞으로 독자가 접하게 될 아이콘의 예를 들면 다음과 같다.

도구 : 도구 모음은 각 활동을 실행하는 데 필요한 준비물을 제시해 보여준다. 각 도구 그림이 무엇을 뜻하는지 이해하기 어렵다면 이 책 뒷부분에 수록된 도구 모음 용어 해설을 참조하라.

 위험! 특별히 훈련된 상태가 아니라면(혹은 문제를 일으키고 싶지 않다면) 이런 행동이나 상황은 피한다.

 타이머 아이콘은 비교적 간단한 각 활동을 수행하는 데 시간이 얼마나 걸리는지를 보여준다.

 휴우, 가스! 시작하기 전에 창문을 열어둔다.

 달력 아이콘은 활동에 소요되는 기간이 며칠, 몇 주, 몇 달인지를 알려준다.

 이런 상황에 처했을 때는 119에 전화해 도움을 요청한다.

 온도계 아이콘으로는 활동을 수행하기 위한 적절한 온도를 확인할 수 있다.

추가 정보 : 반드시 명심해야 할 점이나 알아두면 유용한 추가 정보가 있는 경우 ✱ 표시 옆에 설명이 제시된다. 참조하라.

 제시된 행동을 표시된 횟수만큼 반복한다.

 얼마나 센 불에 가열해야 할지 감을 잡기 힘들다면? 약한 불, 중간 불, 센 불 그림에 맞추어 가열한다.

 이 페이지는 견본으로 사용된다. 복사를 하거나 스캔하고 필요에 맞게 확대한 후에 지시한 대로 사용한다.

 육류용 온도계 아이콘은 언제쯤 완벽하게 익는지를 알려준다.

확대 그림 : 그림 박스 내부나 주위에 배치된 큰 원 안에는 세부적인 주요 정보나 반드시 피해야 할 주의사항이 나와 있다.

독자 여러분께 알림 이 책은 오직 독자의 흥미와 호기심을 충족시키기 위한 목적에서 기획되었다. 그러므로 책에 나오는 활동을 실행해 볼 때는 다음과 같은 사항을 염두에 두기 바란다.

- **위험한 활동** : 소개된 항목 중 일부는 단순히 위험한 데 그치지 않고 순전히 정신 나간 행동이 될 소지도 있다. 실제 행동에 옮기기 전에 반드시 자신의 한계를 알고 관련된 위험 요인을 미리 숙지해 두도록 한다.(참고로 [493]번은 정말 시도해 볼 생각은 하지 말도록!)
- **전문적 조언** : 물론 책의 모든 내용은 철저한 조사와 연구 끝에 준비되었다. 하지만 이 책이 의학, 요리, 의류, 수의학, 칵테일 제조, 운동, 자동차, 애정 등과 관련된 전문적인 조언이나 교육을 대체하려는 목적으로 쓰인 것은 아니다.
- **신체나 건강과 관련한 활동** : 건강이나 다이어트와 관련되었거나 신체적인 노력을 요하는 활동일 때, 그중에서도 특히 그 활동을 실행하기 위한 개인적 능력이 부족하거나 손상된 경우는 미리 전문의와 상담을 받아야 한다. 적어도 바보같이 보이지 않기 위해서라도 그렇게 해야 한다.([471]번 참조)
- **보호자의 감독** : 책에 소개된 모든 활동은 성인을 대상으로 한 것이다. 그러므로 어른의 지도와 감독 없이 아이가 혼자 책에 나온 아이디어를 실행하는 일이 없도록 해야 한다. 그리고 설사 어른이라도 자신이 감당해 낼 능력이 없다면 책에 나온 활동을 따라 해서는 안 된다.([433]번 참조)
- **법규 위반** : 이 책의 정보가 법률이나 법규를 위반하는 행동에 사용되어서는 안 된다. 예를 들어 뉴욕 시에서 [500]번을 시도하는 일은 없어야 한다.

수학 계산 : '각도'를 나타내는 편리한 아이콘은 각 항목의 활동을 제대로(또는 적어도 제대로 된 방향으로) 실행할 수 있도록 도와준다. 비율과 관련한 사항은 밑의 그림에 나오는 '3:1'처럼 비율을 표시한 아이콘을 참조한다. 또 정확한 양이나 치수에 관련한 내용은 밑의 그림 오른쪽과 같은 도식을 참조한다.

책에 나온 모든 정보는 신중한 연구와 검토의 결과물이다. 그렇다고 책의 정보가 모든 사람과 모든 상황, 모든 목적에 적합하다는 의미는 아니며, 출판사가 이를 보증하거나 내용의 오류나 정보 누락에 대한 책임을 지지는 않는다. 책의 아이디어를 시행하는 데 있어서의 모든 책임은 독자 개인에게 있으며, 출판사는 결과적이든 부수적이든 특별한 경우든 혹은 책에 나온 정보에서 기인한 것이든, 그 어떤 피해나 손해에 대한 책임을 지지 않는다. 그러나 대부분은, 예를 들어 멕시코 요리 과카몰리([65]번 참조) 만들기처럼 아무 문제없이 유용하게 활용해 볼 수 있을 것이다.

2 타이어 그네 달기

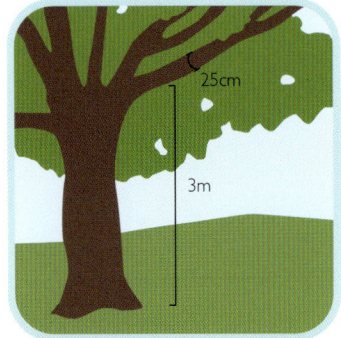
높은 곳에 있는 튼튼한 나뭇가지를 고른다.

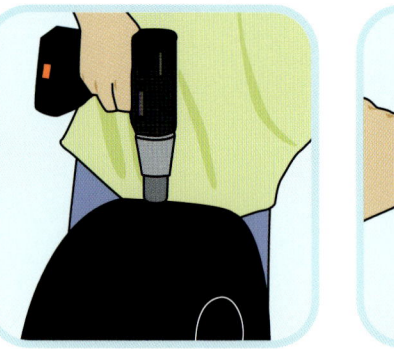
물이 빠지도록 구멍을 세 개 뚫어 놓는다.

고무관을 끼워 놓으면 밧줄이 닳아 끊어지는 것을 방지할 수 있다.

옭매듭을 지어서 단단히 고정한다.

구멍이 아래쪽에 오게 하여 매단다.

충격을 완화하도록 짚이나 나뭇조각, 흙 등으로 바닥을 두둑이 덮어둔다.

3 예쁜 꽃 말리기

 +  +  + +

신문지에 꽃을 올려놓고 반으로 접는다.

그대로 놓아둔다.

중성지에 올려놓는다.

 달걀 꾸미기 4

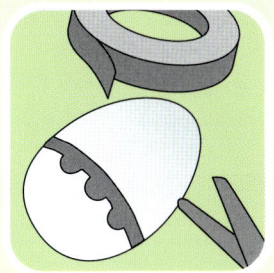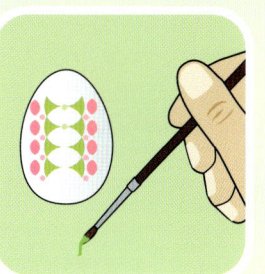

삐약!

5 찰흙으로 비즈 만들기

219 색채학에 대하여

7 찰흙으로 동물 모양 빚기

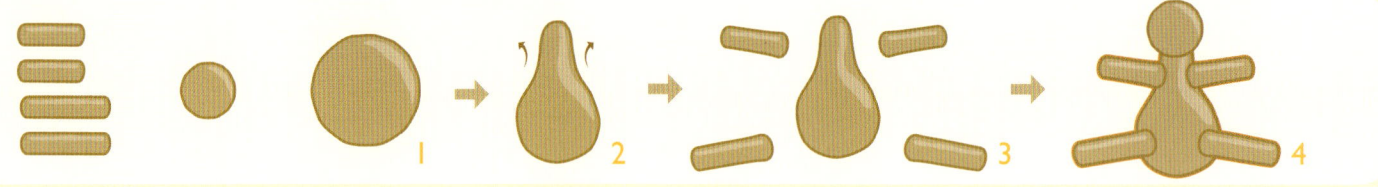

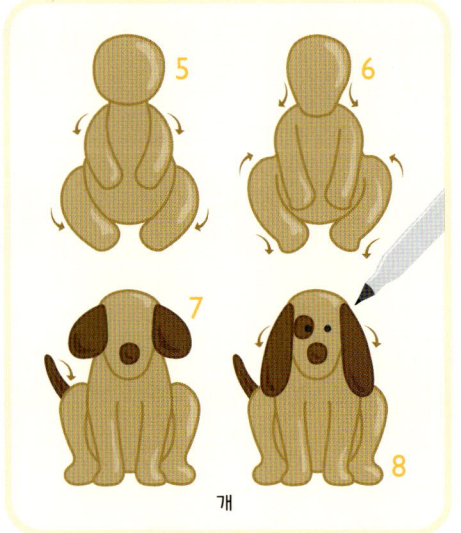

개

고양이

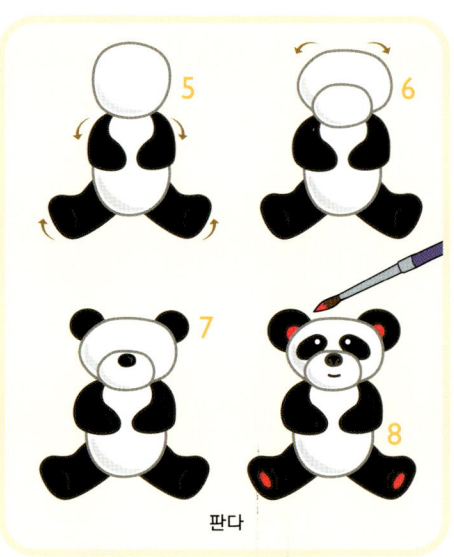

판다

찰흙 비즈 꿰기 6

찰흙이 딱딱하게 굳기 전에 두꺼운 바늘을 이용해 구멍을 낸다.

비즈

목에 넉넉히 맬 수 있는 길이로 끈을 자른다. 목걸이를 걸 때는 양쪽 끝을 간단히 묶거나 목걸이 걸쇠를 달아 채운다.

목걸이

1 비즈 안에 끈을 통과시켜 고리를 만들고 매듭을 묶은 다음 밖으로 빼낸다.

2 반대쪽도 매듭을 지은 후 술을 여러 갈래로 가르고 남는 부분은 잘라낸다.

펜던트

눈, 혹, 발, 안테나 등의 세부 비즈 장식을 이용해 작품에 생동감을 주고, 또 여러 겹으로 혹은 다양한 색깔로 칠해본다. 투시력 있는 외계인의 눈, 우주선에 달린 창문, 외눈박이 괴물의 빙빙 도는 눈 등을 만들어 보면 어떨까?

찰흙으로 색다른 모형 창작하기 8

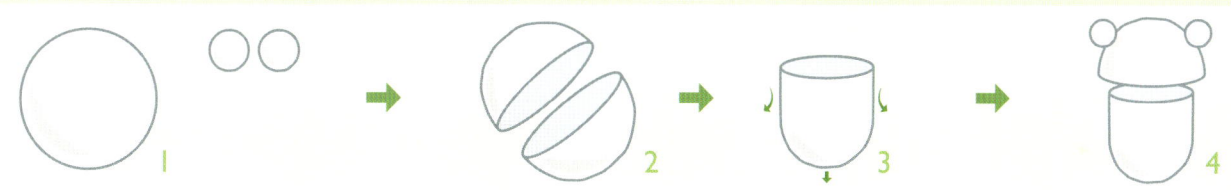

크롭 서클 만들기 477

외계인

우주선

괴물

9 으스스한 부두교* 인형 만들기

*샤인토제도의 아이티에서 널리 만드는 애니미즘적 민간신앙.

옷감 위에 옮겨 그린다.

인형 그림을 베껴 그리고 가위로 자른다.

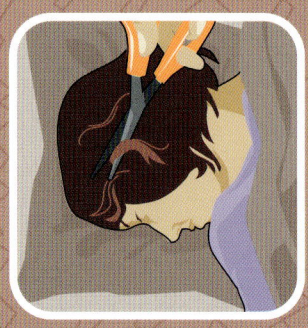
그 사람의 소지품이나 머리카락 등을 채취한다.

주술을 걸 대상을 고른다.

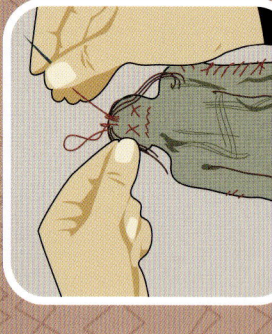
채취한 머리카락을 이용해 인형을 장식한다.

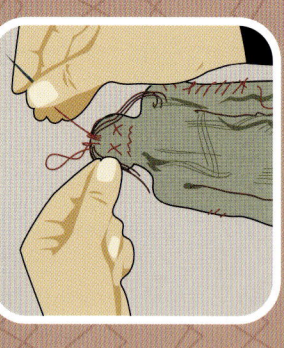
제목을 기록하여 속에 집어넣는다.

두 장을 겹쳐놓고 군데군데 꿰맨다.

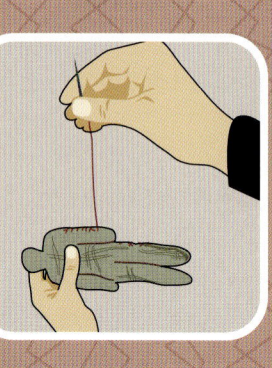
앞과 뒤 두 장을 모두 오린다.

부두교 인형을 만들 때는 단순히 아래 그림에 대고 따라 그려도 괜찮고, 원하는 크기로 확대/축소 복사해서 써도 좋다.(주의: 하지만 실제 사람 크기로 만들면 인형을 눈에 안 띄게 감추기 어렵다.)

10 부두교 인형 사용하기

선택한 대상에게 고통(또는 기쁨)을 안겨주려면 우선 원하는 내용에 맞는 기운을 골라 인형을 꾸민다. 그런 다음 만들 곤라 적합한 기운에 맞춰 찌른다. 마법의 주문을 내뱉을 때는 반복해서 읊조리면 더욱 효과적이다. 다만 주술의 힘은 는 현명하게 사용해야 한다.

자, 마법의 주문을 걸어보자!

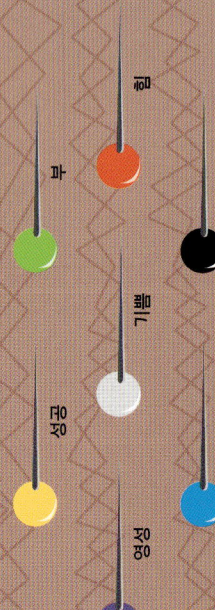

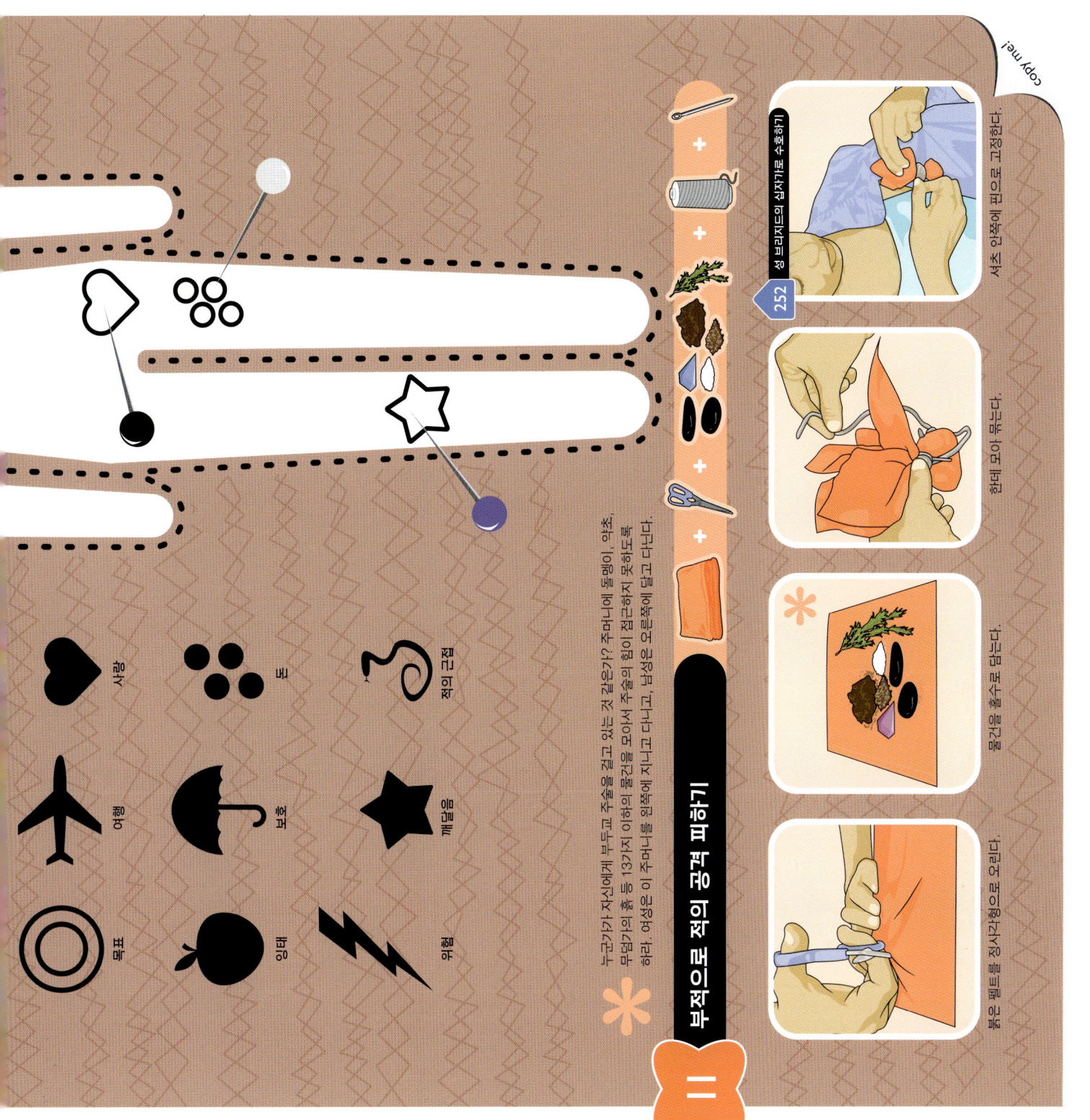

12 스텐실 슬쩍 남기기

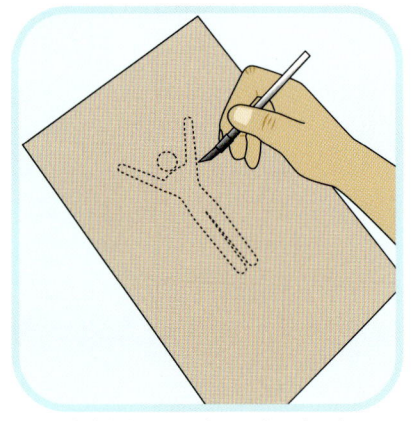
자신만의 고유 문양을 그리고 자른다.

종이 가방의 바닥 부분을 잘라낸다.

눈에 잘 안 띄는 짙은 색 옷을 입고 목표 장소에 잠복한다.

아무 일 없는 듯 자리를 뜬다.

13 보이지 않는 잉크로 작성하기

 +  + +  +

레몬즙으로 그린다.

믿을 만한 절친한 친구에게 전달한다.

14 책 속에 텅 빈 공간 만들기

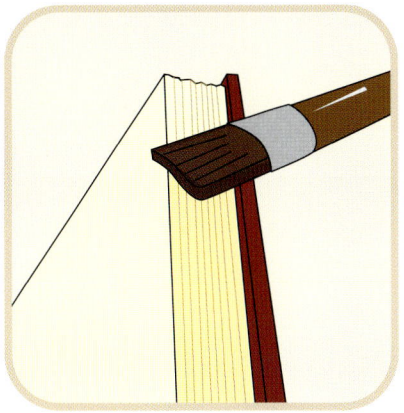
페이지 가장자리를 풀칠해 붙인다.

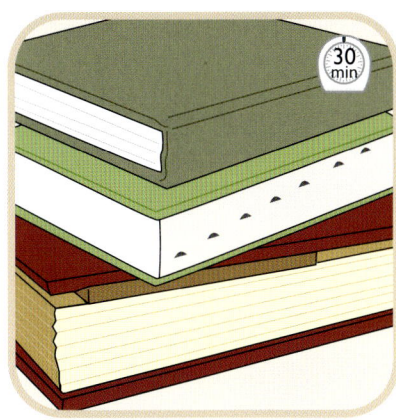
표지와 속지 사이에 판지를 끼워두고 마를 때까지 기다린다.

책 속지를 잘라 빼낸다.

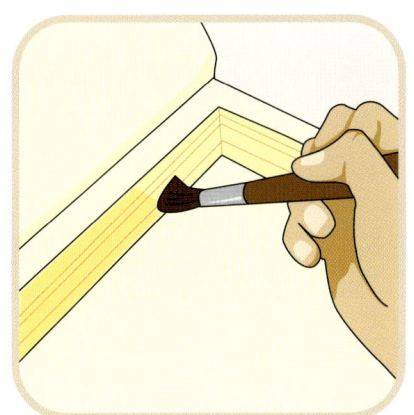
잘라낸 속지 안쪽 부분에 풀을 한 겹 바른다.

(30 min 대기)

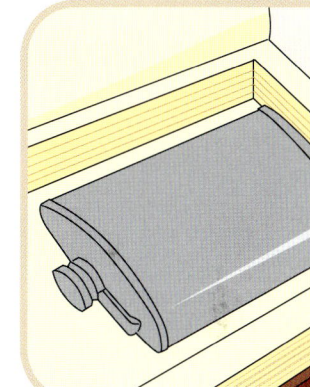
비밀스런 물건을 넣어둔다.

15 초강력 새총 만들기

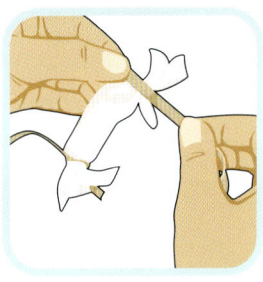
고무줄을 가위로 잘라 끊는다.

고무줄로 천의 양 끝을 묶는다.

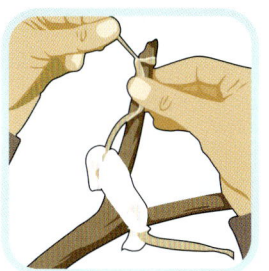

돌멩이를 구한다. 그리고 타격 목표를 정한다.

16 꼭짓점 16개 별 접기

이 재미있는 꾸미기 활동은 여러 가지로 손쉽게 응용할 수 있다. 꼭짓점이 많아지도록 더 많이 접어 연결하거나 다양한 색깔의 종이를 사용하여 보다 화려하게 꾸며도 좋다.

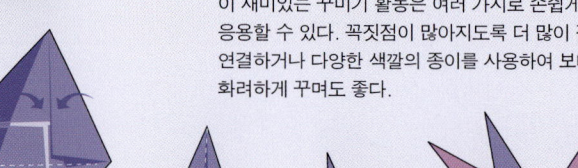

×16

216 종이로 즉석 결혼반지 만들기

17 종이 상자 만들기

상자 뚜껑을 만들려면 동일한 과정을 한 번 더 반복하면 된다. 상자와 뚜껑을 모두 접었으면 상자를 살짝 오그려서 뚜껑이 잘 들어맞게 만든다.

×2

18 종이 펭귄 접기

제대로만 접는다면 종이 펭귄을 세울 수 있다. 스스로 무게를 지탱하고 설 수 있도록 접은 발을 조금 벌려준다.

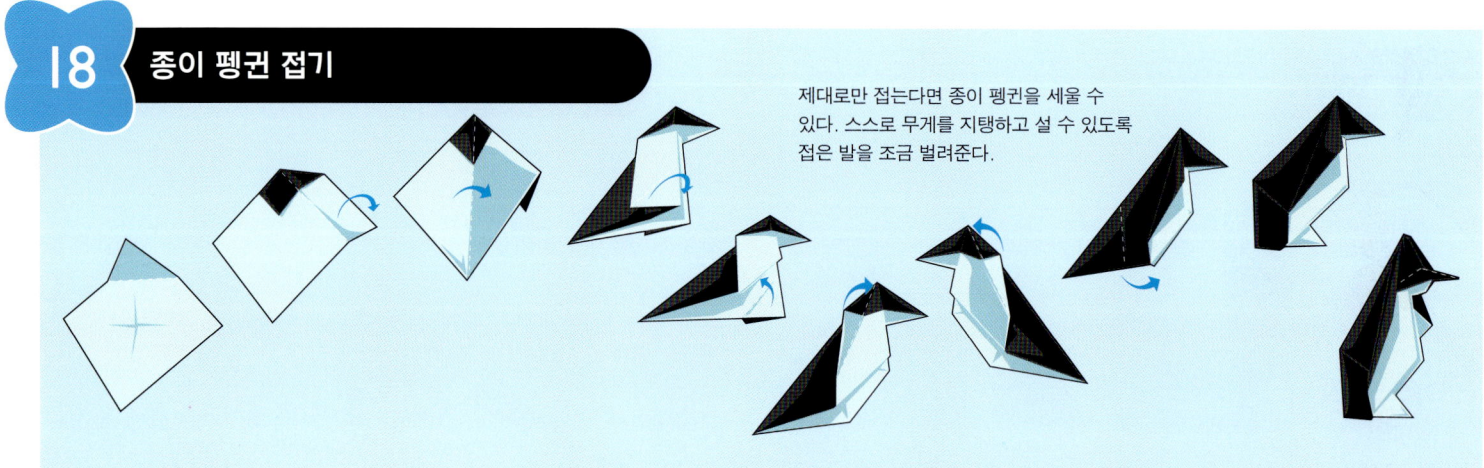

19. 실크 스크린으로 멋진 디자인 찍어내기

투명 필름지에 복사한다.

에멀션 페인트를 바르고 고무 롤러로 문지른다.

뒷면도 똑같이 처리한다. 말린다.

필름을 고정시킨다.

유리를 끼운다.

250와트 전등 밑에 놓아둔다.

깨끗이 씻어 낸다.

액자를 종이 위에 놓는다.

페인트를 문질러 바른다.

겁먹은 고양이와 친구 되기 296
액자를 들어낸다.

최상의 결과물을 내려면, 글자나 복잡한 그림이 있어 실크 스크린을 찍어내면서 좌우가 바뀔 우려가 있는 디자인은 되도록 피한다.

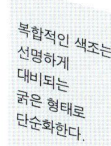
복합적인 색조는 선명하게 대비되는 굵은 형태로 단순화한다.

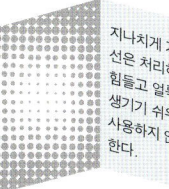
색채의 점진적인 변화를 표현하려면 망점(網點)을 이용한다.

지나치게 가는 선은 처리하기 힘들고 얼룩이 생기기 쉬우므로 사용하지 않도록 한다.

너무 넓은 영역을 단색으로 처리하면 잉크가 흥건히 고일 수 있으므로 되도록 피한다.

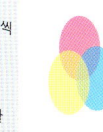
한 번에 한 색깔씩 찍어낸다. 여러 색이 겹치도록 인쇄하면 보다 근사하게 표현할 수 있다.

20. 아코디언 모양으로 접어 책 만들기

겉표지 크기에 맞춰 표시한다.

종이들을 반으로 접는다.

겹쳐놓고 풀칠을 해서 이어 붙인다.

표지 안쪽에 풀칠을 해서 붙인다.

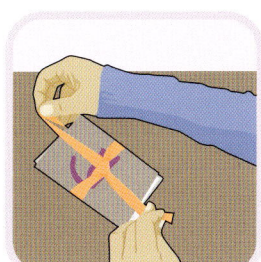

21 콤팩트디스크로 미러볼 만들기

  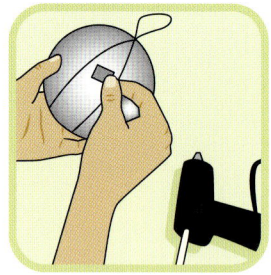  

두 바퀴 돌려 감은 다음 매듭을 짓는다. 공 위에 접착제로 붙인다. 공을 빙 둘러가며 작업한다. 위에 매달고 빙글빙글 돌아가도록 한다.

464 멋들어지게 문워크 춤추기

22 레코드판으로 복고풍 그릇 만들기

 +  +

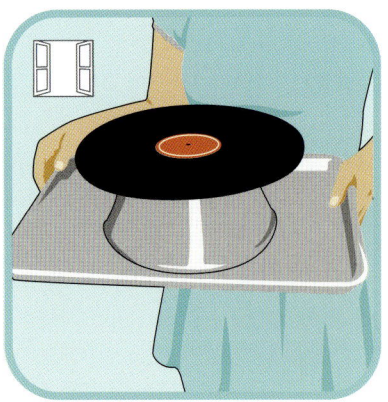 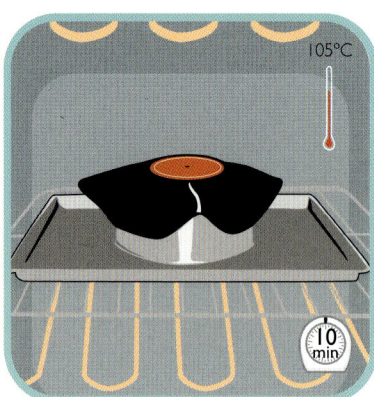 

레코드판을 움푹 파인 그릇에 가만히 올려 모양을 만든다.

331 1도 화상 처치하기

약간 더 큰 그릇으로 덮어 누른다. 굳을 때까지 기다린다. 뒤집어서 장식용 그릇으로 사용한다.

폴리염화비닐(PVC)관 디저리두* 만들기 23

*호주 원주민의 전통 목관악기.

약간 말랑말랑해질 때까지 볕을 쬔다.

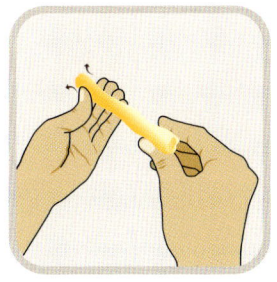
주물러서 뱀 모양으로 만든다.

입구 부분을 동그랗게 감싸 덮는다.

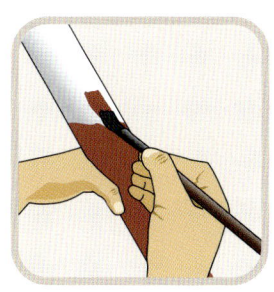
입술을 꼭 대고 후우하고 분다.

* 낮게 윙윙거리는 디저리두의 특이한 소리는 순환호흡이라고 불리는 현상 때문이다. 디저리두 연주자는 숨이 거의 바닥났을 때 마지막 남은 숨을 뺨에 저장해 놓았다가, 코로 숨을 들이쉬면서 그 마지막 숨을 천천히 불어낸다. 그렇게 되면 공기는 끊어짐 없이 유지되고 새가 지저귀는 듯한 근사한 리듬이 만들어진다.

트럼프로 지갑 만들기 24

카드를 스카치테이프로 붙여서 얇고 넓은 판을 만든다.

뒷면도 테이프를 한 겹 붙여 '코팅'한다.

연결된 4장의 카드를 접는다. 옆면은 테이프로 붙인다.

카드 2장을 붙여 '주머니'를 만든다.

바닥을 테이프로 붙인다.

25 쇠사슬 갑옷 재질의 비키니 만들기

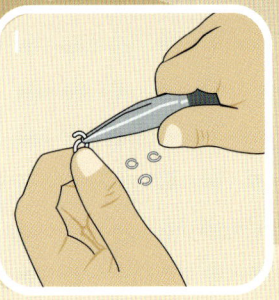
1. 고리를 벌린다.

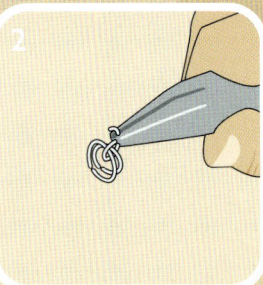
2. 다른 고리 두 개를 걸고 꽉 조여 닫는다.

3. 그 과정을 반복해서 체인을 만든다.

4. 체인 두 가닥을 단단히 연결한다.

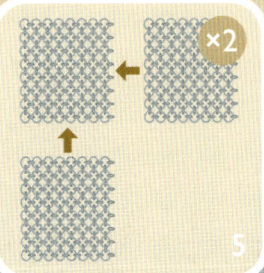
5. 판 3개를 만들어 이어 붙인다.

6. 안쪽 모서리를 한데 모은다.

7. 연결해서 봉합한다.

8. 모든 조각을 이어 붙인다.

493 입으로 불 내뿜기

발포 고무로 검 만들기 26

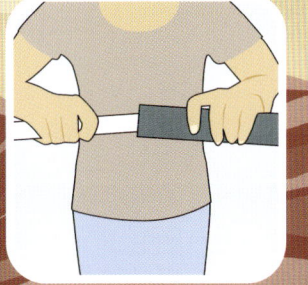
PVC 파이프를 발포 고무로 싼다.

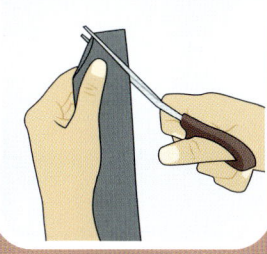
고무 끝을 뾰족하게 자른다.

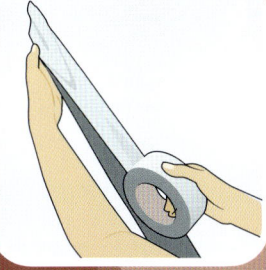
덕트 테이프(duct tape)로 전체를 붙인다.

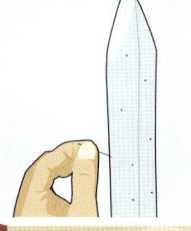
검이 너무 딱딱해지지 않도록 작은 구멍을 낸다.

짧은 고무에 구멍을 뚫는다.

먼저 만들어 놓은 파이프에 끼워 넣는다.

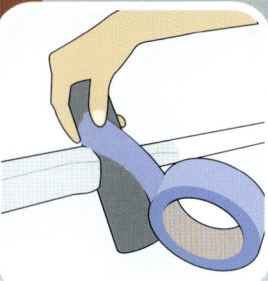
가로대에 테이프를 감는다.

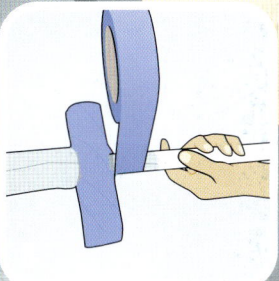
돌출된 손잡이 부분도 감는다.

27 감자로 시계 작동시키기

  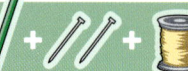  

아연 못을 박는다.

구리선을 꽂는다.

배터리 투입구의 뚜껑을 뺀다.

 물론 감자가 배터리 역할을 훌륭히 해내지만 작은 디지털 시계를 작동시킬 수 있는 것은 감자뿐만이 아니다. 전기를 발생시키는 사물은 무수히 많다. 예를 들면 감귤류, 바나나, 아보카도, 심지어는 탄산음료까지 가능하다. 다만 아연 못과 구리선 사이의 거리가 에너지의 원천이 되므로 못과 구리선 사이를 가능한 멀리 떨어뜨려 놓아야 함을 기억하라.

28 회전체 만들기

전선을 감는다.

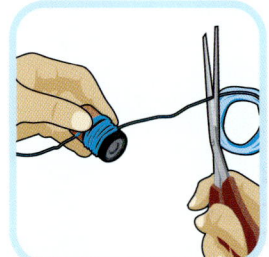
자르고 배터리를 뺀다.

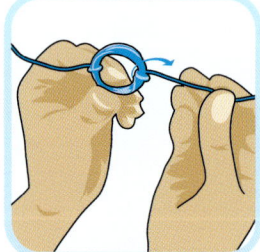
고리 사이로 통과시킨다.

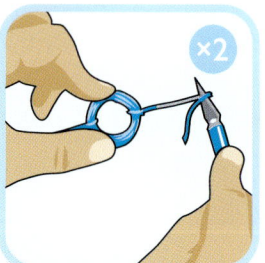
전선의 피복을 벗겨낸다.

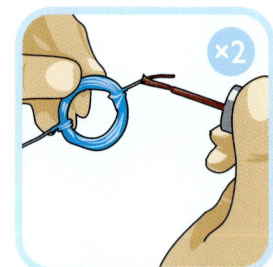
끝부분에 매니큐어를 칠한다.

배터리를 붙인다.

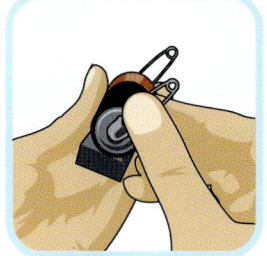
안전핀을 붙인다.

전선 고리를 붙이고 다 같이 테이프로 붙인다.

고리를 돌린다.

돌아가는 모습을 관찰한다.

다른 차의 배터리에 연결해 시동 걸기 — 399

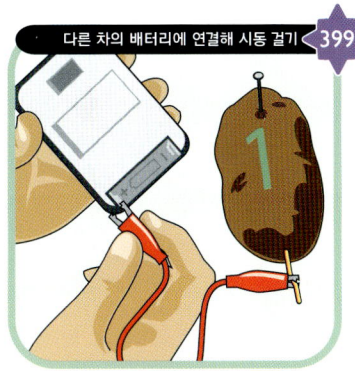
구리선과 시계를 연결한다.

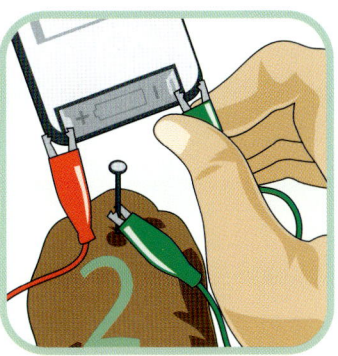
못과 시계를 연결한다.

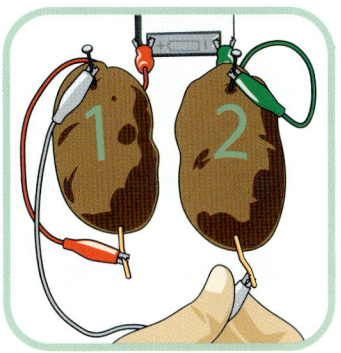
못과 구리선을 잇는다.

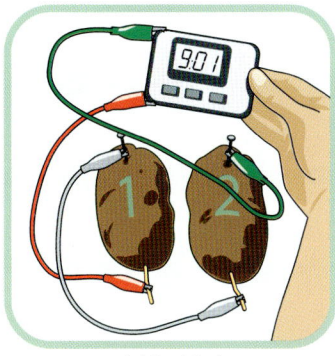
시간을 맞춘다.

참호용 라디오 조립하기 — 29

이 기발한 라디오는 2차 세계대전 중에 군인들이 외부 소식을 접하려는 목적에서 개발한 것이다. 일회용 면도날이나 크리스털 이어폰처럼 라디오를 만드는 데 필요한 일부 재료는 인터넷으로 열심히 찾아보거나 전문 철물점을 찾아가야 구할 수 있을 것이다.

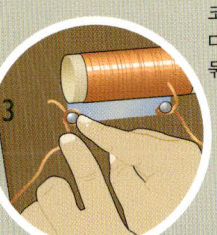
3. 모든 부품을 선에 연결한다. 전선으로 압정 주위를 감고 압정을 나무판에 박는다.

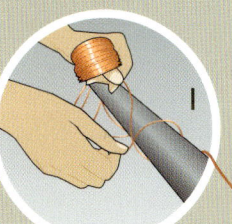
4. 코일을 연장하려면 다른 선과 꼬아 묶으면 된다.

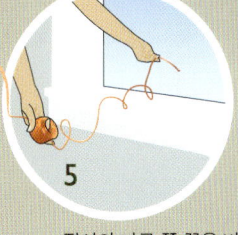
5. 전선의 다른 쪽 끝을 바깥에 내어 놓는다. 이 부분이 안테나 역할을 한다.

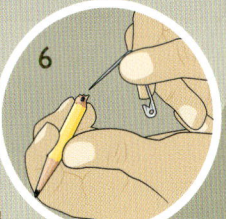
6. 연필심에 옷핀을 박는다.

×120
2. 우선 코일(magnet wire)을 배수관이나 그와 비슷한 물체 주위에 감는다.

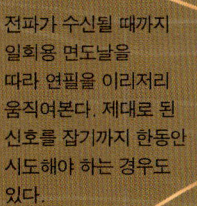
1. 코일을 튜브 안에 있는 구멍으로 통과시킨 후 튜브 주위를 감는다.

전파가 수신될 때까지 일회용 면도날을 따라 연필을 이리저리 움직여본다. 제대로 된 신호를 잡기까지 한동안 시도해야 하는 경우도 있다.

7. 옷핀과 이어폰 잭에 코일을 감는다.

8. 크리스털 이어폰을 사용하면 주파수 대역 내의 라디오를 수신할 수 있다.

30 일식 관찰 장비 설치하기

박스 안쪽에 종이를 테이프로 붙인다.

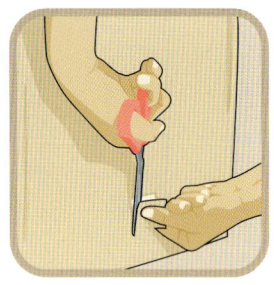
맞은편에 구멍을 낸다.

포일(foil)로 막고 작은 구멍을 뚫는다.

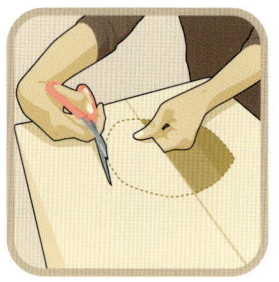
머리가 들어갈 만한 공간을 뚫는다.

일식이 보이도록 조절한다.

 일식은 대단한 장관이지만 직접 눈으로 볼 기회나 관찰할 기회는 일생에 한두 번 올까 말까 할 정도로 드물다. 박스에 있는 조그만 구멍을 통해 종이 스크린 위에 투영된 일식의 이미지는 우리 눈을 강렬한 태양빛에 직접 노출시키지 않고도 관찰할 수 있다. 박스의 길이가 길면 길수록 이미지의 크기도 커진다.

31 화산 분출 모형 만들기

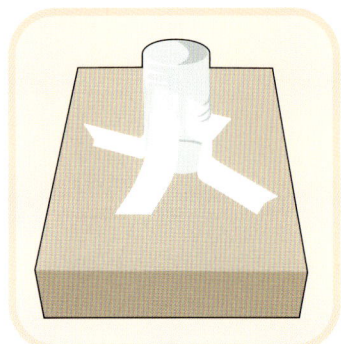

캔에 원뿔 모양으로 신문지를 쌓아 붙인다.

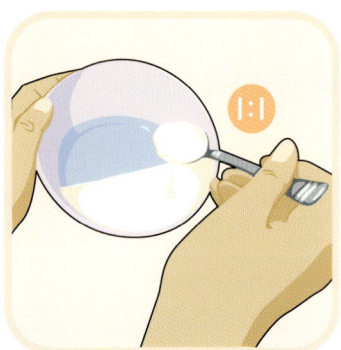
밀가루와 물을 섞어 반죽을 만든다.

기다란 종잇조각을 원뿔형 조형물에 붙인다.

화산 모형이 마르면 색칠한다.

캔에 베이킹소다를 반쯤 채운다.

식초와 식용 염료를 넣는다.

열대 테라리엄* 만들기 32

*투명한 유리용기에 식물을 꾸미고 가꾸는 것.

식물이나 작은 동물을 넣어 기르는 유리 용기를 뜻하는 테라리엄은 작지만 즐거움을 주는 아주 멋진 공간이다. 사막을 주제로 한 테라리엄이 열에 강한 다육식물을 위주로 하는 데 비해 열대 테라리엄은 습한 환경을 좋아하는 식물이 가득하다. (사막 테라리엄은 수분이 증발할 수 있도록 뚜껑을 덮지 않는 것이 좋다.)

- 물방울
- 필로덴드론
- 립스틱 플랜트
- 공작고사리
- 소형 아프리카 제비꽃
- 왕모람
- 흙
- 물이끼
- 숯가루
- 자갈

묘목 옮겨심기 269

33 우정 팔찌 엮어서 만들기

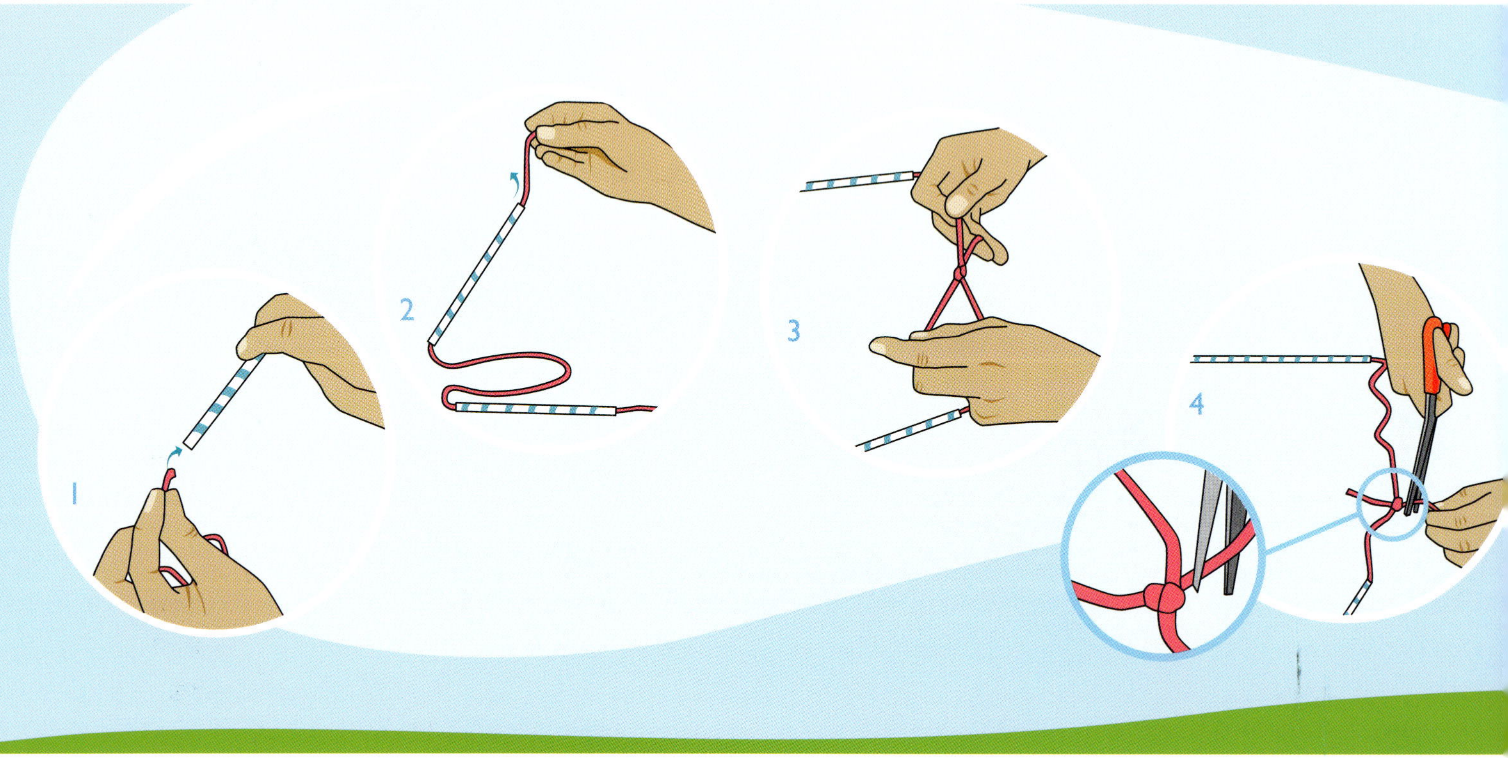

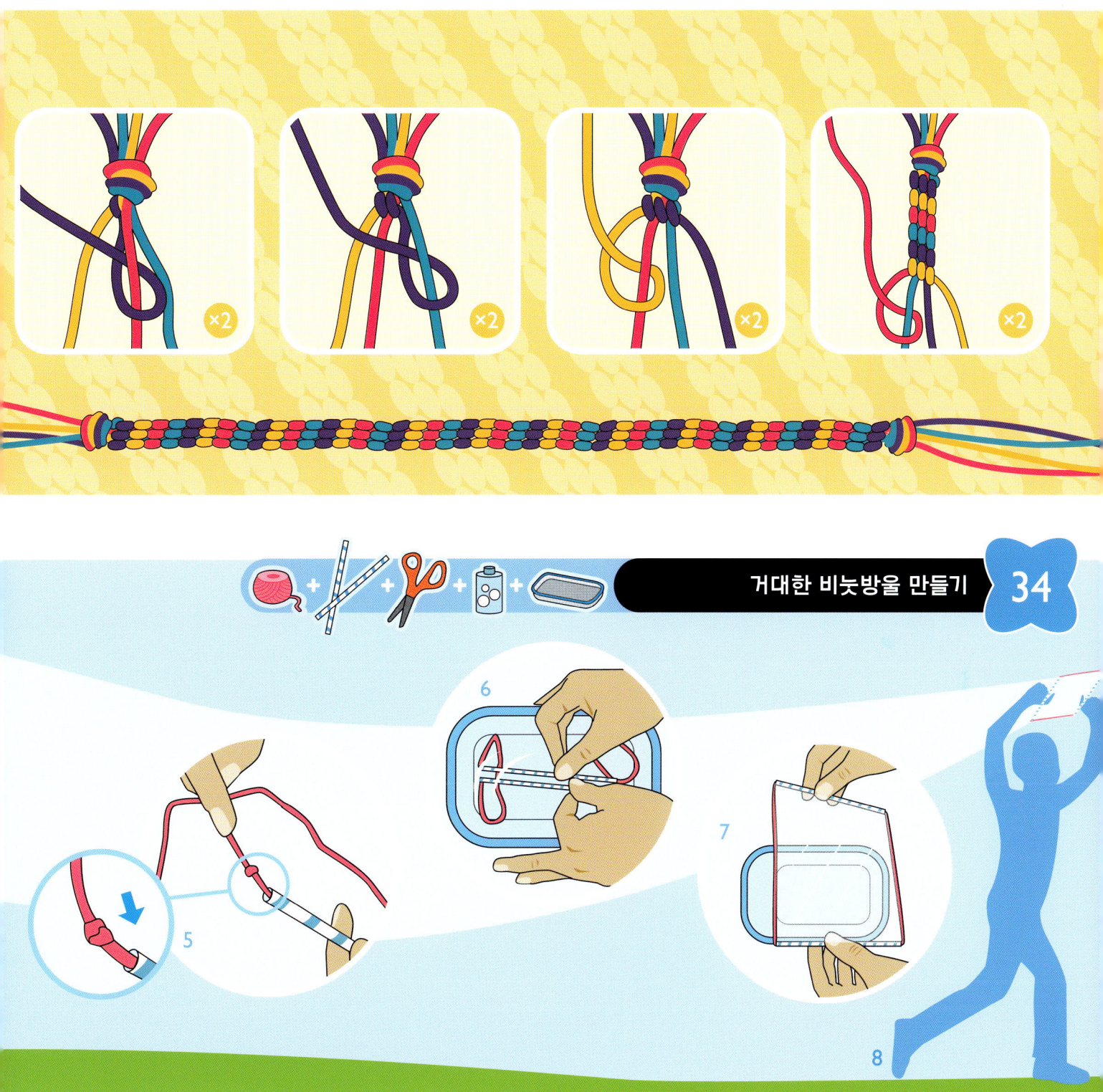

거대한 비눗방울 만들기 34

35 풍선으로 강아지 만들기

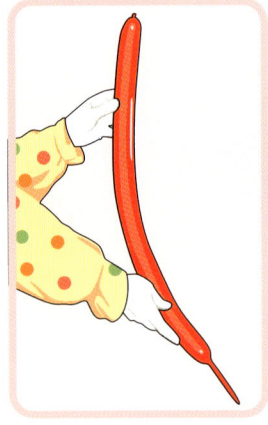 밑 부분은 부풀리지 않는다.
 꼬아서 세 칸을 만든다.
 끝의 두 칸을 구부린다.
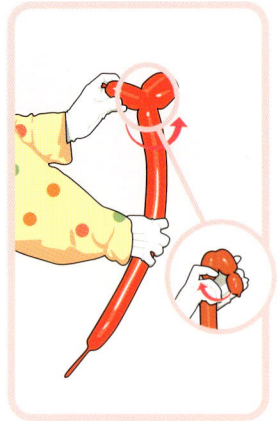 첫 번째와 세 번째 고리를 끼워 고정시킨다.
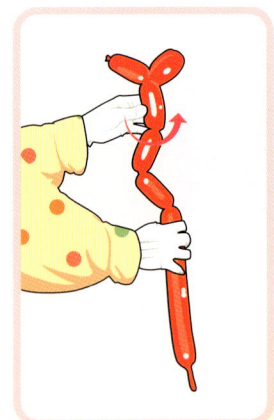

291 낯선 개와 인사 나누기

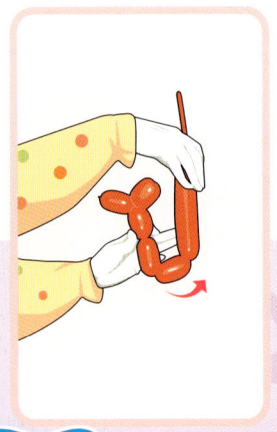
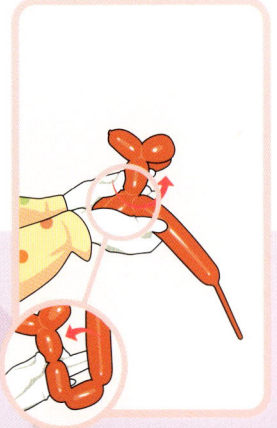
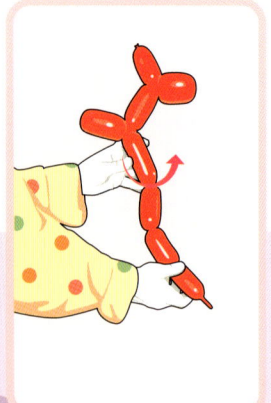
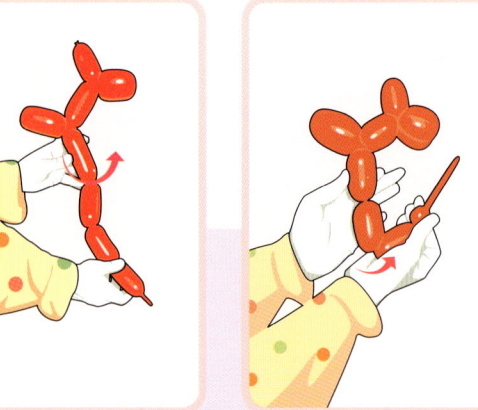
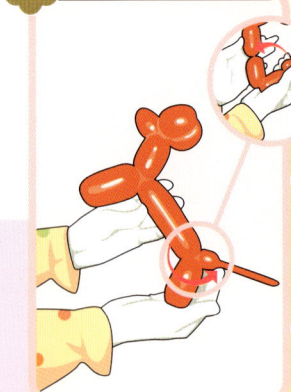

36 얼음사탕 만들기

 설탕을 물에 녹인다.
 시럽과 색소를 섞는다.
 막대를 물을 적시고 설탕을 한 겹 입힌다.
 뚜껑을 닫고 막대를 집어넣는다.
 막대를 적당한 길이로 자른다.

파티 피냐타* 만들기 37

*아이들이 파티 때 눈을 가리고 막대기로 쳐서 부서지면 안에서 사탕이나 과자가 나오는 인형.

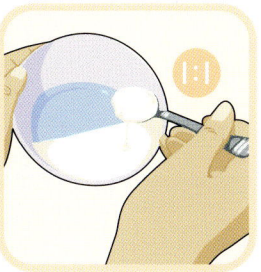
밀가루와 물을 섞는다.

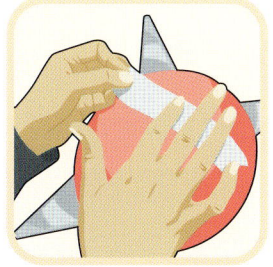
종이 고깔과 긴 종잇조각을 붙인다.

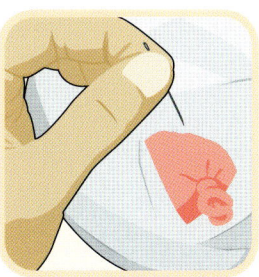
말린다. 풍선을 터뜨린다.

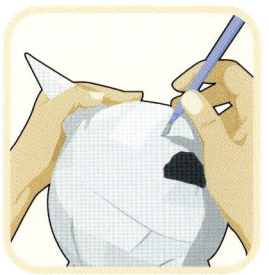
구멍을 두 개 만든다.

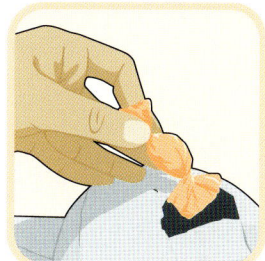

두 구멍 사이로 실을 건다.

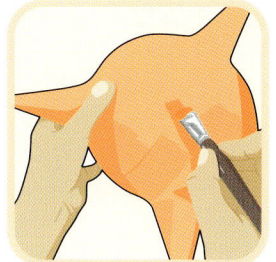

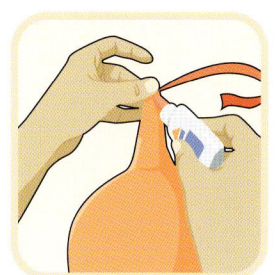

매달아놓고 막대를 휘둘러 친다.

감자 도장 새기기 38

감자로 시계 작동시키기 27

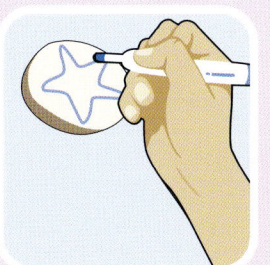

그림을 뺀 나머지 부분을 파낸다.

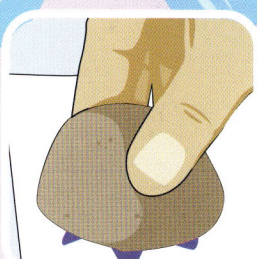

39 스노볼 만들기

60 완숙 달걀 껍데기 빨리 까기

1:1
글리세린
물

7 찰흙으로 동물 모양 빚기

크리스마스 리스 꾸미기 40

옷걸이를 잡아당겨 동그랗게 만든다.

초록 나뭇잎을 겹겹이 두른다.

화훼용 철사로 고정시킨다.

향기 나는 포맨더* 만들기 41

*방향성(芳香性) 조미료나 약초로 만든 알갱이를 담는 데 사용하는 작은 용기.

감귤나무 접붙이기 266

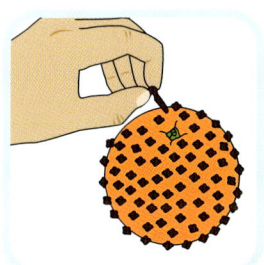

향신료 가루 위에 굴린다.

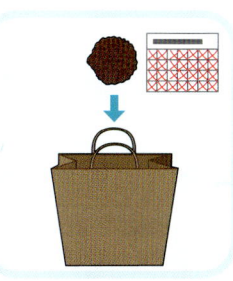
말려서 보존처리 한다.

빈 캔으로 조명 밝히기 42

캔이 단단해지도록 물을 넣어 얼린다.

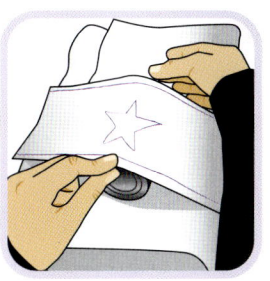

도안 위에 못으로 구멍을 뚫는다.

뜨거운 물로 얼음을 녹인다.

작은 양초를 넣고 불을 밝힌다.

43 바틱* 염색법으로 식탁보 염색하기

*무늬가 그려진 부분을 밀랍(蜜蠟)으로 막아 물이 들지 않게 하는 염색법.

| 천을 물에 가볍게 헹군다. | 무늬 색깔 염료에 담근다. | 무늬를 그린다. | 밀랍을 녹여서 무늬에 칠한다. | 배경색으로 염색한다. |

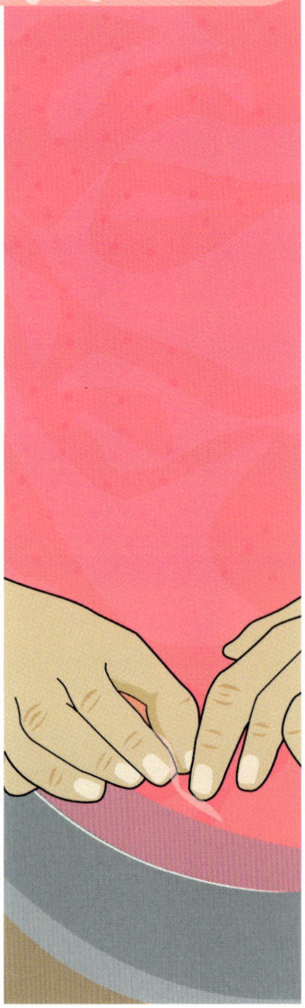

45 홀치기 염색으로 줄무늬 만들기

 한가운데를 집는다.
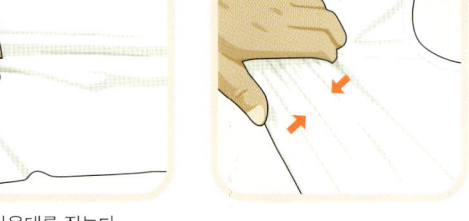

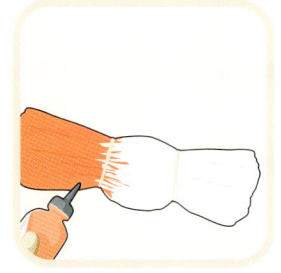
 물로 가볍게 세탁해서 입는다.

건조대에 걸어 말린다.

다림질을 해서 밀랍 자국을 없앤다.

세탁해서 사용한다.

옷에 묻은 얼룩 지우기 184

바틱 무늬의 의미 알기 44

'사이도 다디(sido dadi)'라고 불리는 이 인도네시아 무늬는 길조를 뜻한다. 이 무늬의 정확한 의미는 '뜻하는 대로 이루어지리라'이다.

가장 품위 있는 사람만이 다이아몬드 문양으로 뒤덮인 '세트리오 위보워(satrio wibowo)' 무늬 옷을 입는다.

한때 왕족이 입었던 대칭의 '카웅(kawung)' 무늬는 기운, 권력 그리고 그 밖의 힘이 균형을 이룸을 뜻한다.

'푸랑 루삭(purang rusak)'은 한때 술탄 왕조가 가장 선호하는 무늬였다. 사람들은 이 물결무늬가 행운을 가져다준다고 여겼다.

 +  +

근사한 나선무늬 염색하기 46

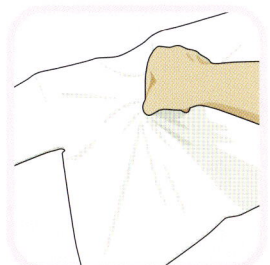
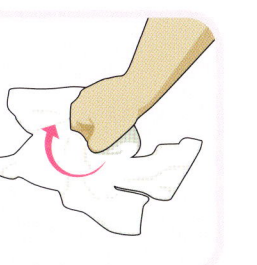
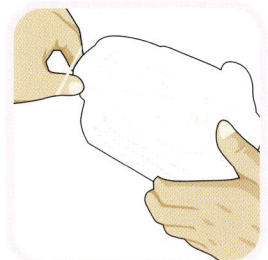

한가운데를 집는다.

물로 가볍게 세탁해서 입는다.

47 뜨개질 코잡기

146 굵은 실을 꼬아 붙임머리 만들기

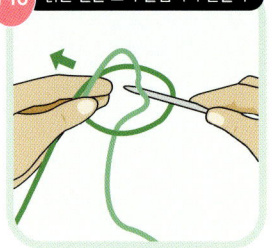 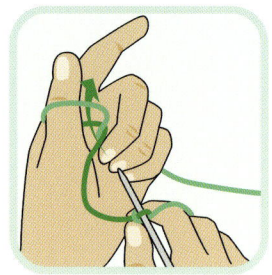 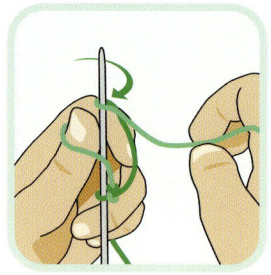  

매듭에 바늘을 끼운다. / 고리 안으로 바늘을 통과시킨다. / 바늘에 실을 한 바퀴 감는다. / 실을 바늘 위로 잡아 뺀다. / 꽉 잡아당긴다.

48 겉뜨기

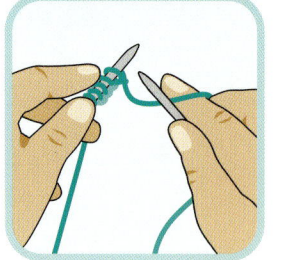 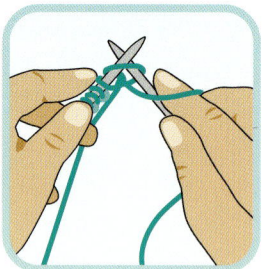 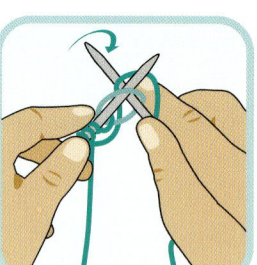 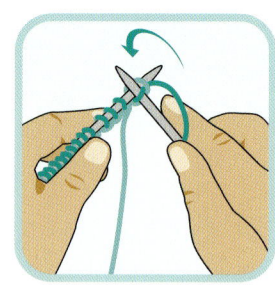 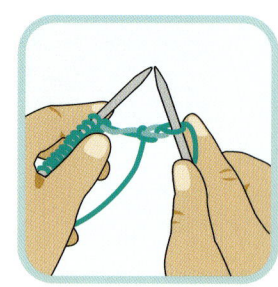

/ 오른쪽 바늘을 뒤로 둔다. / 바늘에 실을 한 바퀴 감는다. / 뒤에 있는 바늘을 앞으로 가져온다. / 왼쪽 바늘 위로 잡아 뺀다.

49 안뜨기

185 스웨터 손세탁하기

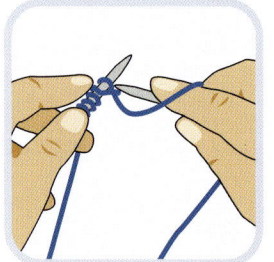 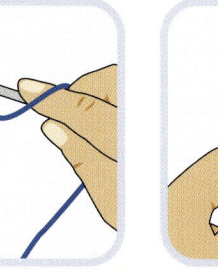 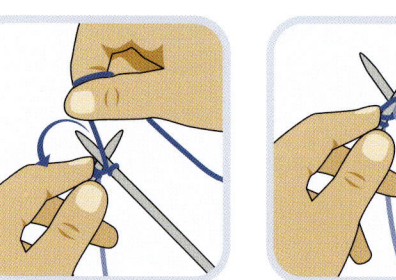 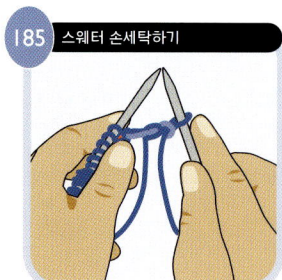

/ 오른쪽 바늘을 앞으로 둔다. / 바늘에 실을 한 바퀴 감는다. / 앞에 있는 바늘을 뒤로 가져간다. / 왼쪽 바늘을 미끄러지듯 뺀다.

바위 깃털 샛별

51 아메리카 원주민의 비즈 장식 따라 해보기

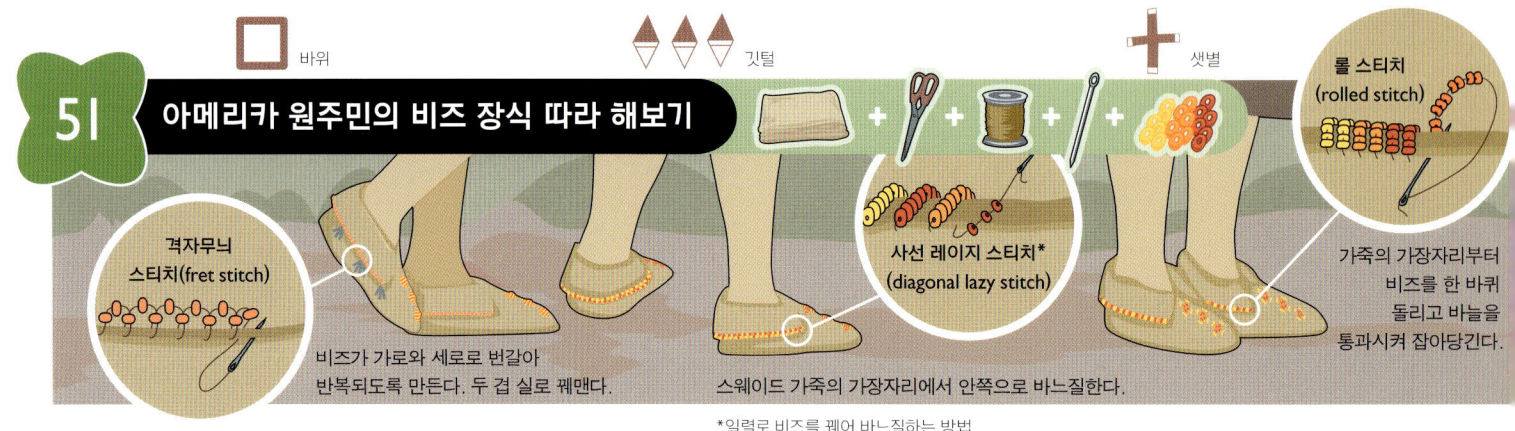

격자무늬 스티치(fret stitch)
비즈가 가로와 세로로 번갈아 반복되도록 만든다. 두 겹 실로 꿰맨다.
사선 레이지 스티치*
(diagonal lazy stitch)
스웨이드 가죽의 가장자리에서 안쪽으로 바느질한다.
롤 스티치
(rolled stitch)
가죽의 가장자리부터 비즈를 한 바퀴 돌리고 바늘을 통과시켜 잡아당긴다.

*일렬로 비즈를 꿰어 바느질하는 방법.

52 모카신을 만들기 위해 발 사이즈 재기

현대적인 도구 없이 옛날 그대로의 방식으로 모카신을 만들고 싶다면 어떻게 해야 할까? 스웨이드 위에 발을 올려놓고 따라 그린 후 발을 덮을 수 있을 정도로 천을 넉넉하게 남기고 자른다.

8cm
2.5cm
copy me!

실제 발에 맞도록 이 도안을 확대 복사해서 사용한다.

거북 번개 화살촉

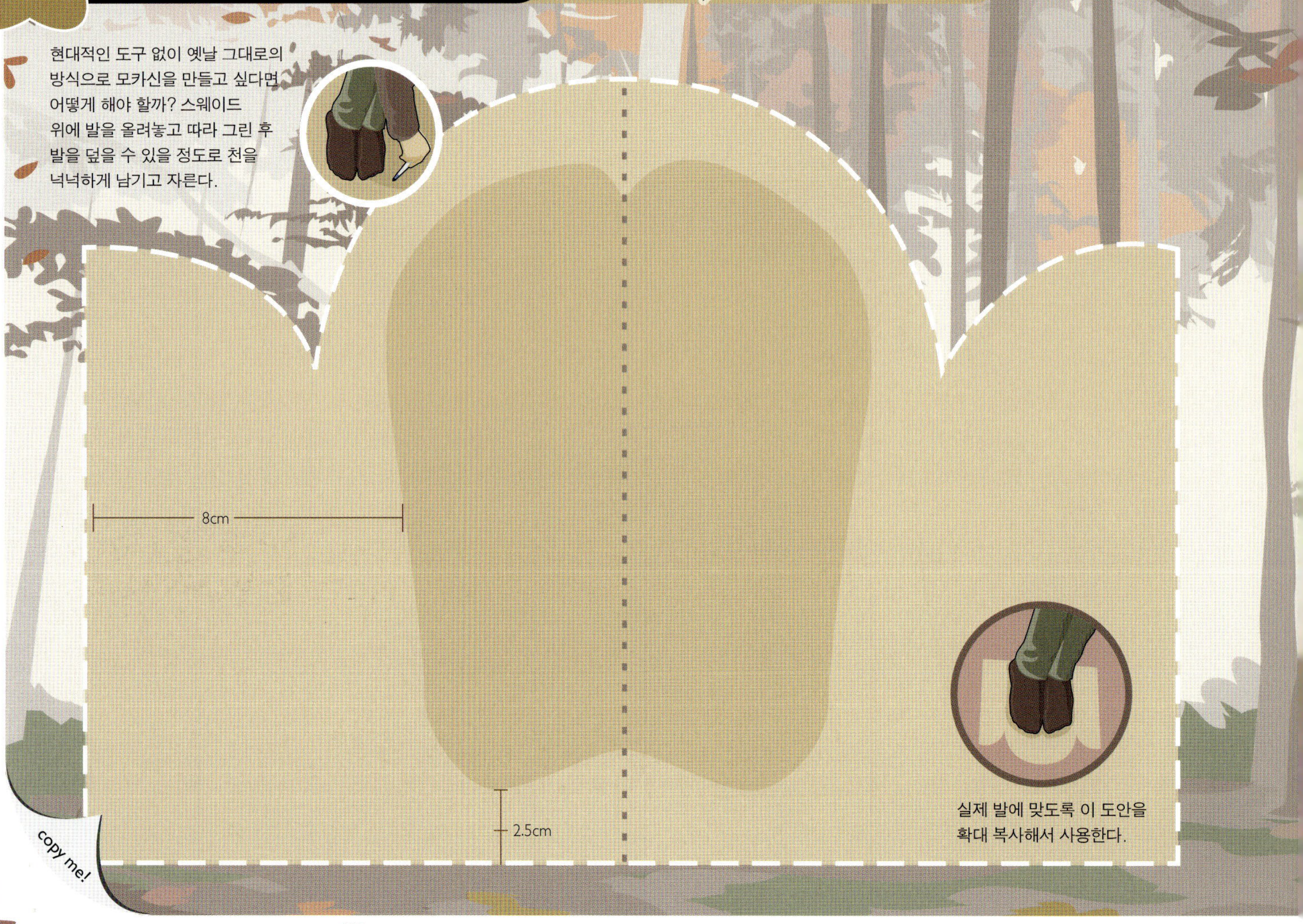

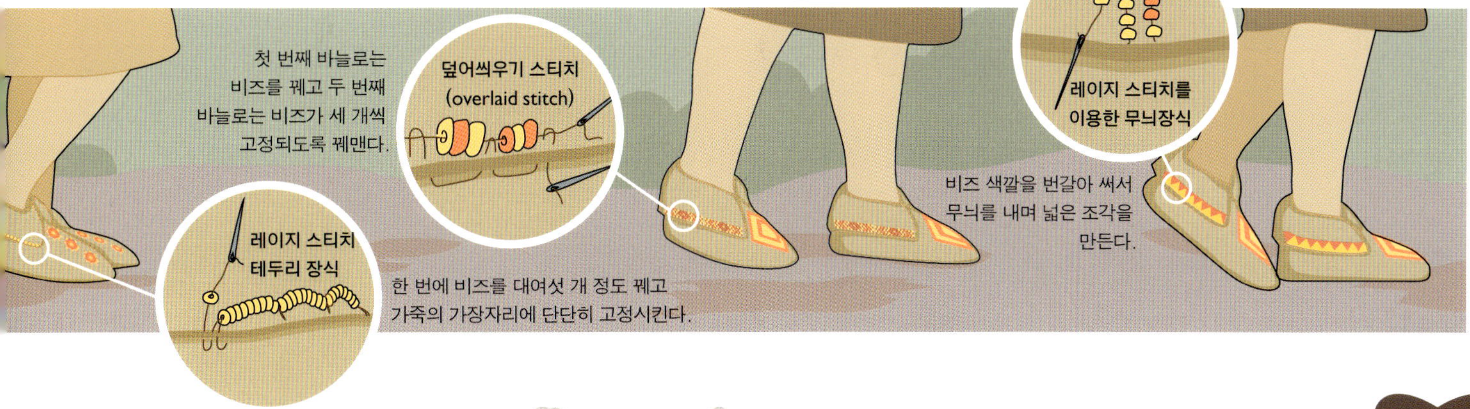

첫 번째 바늘로는 비즈를 꿰고 두 번째 바늘로는 비즈가 세 개씩 고정되도록 꿰맨다.

덮어씌우기 스티치 (overlaid stitch)

레이지 스티치를 이용한 무늬장식

레이지 스티치 테두리 장식

비즈 색깔을 번갈아 써서 무늬를 내며 넓은 조각을 만든다.

한 번에 비즈를 대여섯 개 정도 꿰고 가죽의 가장자리에 단단히 고정시킨다.

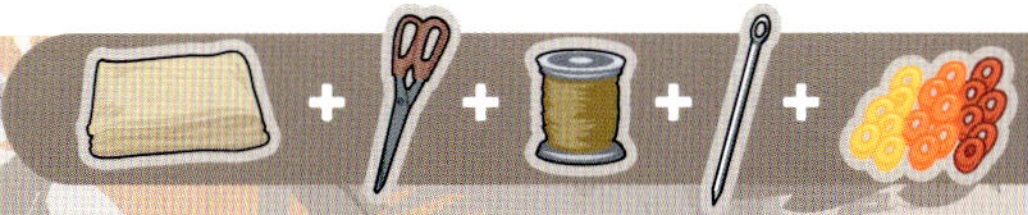

스웨이드 모카신 만들기 · 53

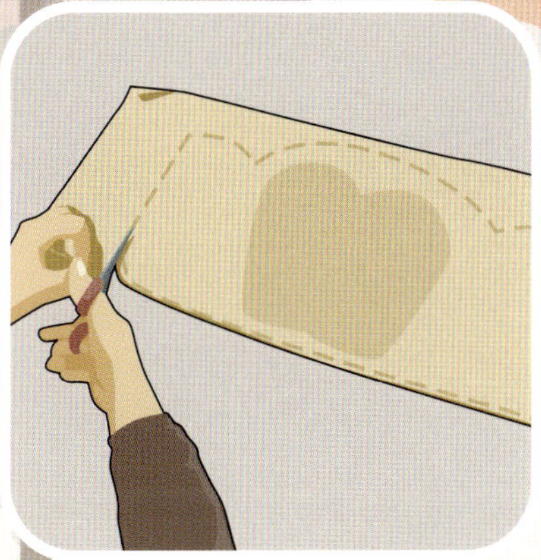

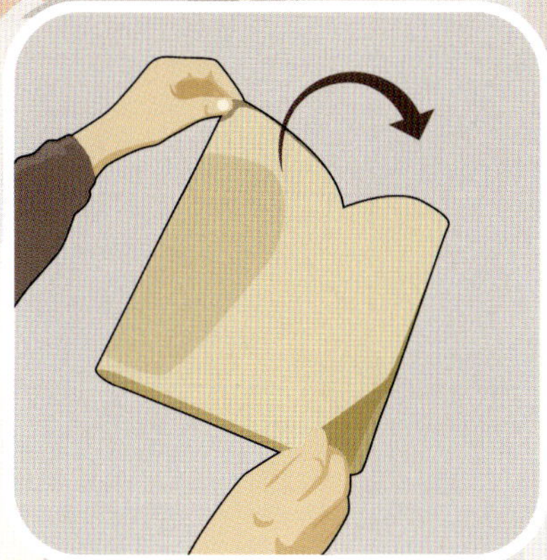

반으로 접는다.

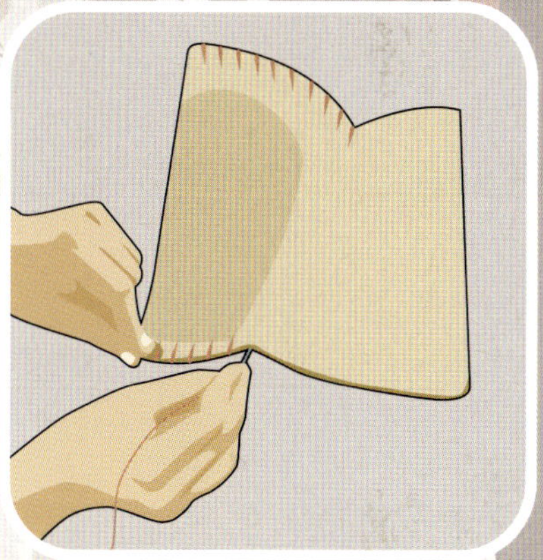

가장자리를 같이 잡고 꿰맨다.

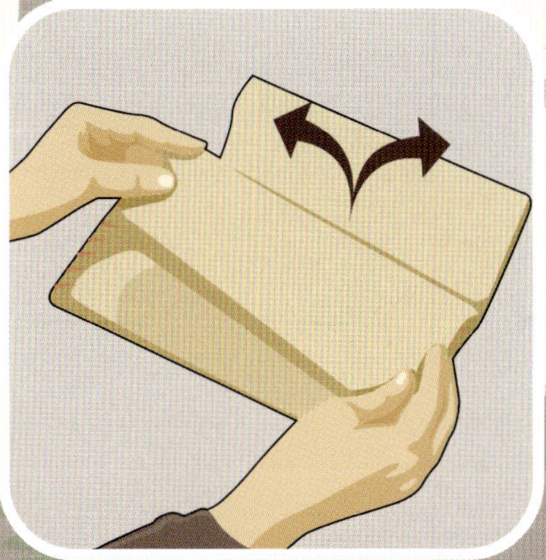

안을 밖으로 뒤집는다.

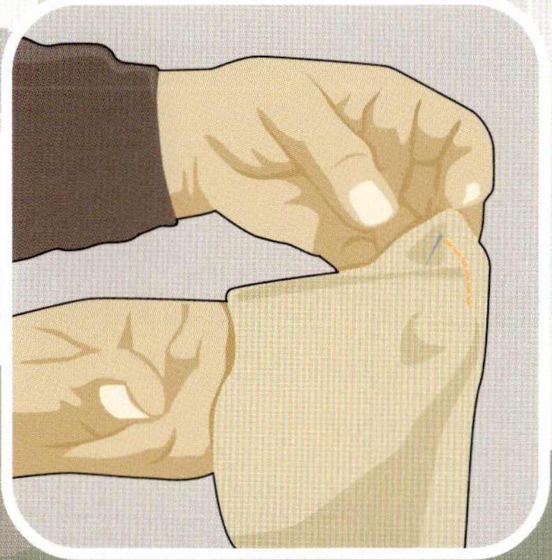

비즈를 이용해 장식한다.

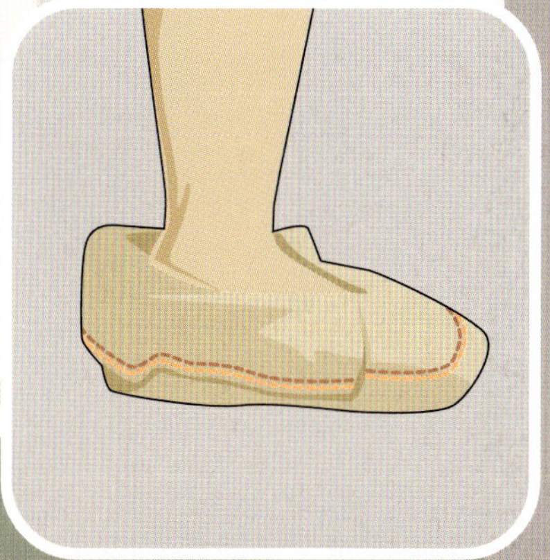

덮개 부분을 접고 신는다.

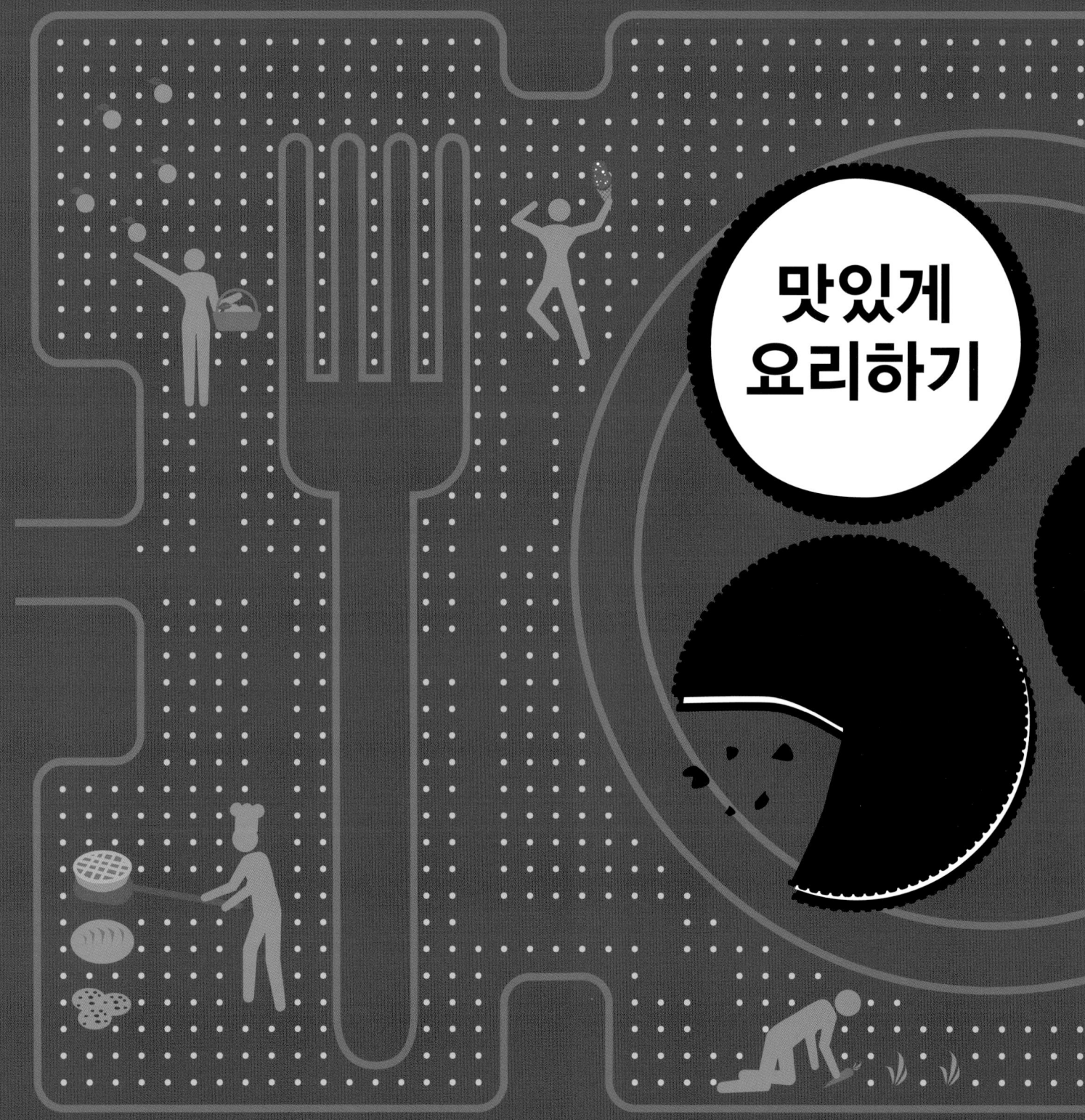

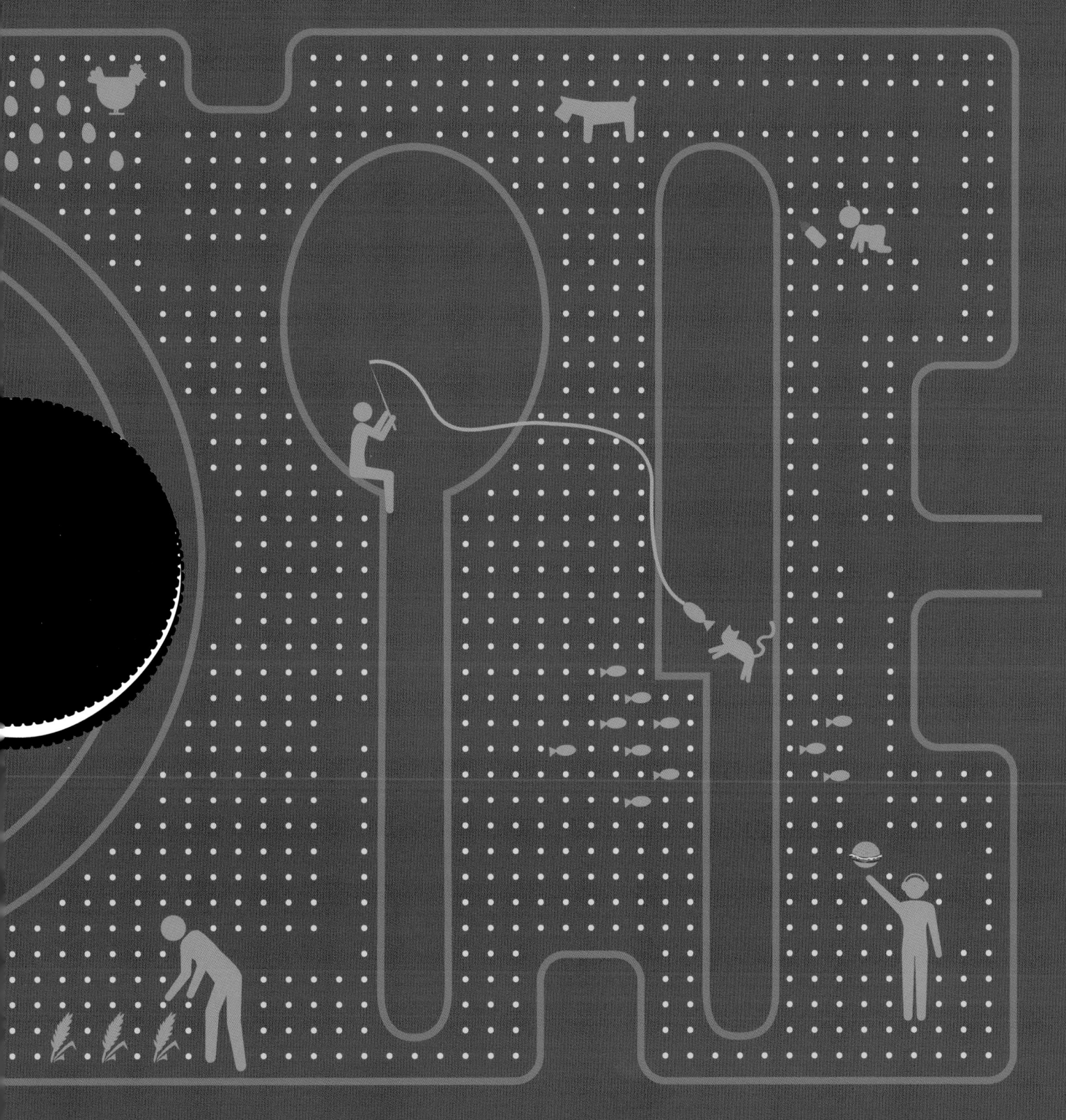

54 석류 까기

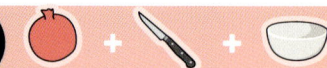

  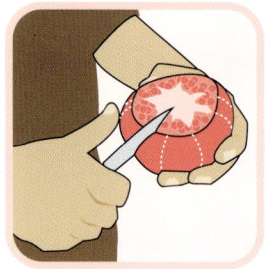  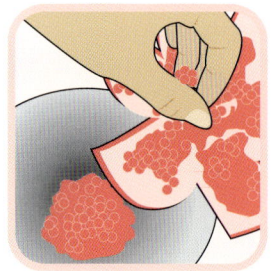

껍질 부분을 자른다.   벌려서 열고 흰색 속껍질을 제거한다.

55 망고 자르기

씨의 양 옆을 자른다.   씨는 버린다.   자른 부분을 밖으로 뒤집는다.   껍질에 붙어 있는 과육을 긁어낸다.

56 아보카도 씨 빼기

  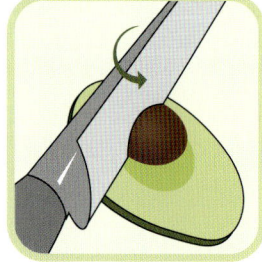 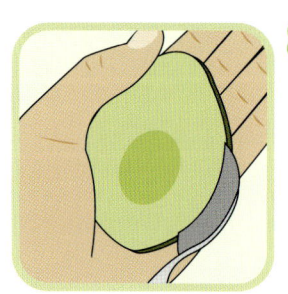 

262 아보카도 나무 기르기

씨를 톡 친 다음 돌려서 뺀다.   알맹이를 수저로 뜬다.

코코넛 까기 57

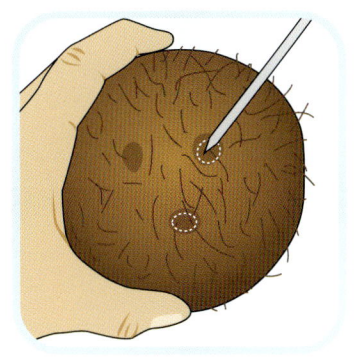
말랑말랑한 부분에 구멍을 두 군데 뚫는다.

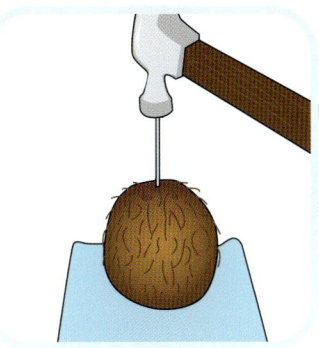
구멍을 더 깊게 판다. 못을 뺀다.

과즙이 흐르도록 놔둔다.

240–475ml

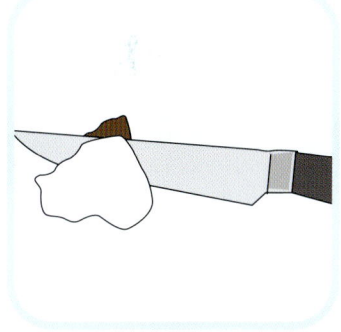
껍질에서 안의 내용물을 분리한다.

파인애플 자르기 58

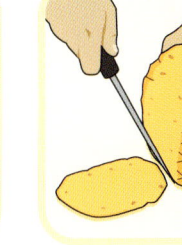
위와 바닥 부분을 잘라낸다.

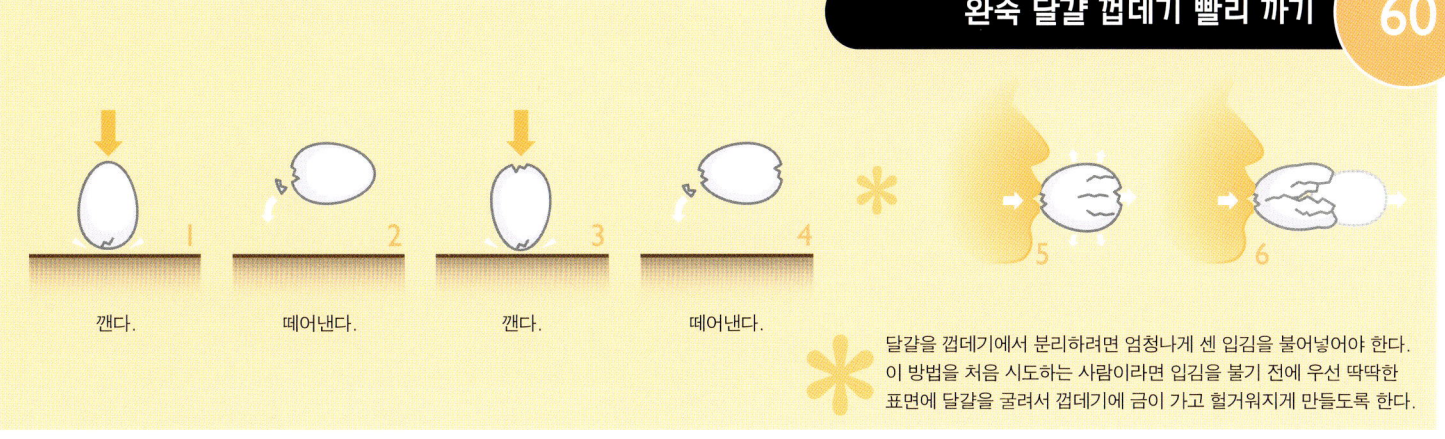

63 타퀴리아* 스타일의 부리토 만들기

*타코 전문 멕시코 음식점.

따뜻하게 데운 토르티야로 만든다.

토르티야 양쪽 끝을 모은다.

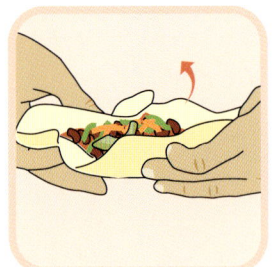
위와 아래쪽을 접는다.

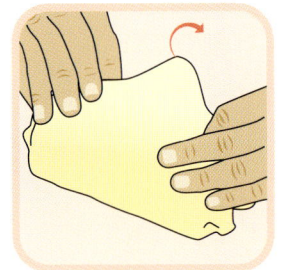
위쪽 덮개 부분을 감싸면서 돌돌 만다.

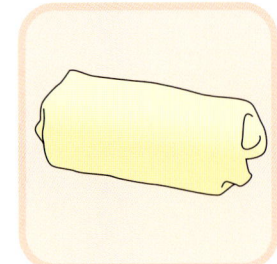
혹시 벌어진 부분이 있으면 잘 접어 넣는다.

64 토르티야 칩 만들기

토르티야를 6등분한다.

식용유를 넉넉히 두른다.

가끔씩 뒤집어가면서 익힌다.

식히고 키친타월로 기름기를 뺀다.

소금을 뿌린다.

65 과카몰리 만들기

56 아보카도 씨 빼기
×4

라임 즙을 뿌린다.

실란트로(고수 잎)를 썬다.

양파를 다진다.

섞는다. 다 같이 으깬다.

칠리 고추 깍둑썰기 66

4등분 한다.

가운데 부분과 씨를 제거한다.

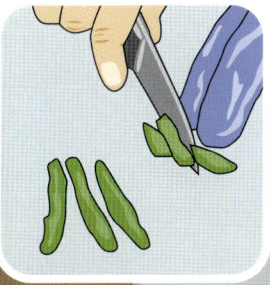

피코 데 가요* 만들기 67

*멕시코를 대표하는 소스. 피코 데 가요는 '닭의 부리'라는 뜻으로 닭이 쪼아놓은 듯 야채를 잘게 썰기 때문에 생긴 이름.

간단하면서도 신선한 이 양념은 어떤 그릇에 담아내든 밝고 화려한 분위기를 연출한다. 재료를 잘게 썰고 잘 섞은 다음 냉장고에 한 시간 정도 넣어둔다. 격식 없는 편한 모임에 매콤한 간식으로 내놓아도 좋고, 다른 멕시코 음식과 함께 먹어도 그만이다.

양파 1개

라임 1개-2개

소금 1작은술

칠리 3개

큰 토마토 6개

고수 잎(실란트로) 잔가지 12개

신나게 살사 춤추기 200

생강 다지기 70

밖으로 밀어내며 껍질을 벗긴다.

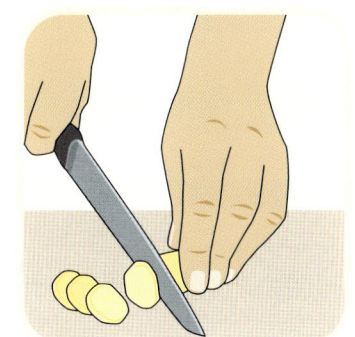

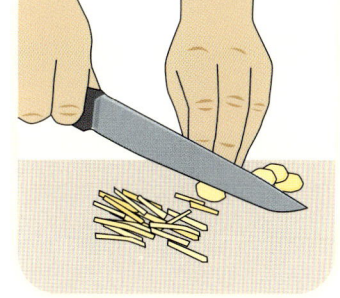
납작하게 저민 생강을 쌓아놓고 잘게 썬다.

칼을 앞뒤로 움직인다.

피망 껍질 벗기기 71

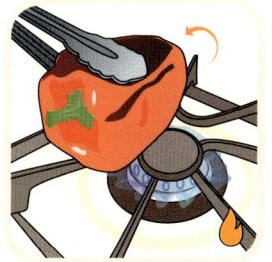
돌려가면서 까맣게 굽는다.

김이 서려 껍질이 느슨해지도록 만든다.

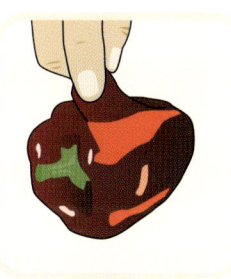
껍질을 벗긴다.

꼭지를 제거한다.

아티초크* 다듬기 72

*브로콜리처럼 꽃봉오리를 식용하는 채소. 원산지는 지중해인데 우리나라 제주도에서도 재배할 수 있게 되어 곧 식탁에서 볼 수 있게 될 것임.

바깥쪽 잎사귀를 벗긴다.

위의 3분의 1을 잘라낸다.

줄기를 벗겨내고 레몬으로 문지른다.

4분의 1로 자른다.

섬유질이 너무 많은 부분은 버린다.

73 무쇠 프라이팬 녹 제거하기

철수세미로 북북 문질러 닦는다.

식용유를 붓는다.

소금을 넣어 되직하게 만든다.

키친타월로 문지르고 물에 헹군다.

74 잘 들러붙지 않는 밀방망이 만들기

나일론 스타킹을 쭉 편다.

밀방망이를 집어넣는다.

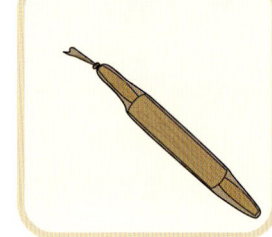

반죽에 밀가루를 뿌리고 사용한다.

75 칼 번쩍번쩍하게 갈기

숫돌을 물에 담가둔다.

칼을 앞쪽으로 민다.

칼을 뒤집은 다음 잡아당긴다.

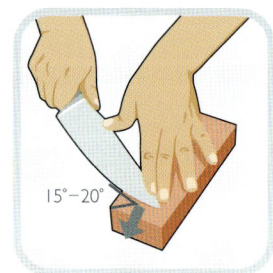
다른 숫돌로 바꾸고 똑같이 반복한다.

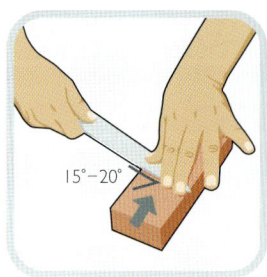

77 젓가락질하기

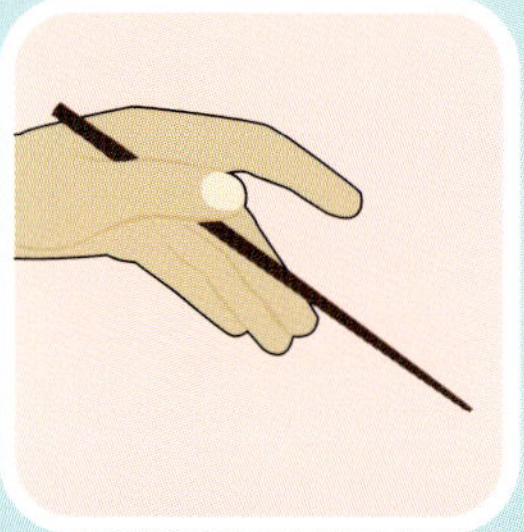

엄지가 시작되는 부분에 놓는다.

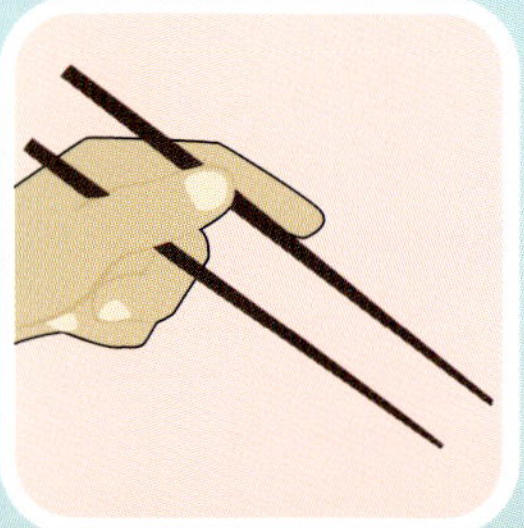

검지에 붙여서 집는다.

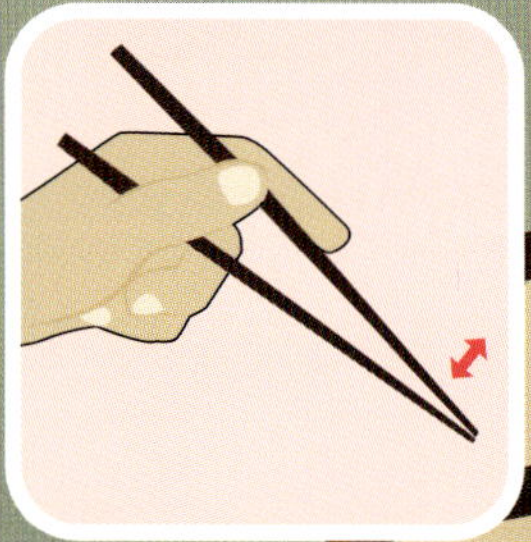

젓가락 윗부분은 움직이지 않는다.

젓가락질이 힘들게 느껴질지도 모른다. 일본인들 앞에서는 젓가락으로 음식을 나누어 주는 행동을 삼가야 한다. 왜냐하면 일본인들은 장례식에서 화장 후 유골을 젓가락으로 집어 건네받기 때문이다.

계란 초밥

방어 초밥

문어 초밥

78 테마키 스시 만들기

김 위에 밥을 올린다.

마키 스시 만들기

위쪽은 비워둔다.

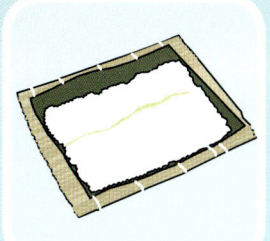
고추냉이를 한 줄 바른다.

재료를 올린다.

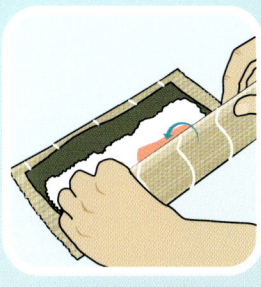
김에 대고 누른다.

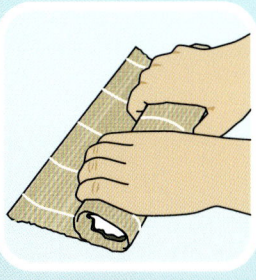
꾹 눌러서 동그랗게 만든다.

연어알 초밥

연어 초밥 참치 초밥 새우 초밥 참치 테마키 간장

가장자리를 잘 말아 덮는다.

고추냉이

초생강

80 바닷가재 먹기 좋게 발라내기

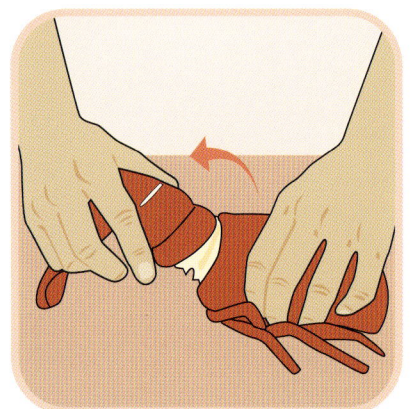
비틀어서 꼬리를 뗀다.

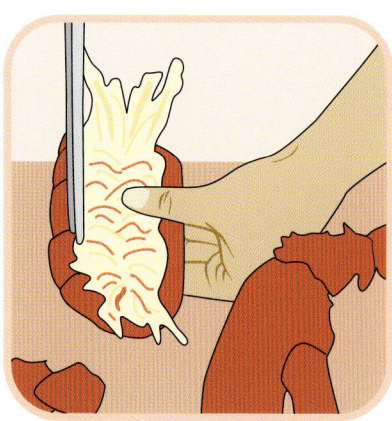
연골을 자르고 살을 바른다.

창자의 핏줄을 제거한다.

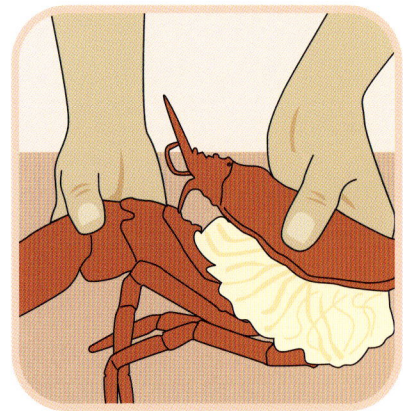
흉부 껍데기에서 몸통을 끄집어낸다.

흉부 껍데기를 이등분한다. 살을 꺼낸다.

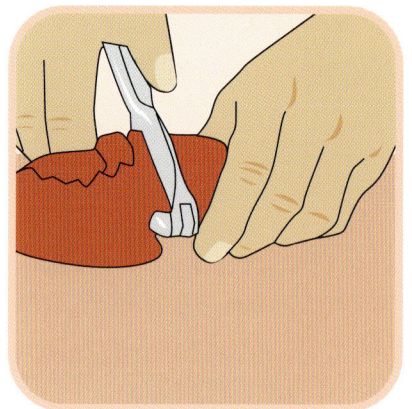
집게 부분을 깨고 살을 발라낸다.

81 새우 껍질과 내장 제거하기

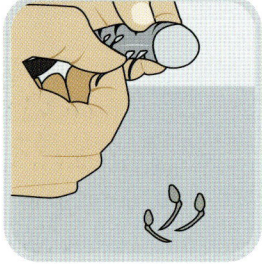

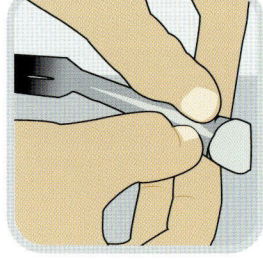
껍데기를 들어낸다.

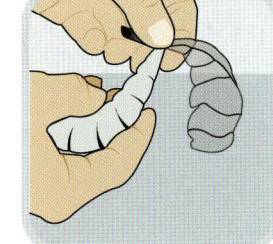

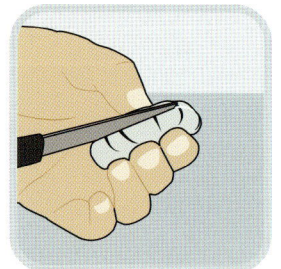
핏줄을 따라 칼집을 낸다.

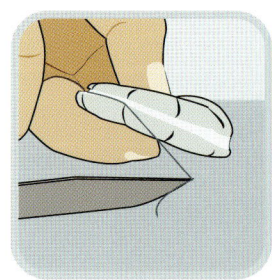
내장을 빼낸다.

식용 게 껍데기 발라내기 82

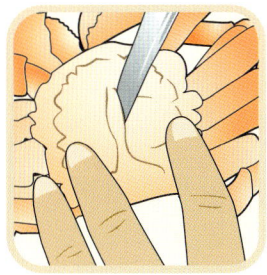
배의 덮개 부분을 칼로 자르거나 손으로 당겨 뺀다.

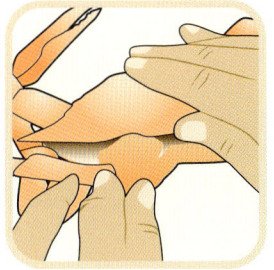
겉껍데기를 뜯는다.

껍데기에 붙은 지방질은 따로 남겨둔다.

아가미를 제거한다.

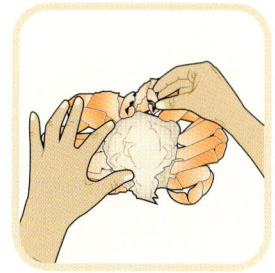
턱을 잡아당겨 뺀다.

내장을 빼낸다.

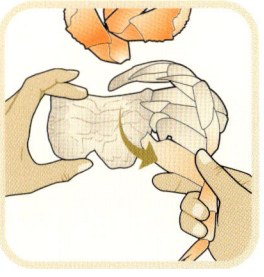
집게와 발을 비틀어 떼어낸다.

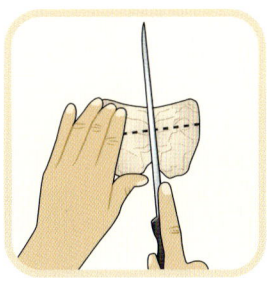
4분의 1로 자른다.

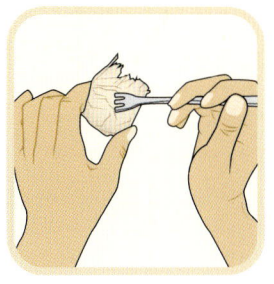
살을 바른다.

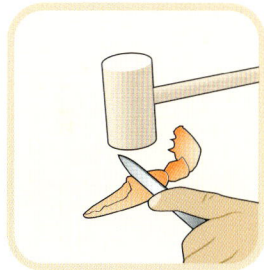
집게를 깬다.

 잠깐, 지방질은 버리지 않는다! '크랩 버터'라고도 불리는 이 부드러운 노란색 성분은 향긋하고 짭짤한 맛이 나는데, 버터나 소스에 첨가하면 아주 맛있다.

굴 껍데기 까기 83

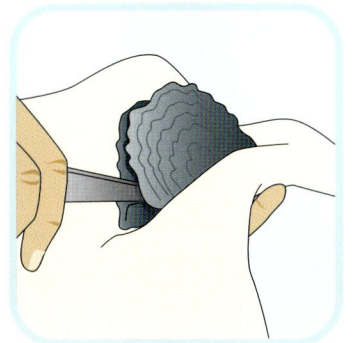
굴 입구를 벌린다.

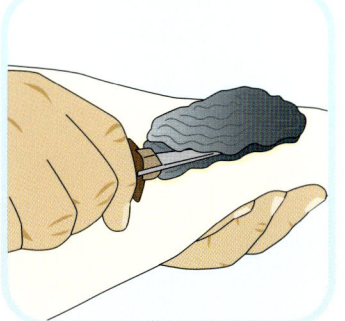
위쪽 껍질에서 굴을 분리한다.

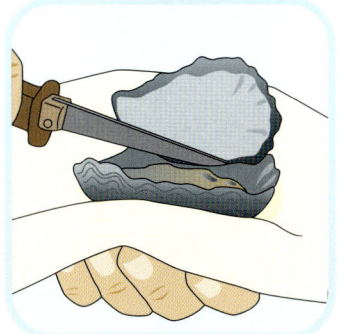
위쪽 껍질을 뜯는다.

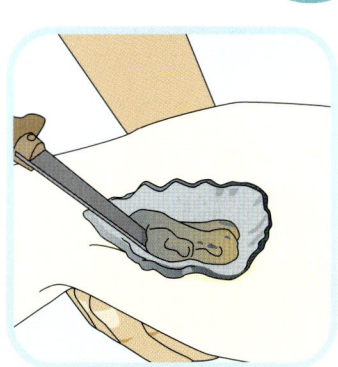
굴을 살짝 떼어낸다.

84 나라별 쇠고기 부위와 명칭 알기

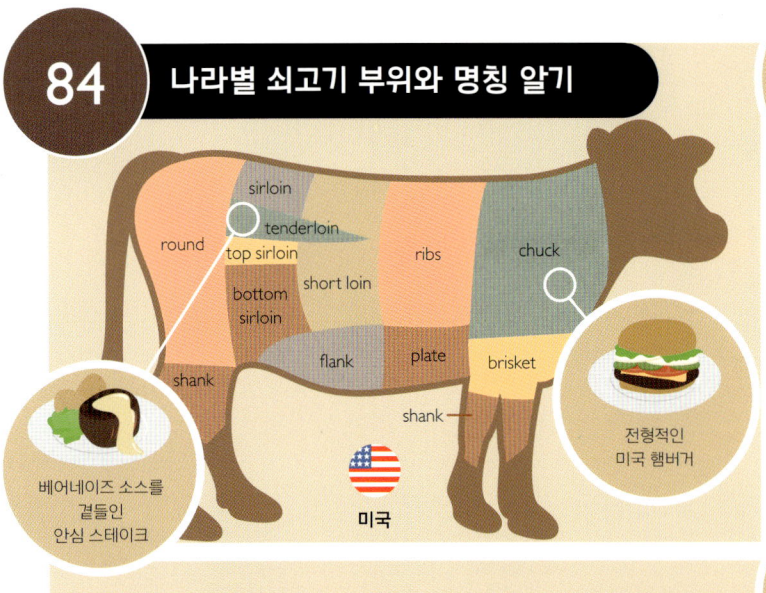
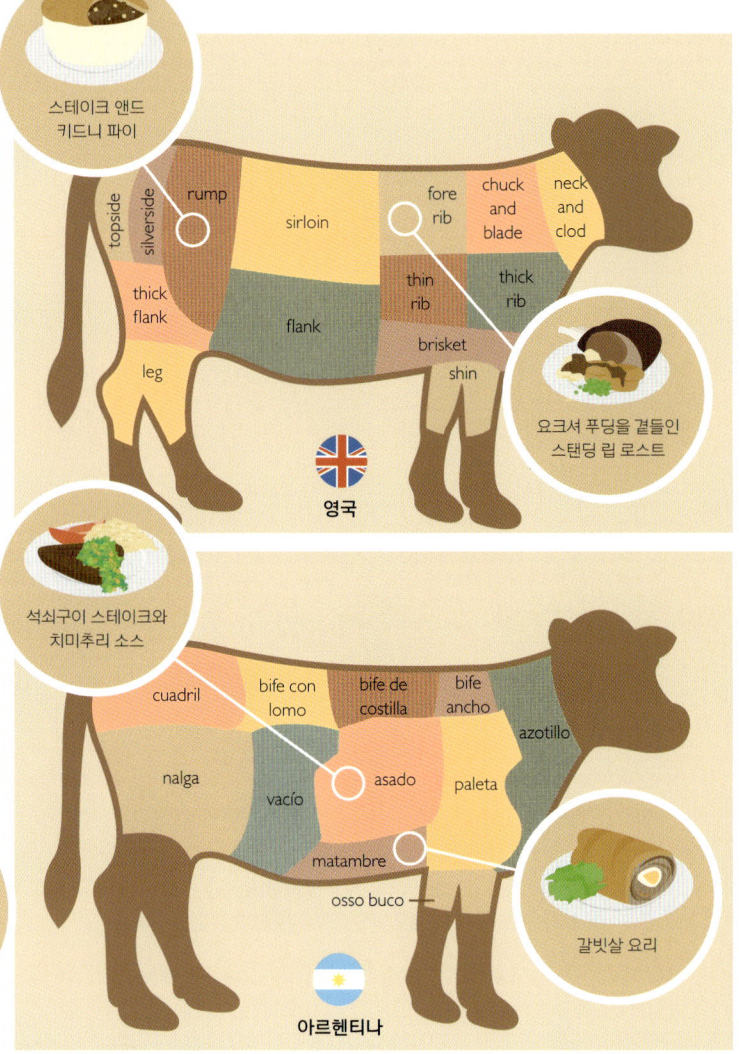
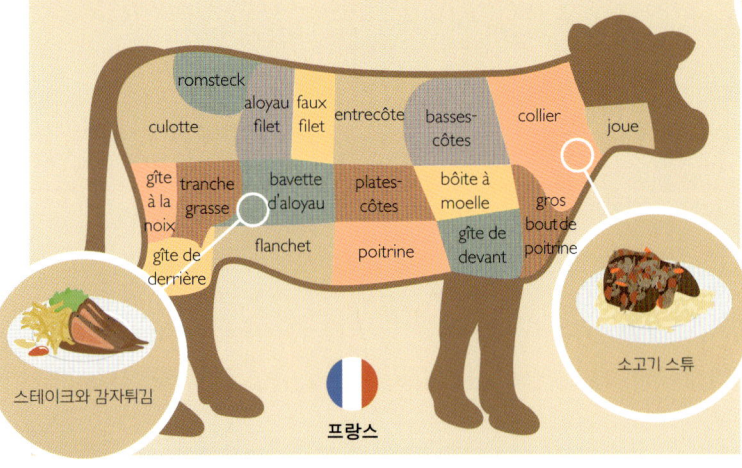

86 맛있는 수제 소시지 만들기

고기와 양념을 섞는다.

소시지 껍질(casing)을 씻는다.

충전기(stuffer)에 기름을 바른다.

소시지 껍질을 천천히 끼운다.

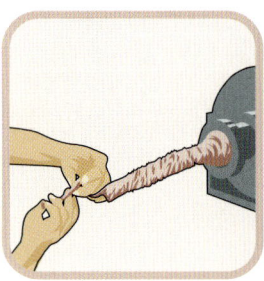
끝을 묶는다.

나라별 돼지고기 부위와 명칭 알기 — 85

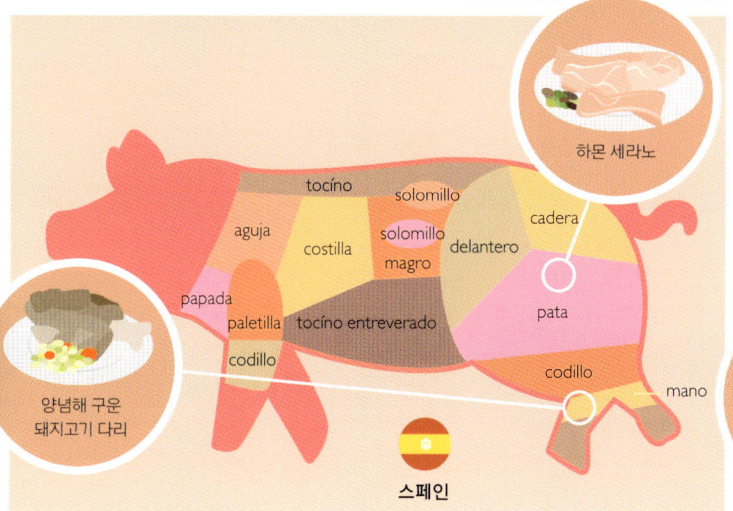
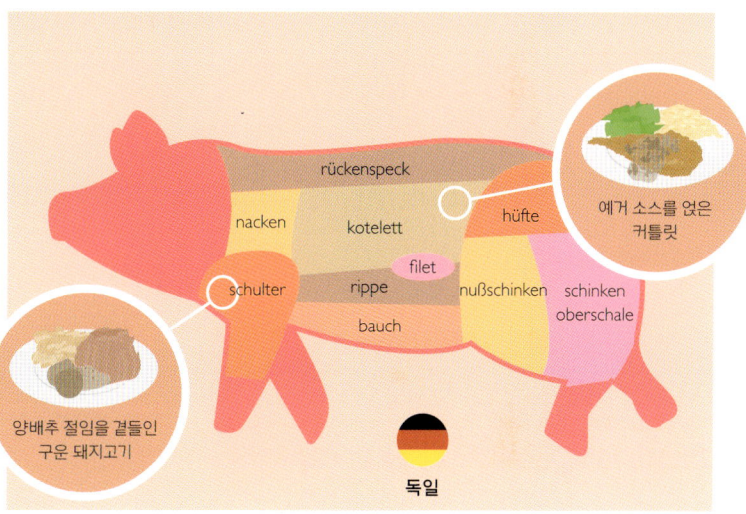

미국 / 중국 / 스페인 / 독일

풍선으로 강아지 만들기 — 35

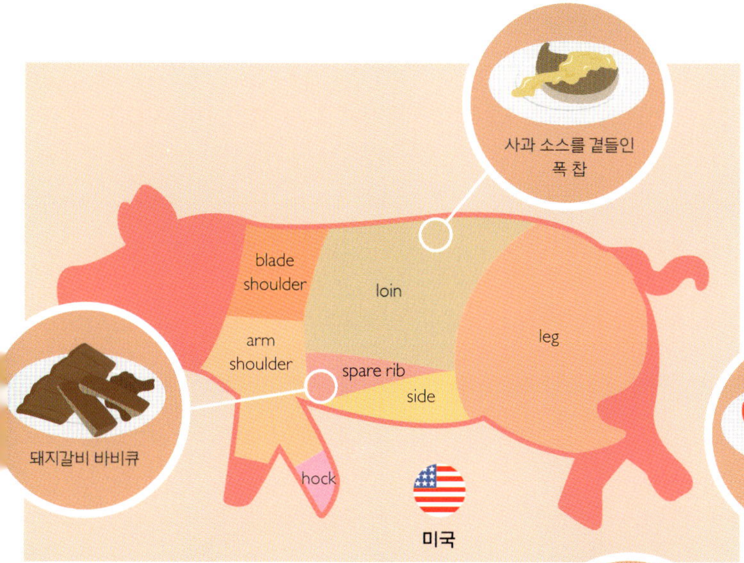

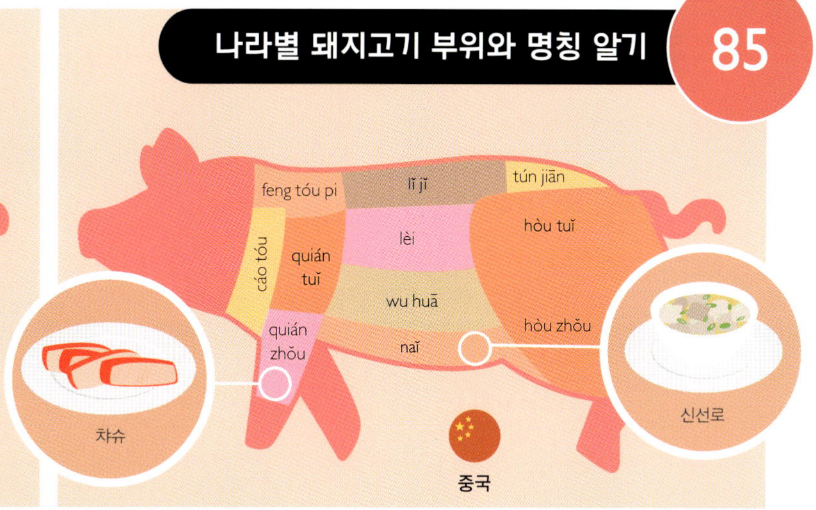

소시지 제조기에 내용물을 넣는다.

소시지를 집는다.

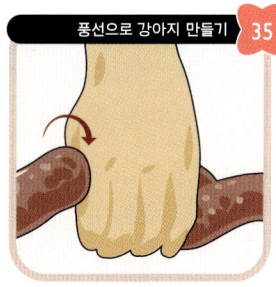
시계 방향으로 돌린다.

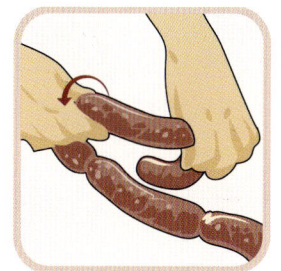
방향을 교대로 바꾸어 가며 돌린다.

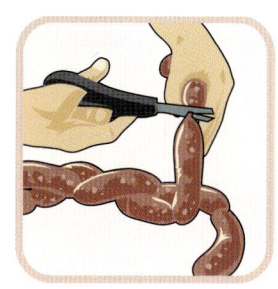
요리하기 전에 하나씩 자른다.

87 햄버거 근사하게 쌓아 만들기

클래식 버거

알로하 버거

버섯 버거

그리스 양고기 버거

코르동 블루 버거

지글거리는 스테이크 굽기 88

*고기, 생선 등을 재는 양념장.

지나치게 많은 지방질은 제거한다.

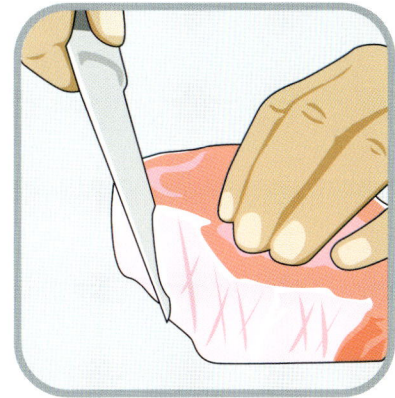

오그라들지 않도록 하려면 옆면에 칼자국을 낸다.

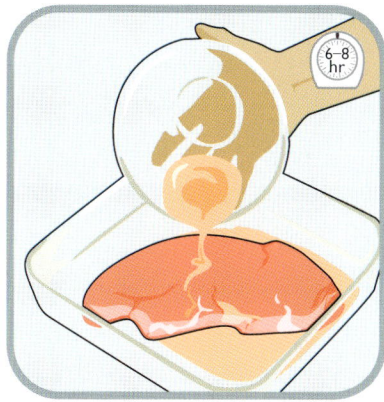

마리네이드*를 붓고 냉장고에 넣는다.

예열된 그릴 위에 올린다.

그물코 모양이 새겨지도록 뒤집으면서 굽는다.

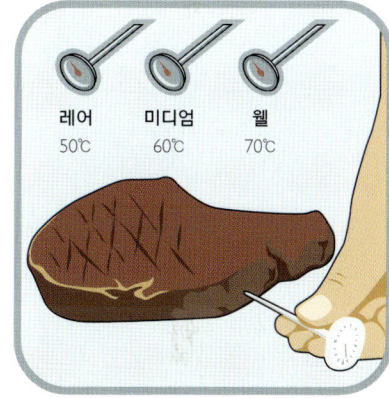

고기가 익은 정도를 확인한다.

비어캔 치킨 요리하기 89

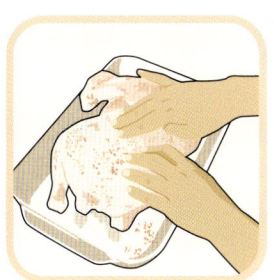

버터와 양념을 넣고 문지른다.

471 모자 쓰고 맥주 벌컥벌컥 마시기

좋아하는 양념을 첨가한다.

캔에 조심조심 꽂는다.

90 칠면조 굽기

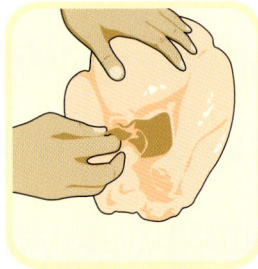
내장을 제거한다.

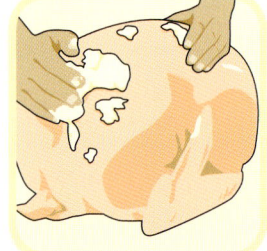
껍질에 버터를 펴 바른다.

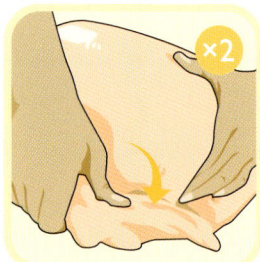
양 날개를 밀어 넣는다.

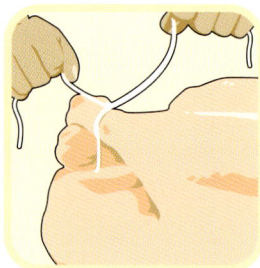
다리를 모아 묶는다.

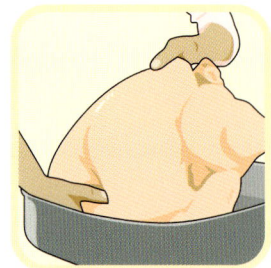
가슴이 위를 향하게 놓는다.

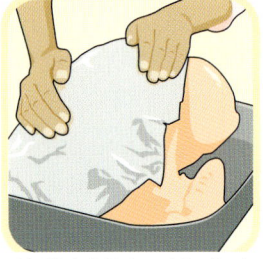
가슴 부위에 쿠킹 포일을 덮는다.

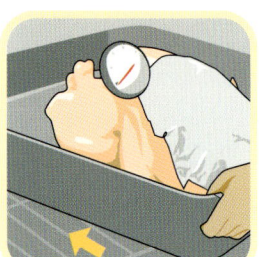

45분마다 양념을 끼얹는다.

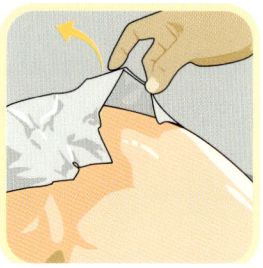
포일을 벗기고 더 익힌다.

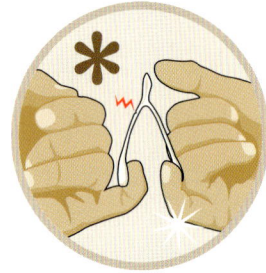

미국 전역에서는 추수감사절이 되면 식사를 하면서 고대 로마인들이 개발한 즐거운 내기를 벌이는 전통이 전해 내려온다. 그건 바로 위시본(wishbone)이라고도 불리는 쇄골 뼈를 놓고 누가 더 길고 더 짧게 잘렸는지를 재어보는 일이다. 두 명이 쇄골 뼈에 각자 새끼손가락을 올려놓고 서로 더 뼈를 길게 자르려고 경쟁하는데, 더 긴 뼈를 자른 사람에게는 행운이 따른다고 전해진다.

91 칠면조 고기 자르기

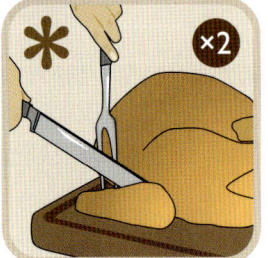
날개를 잘라낸다.

다리 부위를 자른다.

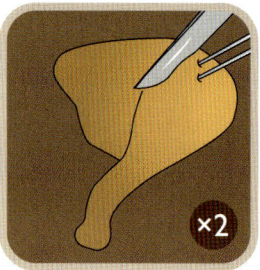
다리를 먹기 좋게 잘라 담는다.

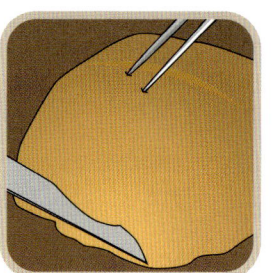
뼈와 평행하게 자른다.

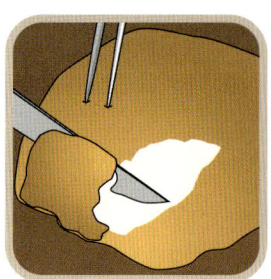
가슴살을 얇게 저며서 자른다.

전통 방식의 프라이드치킨 만들기 92

버터밀크와 소금을 휘젓는다.
(버터밀크 1리터, 소금 4큰술)

닭고기 조각을 담근다. 냉장 보관한다. (6-12 hr)

각 조각에 밀가루와 양념을 묻힌다.

식용유를 넉넉히 두른다. (175°C)

먹음직스런 갈색 빛이 돌 때까지 뒤집어 가면서 익힌다. (4 min)

오븐에 구워 고기의 익은 정도를 확인한다. (175°C, 20 min)

보글보글 끓는 그레이비* 만들기 93

*육즙에 향신료나 다른 재료를 섞어 만든 소스.

고기에서 나온 기름을 따로 받아둔다.

지방질에서 육즙만 따라 놓는다.

밀가루와 버터를 넣는다.

육즙과 육수를 넣고 젓는다. (10 min)

농도를 확인한다.

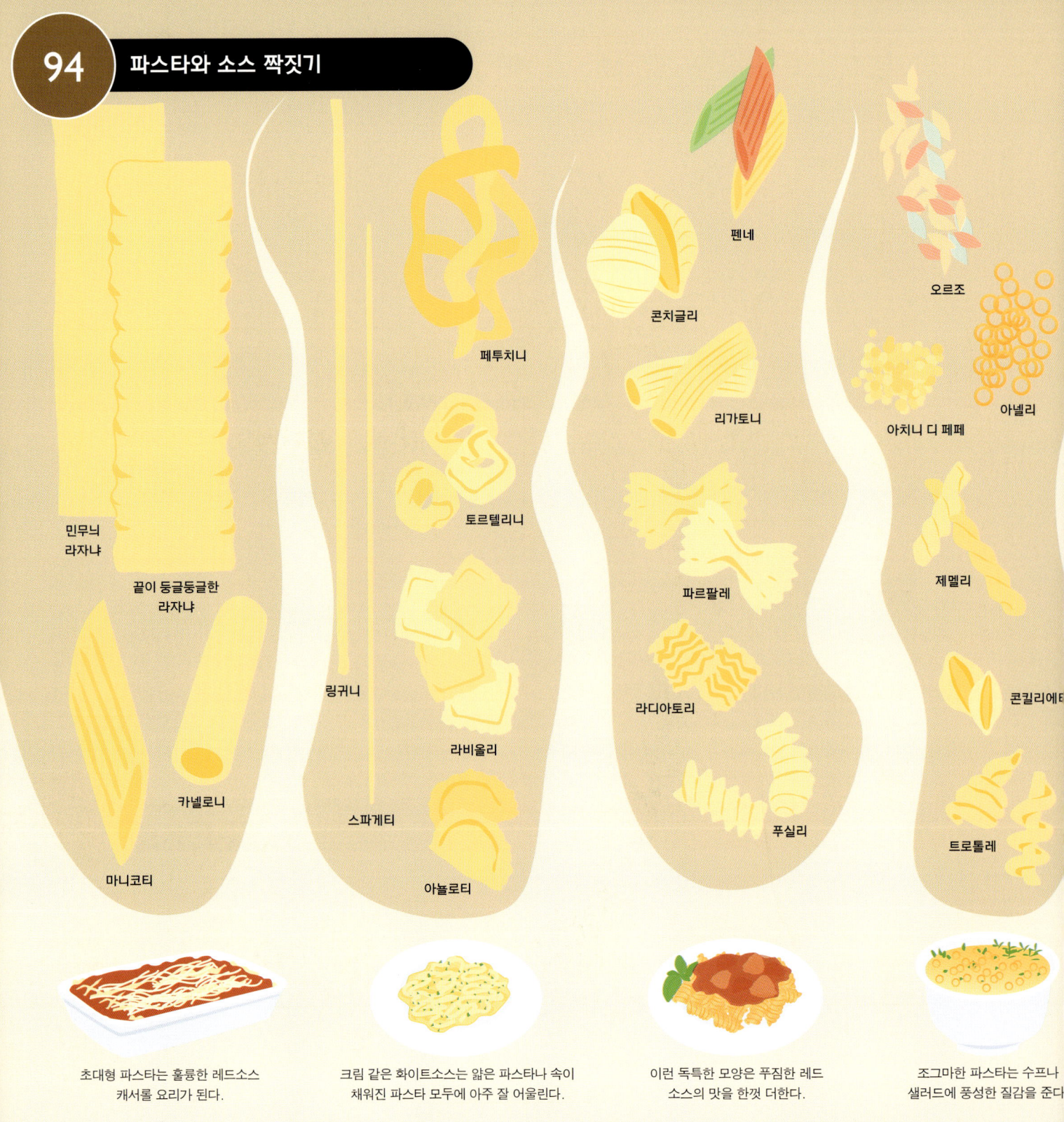

파스타 반죽 밀기 95

 밀가루 가운데 구덩이를 만든다.
 달걀과 식용유 섞은 것을 넣는다.
 밀가루 안쪽에서 부드럽게 돌린다.
 반죽을 굴려 공처럼 만든다.
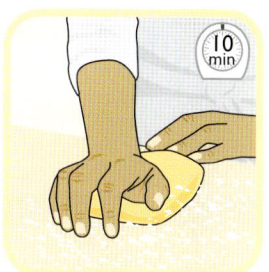 바닥에 밀가루를 뿌리고 반죽을 치댄다.

 4등분 한다.
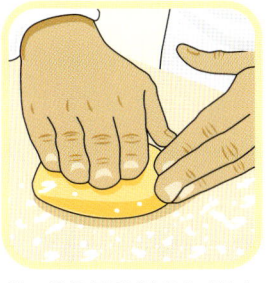 각 조각을 둥글납작하게 만든다.
 74 잘 들러붙지 않는 밀방망이 만들기
 뒤집어서 다시 민다.
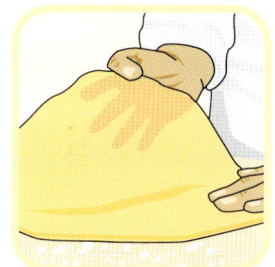 반투명해졌는지 확인한다.

페투치니 자르기 96

 잘 편다. 말린다.

토르텔리니 접기 97

 속을 올려놓는다. 가장자리를 적신다.

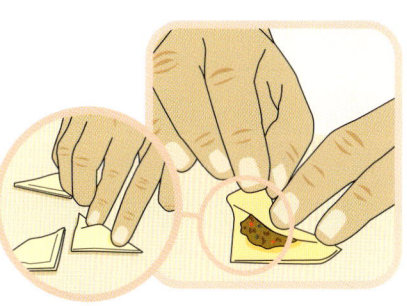
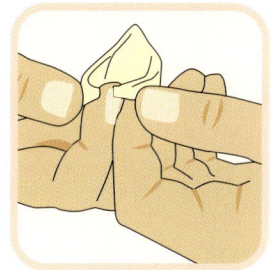

98 갈레트 접기

가장자리를 접어 올린다.　계란 물 칠을 한다.　설탕을 뿌린다.

 계란 물 칠은 달걀노른자와 물을 섞어 바르는 것이다. 그렇게 하면 페스트리나 빵에 먹음직스런 광택이 생기고 빵의 향과 맛이 빠져나가지 않는다.

99 바게트 모양내기

 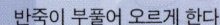  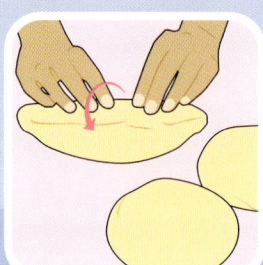 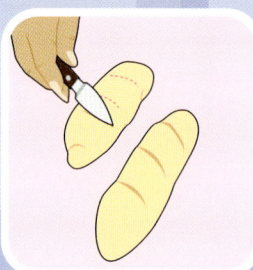

436　주효한 한방 날리기

반죽이 부풀어 오르게 한다.　가스가 빠지도록 주먹으로 친다.

100 할라빵 반죽 만들기

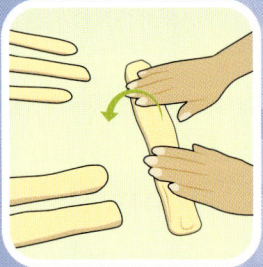 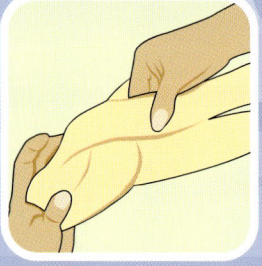 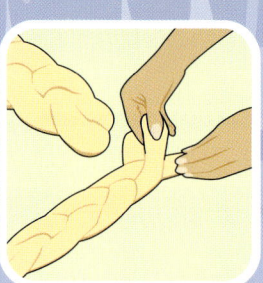 

굵은 세 줄로 딴다.　얇고 긴 빵을 만든다.　쌓아놓고 계란 물 칠을 한다.

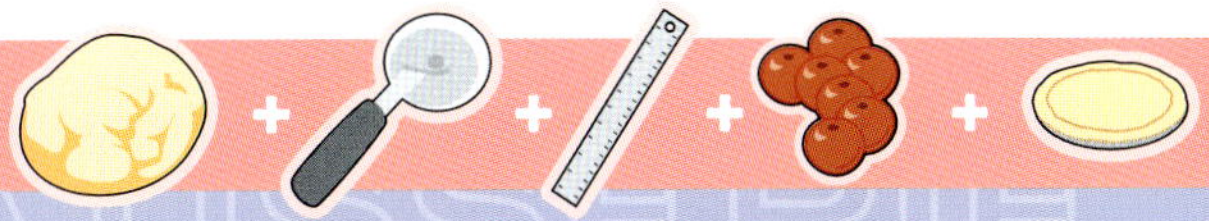

격자무늬를 얹은 파이 만들기

101

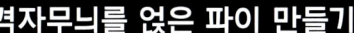

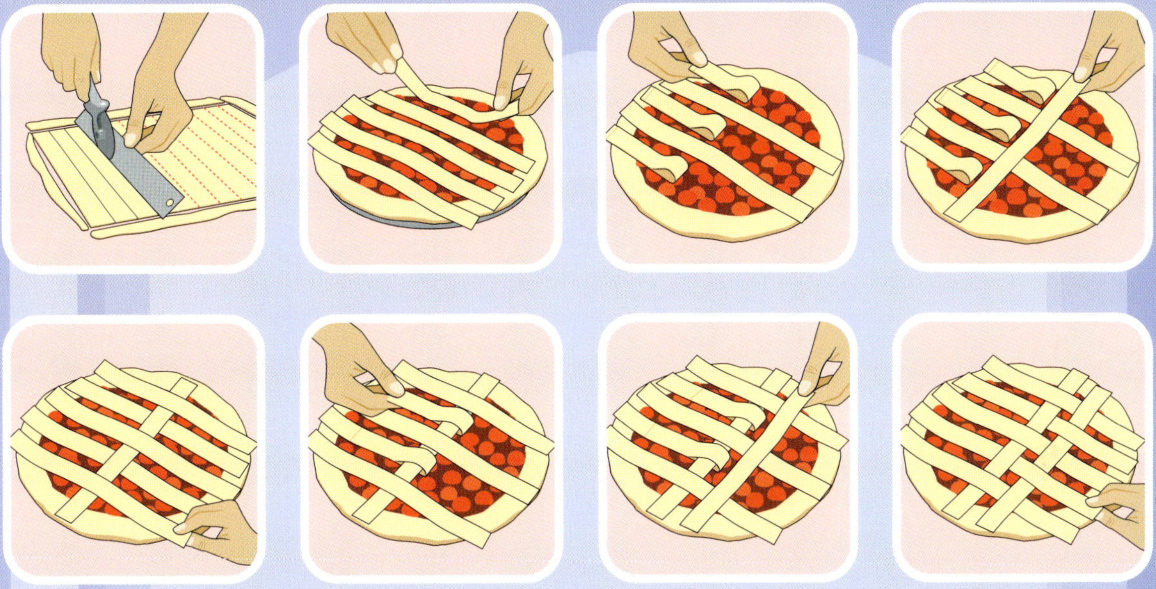

다 덮일 때까지 계속한다.

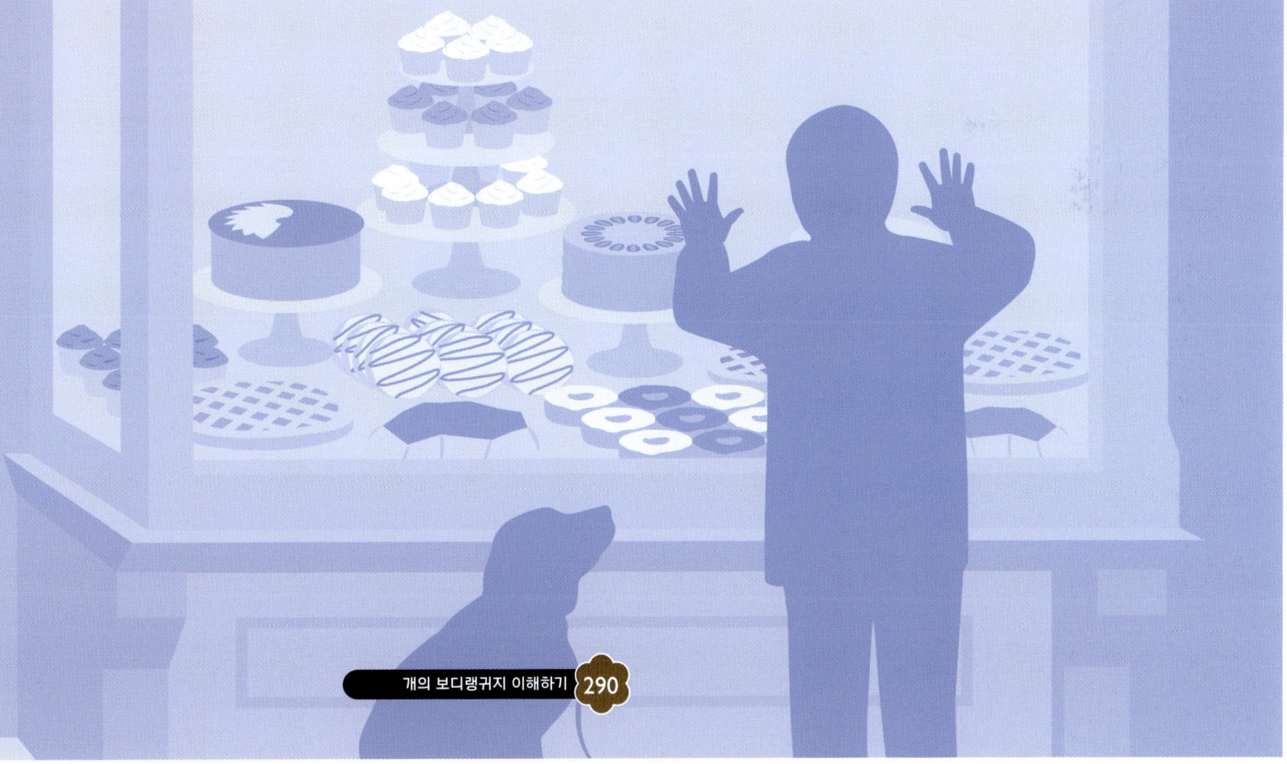

102 샴페인과 어울리는 음식

샴페인에는 꽃향기 같은 기본 맛 이외에도 레몬, 헤이즐넛, 초록 사과, 토스트의 향미가 담겨 있다.

길쭉한 샴페인 잔은 샴페인의 선명한 거품을 잘 드러내 보인다.

103 피노 그리지오와 어울리는 음식

피노 그리지오는 소량의 미네랄, 오이, 사과, 레몬, 허브의 상쾌한 향미가 담긴 와인으로 알려져 있다.

작은 튤립 잔에 따라 마시면 와인의 산뜻한 향미가 잘 느껴진다.

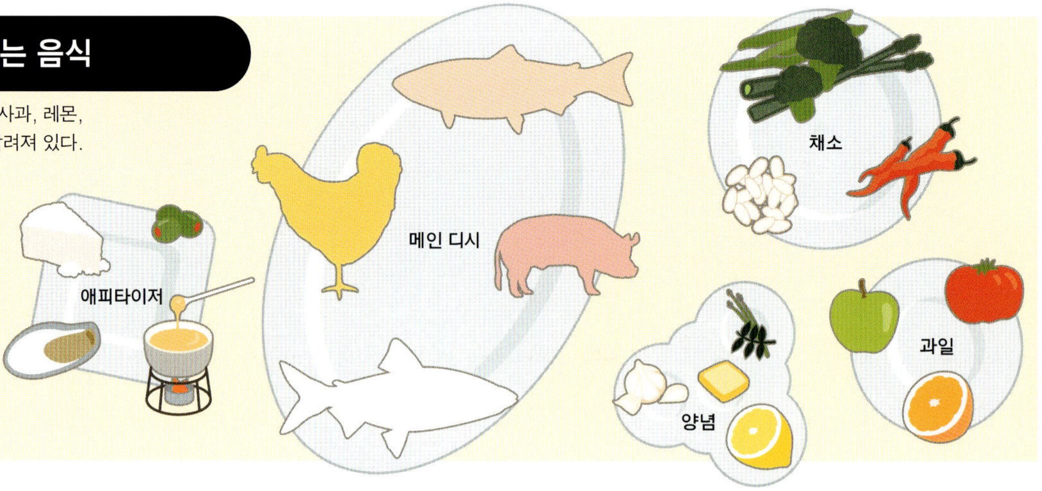

104 샤르도네와 어울리는 음식

샤르도네는 버터, 배, 헤이즐넛, 오렌지, 바닐라의 향을 품고 있다고 전해진다.

작은 튤립 잔에 따르면 잔의 테두리 부분에서 샤르도네의 향이 진하게 느껴진다.

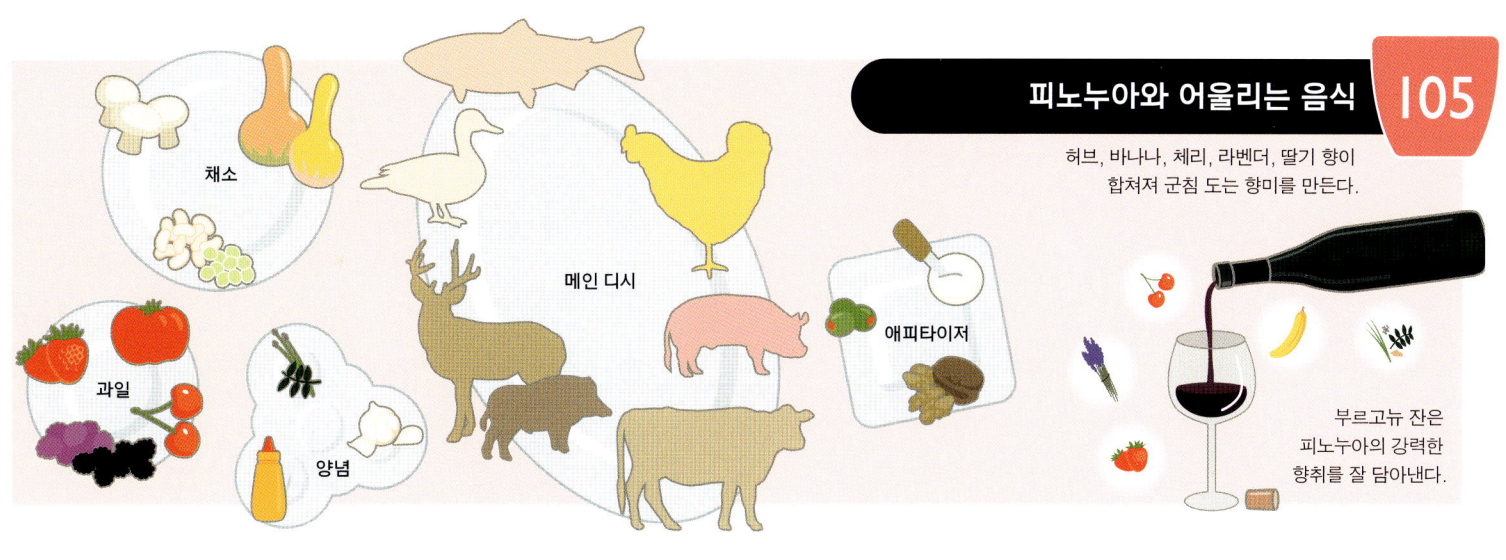

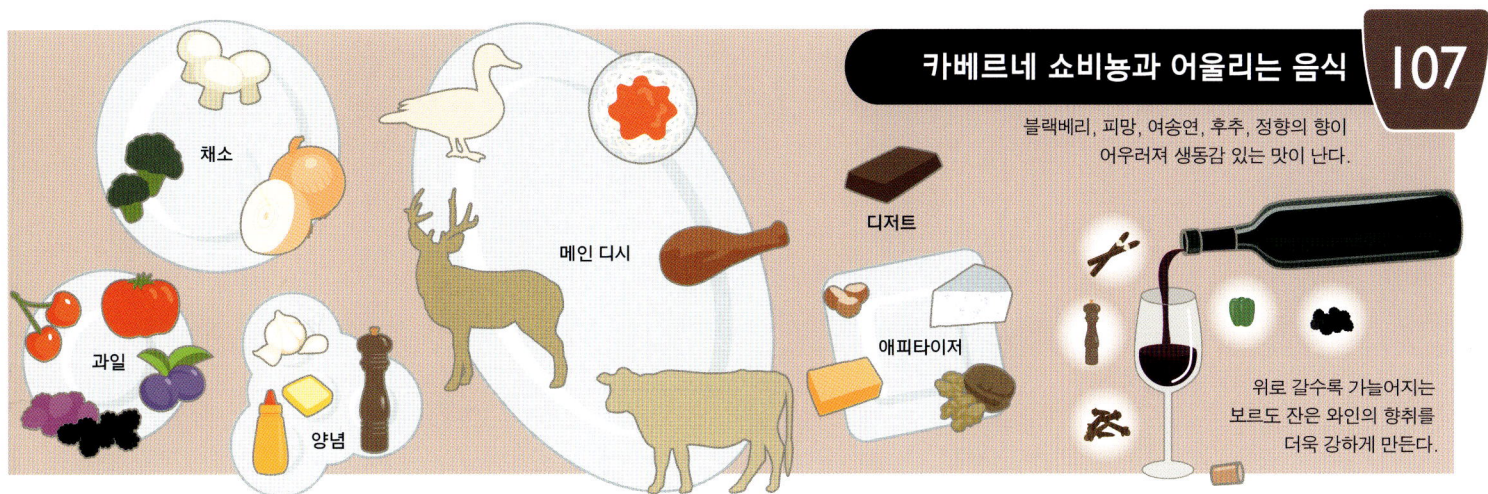

108 와인 병 따기

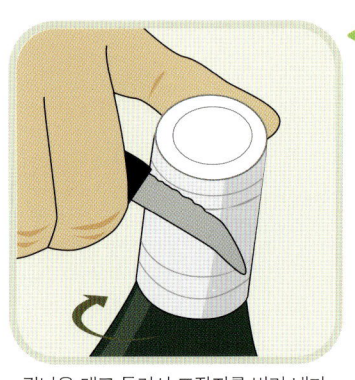
칼날을 대고 돌려서 포장지를 벗겨 낸다.

405 와인 따개 없이 병 따기
나사를 코르크의 중간쯤까지 돌린다.

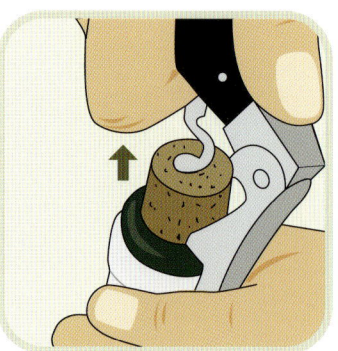
레버를 가장자리에 두고 잡아당긴다.

방울져 뚝뚝 흘러내리지 않도록 병을 살짝 돌린다.

109 와인 병에서 코르크 조각 꺼내기

코르크 조각이 얼마나 들어갔는지 확인한다.

와인글라스 위에 필터를 올려놓는다.

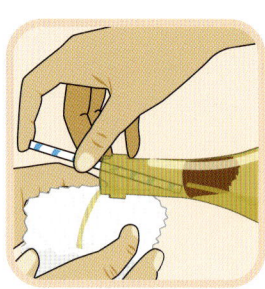
코르크를 뒤로 밀어놓고 따른다.

110 와인 시음하기

색과 투명도를 본다.

빙빙 돌리고 그 움직임을 관찰한다.

향을 들이마신다.

입의 3분의 1 정도만 채운다.

입 속에서 이리저리 돌린다.

사브라주* 체험하기 | 111

*칼로 병목을 올려쳐서 샴페인을 따는 전통 방법.

물기를 제거한다.

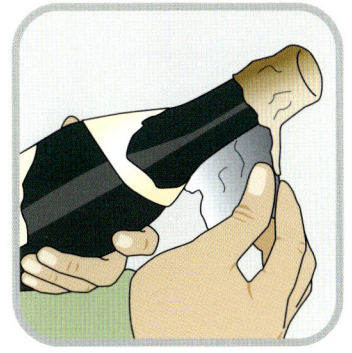

감겨 있는 철사를 돌려서 캡을 제거한다.

접착 부위와 테두리가 만나는 부분을 찾는다.

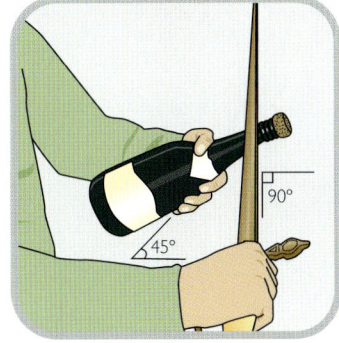

휙 하고 빠르게 한 번 내려친다.

내뿜는 물살에 병 파편이 자연히 씻겨나간다.

 이 이색적인 기교는 나폴레옹 병사들에 의해 널리 퍼졌다. 어떤 비밀이 숨겨져 있을까? 바로 병에서 가장 약한 부분인 교차하는 경계선에 힘을 가해 쉽게 병을 깨뜨림으로써 지켜보는 모든 사람들에게 강한 인상을 남기는 것이다.

샴페인 병 따기 | 112

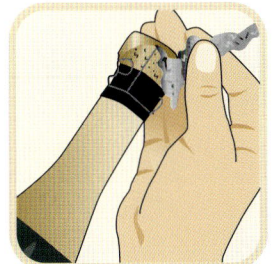

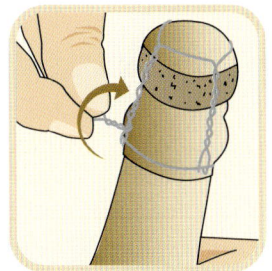

병을 돌려서 연다.

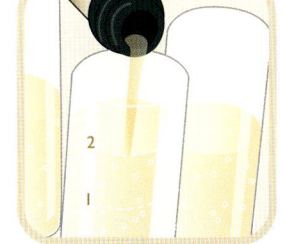

흘러넘치지 않게 적당하게 채운다.

113 격식에 맞게 압생트* 준비하기

*향쑥이나 아니스(anise) 등을 주된 향료로 써서 만든 술. 알코올의 함량이 70% 정도로 맛이 쓰고 녹색이다.

압생트 90ml

압생트 스푼에 설탕을 올려놓는다.

물 120-180ml

희석해서 맛을 본다.

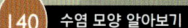 140 수염 모양 알아보기

프랑스풍을 변형한 체코 방식에서는 압생트에 각설탕을 담갔다가 꺼내 불을 지핀다.(압생트는 알코올 도수가 높은 술이어서 인화성이 높으므로 너무 오래 태우지 않도록 한다.) 설탕이 녹으면 음료를 희석하고 몽상적인 보헤미안에게 곧바로 대령한다. 나 즈드라비(건배)!

114 푸스카페 겹겹이 따르기

그레나딘 1큰술

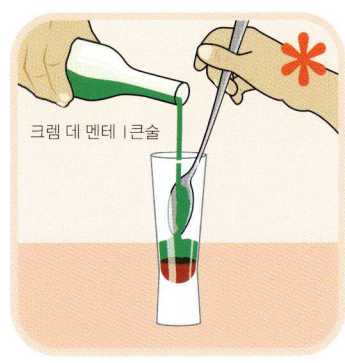

크렘 데 멘테 1큰술

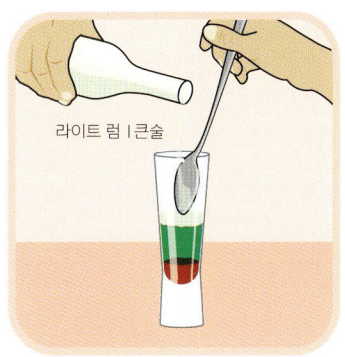

라이트 럼 1큰술

젓지 말고 그대로 차려낸다.

 푸스카페는 켜켜이 층이 있는 것으로 유명한데 그 모든 것은 바로 중력 덕분이다. 리큐르류(liquerurs)를 제대로 쌓기 위해서는 밀도가 낮은 순서대로 차례로 따른다. 가라앉는 과정에서 섞이지 않도록 수저를 대고 그 뒷면에 흘려 붓는다.

115 상큼한 상그리아 만들기

원하는 과일을 골라 얇게 자른다.

설탕 4큰술

브랜디 60ml

와인 750ml

오렌지주스 300ml

탄산수 480ml

냉장고에 넣어두거나 바로 차려낸다.

116 잔 테두리에 설탕이나 소금 묻히기

설탕이나 소금에 넣고 돌린다.

사이드카
브랜디 45ml
트리플 섹 1큰술
마라스키노 1큰술
레몬즙 1큰술
술잔 가장자리에 묻힐 설탕

스트로베리 마가리타
실버 테킬라 60ml
라임즙 30ml
딸기 8개
고명으로 쓸 딸기(꼭지가 붙어 있는 것) 1개
술잔 가장자리에 묻힐 소금

블러디 메리
보드카 60ml
토마토 주스 120ml
라임즙 1큰술
후추 1/4작은술
소금 약간
쿠민 간 것 1/4작은술
우스터 소스 1/3작은술
핫 소스 1/3작은술
고명으로 쓸 샐러리 1줄기
고명으로 쓸 라임 1조각

마이 타이
다크 럼 3큰술
라이트 럼 2큰술
트리플 섹 2큰술
살구 브랜디 1큰술
라임즙 2큰술
단미시럽 2큰술
아몬드시럽 1/6작은술

네그로니
진 30ml
스위트 베르무트 30ml
캄파리 30ml
고명으로 쓸 오렌지 1조각
고명으로 쓸 마라스키노 체리 1개

맨해튼
위스키 75ml
스위트 베르무트 1큰술 1/2
앙고스투라 비터스 1/3작은술
고명으로 쓸 마라스키노 체리 1개

어떤 칵테일은 격렬하게 흔들어 주어야 좋고, 또 어떤 칵테일은 좌우로 부드럽게 흔들거나 섞는 편이 낫고, 아니면 아예 믹서에 넣고 돌려야 좋은 칵테일도 있다. 여기 소개된 방법을 잘 익혀서 최고의 칵테일 제조 기술자가 되어보자.

 흔들기 돌리기 섞기

117 보스턴 셰이커로 칵테일 혼합하기

술을 붓고 얼음을 넣는다.

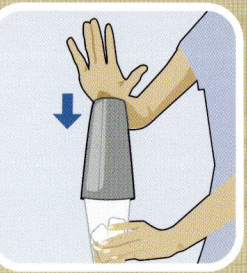
톡 쳐서 꽉 닫는다.

뒤집은 후 여러 차례 흔든다.

톡 쳐서 뚜껑을 연다.

여과기를 손으로 잘 잡고 따른다.

맛있는 칵테일 만들기 | 118

케이프 코드
보드카 75ml
크랜베리 주스 120ml
고명으로 쓸 라임 1조각

롱 아일랜드 아이스티
진 1큰술
라이트 럼주 1큰술
실버 테킬라 1큰술
보드카 1큰술
트리플 섹 1큰술
레몬즙 30ml
단미시럽 1큰술
콜라 150ml
고명으로 쓸 레몬 1조각

테킬라 선라이즈
실버 테킬라 75ml
오렌지주스 120ml
그레나딘 1작은술 1/2
고명으로 쓸 파인애플 1조각

싱가포르 슬링
진 60ml
베네딕틴 1큰술
체리브랜디 1큰술
레몬즙 30ml
단미시럽 1큰술
탄산수 60ml
고명으로 쓸 레몬 1조각

파인애플 자르기 | 58

쿠바 리브레
라이트 럼 75ml
라임즙 30ml
콜라 180ml
고명으로 쓸 라임 1조각

톰 콜린즈
진 60ml
레몬즙 1큰술
단미시럽 1큰술
탄산수 150ml
고명으로 쓸 레몬 1조각
고명으로 쓸 마라스키노 체리 1개

화이트 러시안
보드카 60ml
커피 리큐르 30ml
저지방 크림 30ml

입 속에서 체리 꼭지 매듭 묶기 | 193

피나 콜라다
라이트 럼 60ml, 파인애플 주스 180ml, 코코넛 크림 60ml, 고명으로 쓸 파인애플 1조각, 고명으로 쓸 마라스키노 체리 1개

모지토
박하 잎 6장(넣고 섞음)
단미시럽 1큰술 1/2
라임즙 1큰술
라이트 럼 60ml
탄산수 60ml
고명으로 쓸 라임 2조각

카이피리냐
라임(넣고 섞음) 2조각
단미시럽 1큰술
카샤사 60ml

머들러* 사용하기 | 119

*휘젓거나 으깰 수 있는 스틱.

부드러워질 때까지 빻는다.

120 기본 마티니* 만들기

*드라이진에 프렌치 베르무트와 오렌지 비터즈 등을 섞고, 올리브 열매를 띄운 칵테일.

진 90ml

베르무트 1큰술

176 나비넥타이 매기

* 흔들어야 할지 막대로 저어야 할지는 개인 취향과 관련된 문제이다. 일반적으로 과일주스가 들어 있는 음료는 흔들어 섞는 것이 기본이지만 부드러운 느낌을 내기 위해 그냥 저어서 만든 마티니를 좋아하는 전문가들도 많다. 반면 흔들어서 만들면 물거품과 얼음의 광택이 더해져서 시원한 맛을 전해주기도 한다.

다양하게 변형된 마티니 만들기 121

코스모
시트러스 보드카 60ml, 트리플 섹 1큰술, 크랜베리 주스 1큰술, 라임즙 1큰술, 고명으로 쓸 라임 1조각

쿠퍼즈타운
진 3큰술, 스위트 베르무트 1큰술, 드라이 베르무트 1큰술, 고명으로 쓸 계피 잔가지 1개

케이준
페퍼 보드카 75ml, 드라이 베르무트 1큰술, 고명으로 쓸 할라피뇨 고추 1개

버뮤다 로즈
진 60ml, 살구 브랜디 1큰술, 그레나딘 1/6작은술, 고명으로 쓸 살구 1개

베스퍼
진 35ml, 보드카 35ml, 릴레 블랑 1큰술, 고명으로 쓸 레몬 1조각

초콜릿
보드카 60ml, 크림 드 카카오 30ml, 고명으로 쓸 초콜릿 과자 1조각

깁슨
진 90ml, 드라이 베르무트 1큰술, 고명으로 쓸 알이 작은 양파 1개

바나나 럼
다크 럼 60ml, 크림 드 바나나 1큰술, 고명으로 쓸 바나나 1조각

오렌지 블로섬
진 75ml, 오렌지주스 30ml, 단미시럽 1큰술 1/2, 고명으로 쓸 오렌지 1조각

코프스 리바이버
트리플 섹 45ml, 드라이 베르무트 30ml, 레몬즙 1큰술, 압생트 1/3작은술, 고명으로 쓸 레몬 1조각

격식에 맞게 압생트 준비하기 113

오페라
진 60ml, 듀보네 루즈 1큰술, 마라스키노 리큐어 1큰술, 고명으로 쓸 마라스키노 체리 1개

네이키드
진 90ml, 고명으로 쓸 초록 올리브 1개

베이컨티니
보드카 90ml, 베르무트 1/6작은술, 고명으로 쓸 베이컨 1조각

나라별 돼지고기 부위와 명칭 알기 85

사케티니
진 75ml, 사케 1작은술 1/2, 고명으로 쓸 초록 올리브 1개

테킬라티니
테킬라 75ml, 스위트 베르무트 1작은술 1/2, 고명으로 쓸 마라스키노 체리 1개

블러드하운드
진 60ml, 드라이 베르무트 1큰술, 스위트 베르무트 1큰술, 스트로베리 퓨레 2작은술, 고명으로 쓸 딸기 1개

122 왕비에게 어울릴 만한 차 끓이기

1. 물을 끓인다.

2. 물로 헹궈 차 주전자를 데운다.

478 찻잎 점치기

3. 차 내릴 물을 끓인다.

4. 홍차 잎을 넣는다.

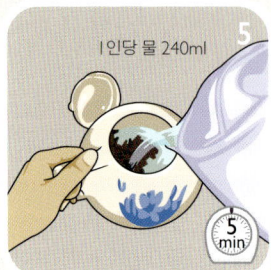
5. 우러날 때까지 기다린다. (1인당 물 240ml, 5min)

6. 체에 받친다.

7. 기호에 따라 우유와 설탕을 넣는다.

8. 스콘과 함께 곁들인다.

123 사모바르*로 러시아 차 끓이기

*러시아·몽골·이집트·터키·이란 등에서 찻물을 끓이는 금속 주전자.

1.

2. 솔방울에 불을 지펴 물을 끓인다.

3. 홍차 잎을 넣는다. (1인당 차 1작은술)

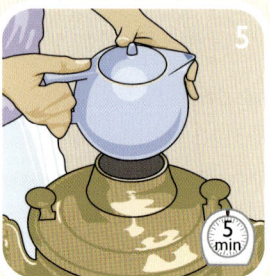
4. 끓는 물을 넣는다. (1인당 60ml)

5. 사모바르 위에 놓고 우려낸다. (5min)

6. 잔 받침이 있는 컵인 포드스타카닉(podstakannik)에 붓는다.

7. 물을 부어 희석한다.

8.

124 티베트 야크 버터 차 만들기

끓는 물에 차를 넣는다.

야크 버터 2큰술, 소금 1/4작은술, 우유 60ml

버터를 만드는 고유기에 물 1/3을 붓는다.

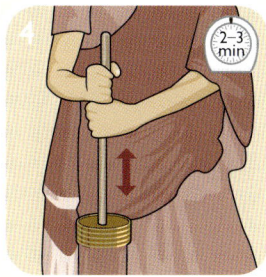
세게 휘젓는다.

1/2를 차 주전자에 다시 붓는다.

전부 다 섞일 때까지 같은 과정을 반복한다.

125 타이 아이스티 대접하기

향이 첨가된 타이 찻잎을 넣는다.

밝은 오렌지색이 날 때까지 우려낸다.

천으로 된 거름망에 붓는다.

설탕 200g

원하는 온도에 맞게 냉장한다.

연유 240ml

126 에스프레소 음료 비율 알아보기

*유지방이 10~12%가 되도록 만든 크림.

우유 거품, 스팀 밀크, 전유, 하프 앤드 하프*란 용어를 들어봤는가? 커피 전문점에서 메뉴판을 보고 뭐가 뭔지 어리둥절했던 경험이 있다면 다음과 같은 기본 커피 만드는 법을 알아두자.

에스프레소
에스프레소 1컵

카페라테
3 : 1
(스팀 밀크 : 에스프레소)

아메리카노
5 : 1
(뜨거운 물 : 에스프레소)

카페 브레바
3 : 1
(데운 하프 앤드 하프 : 에스프레소)

에스프레소 콘 파나
1 : 1
(에스프레소 : 제과용 생크림)

마키아토
4 : 1
(에스프레소 : 스팀 밀크)

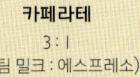
카페오레
1 : 1
(스팀 밀크 : 에스프레소)

카페모카
3 : 1 : 1
(스팀 밀크 : 에스프레소 : 초콜릿 시럽)

카푸치노
1 : 1 : 1
(우유 거품 : 스팀 밀크 : 에스프레소)

아이리시 커피
1 : 1
(위스키 : 에스프레소, 설탕 2큰술, 크림 2큰술)

127 카페인 음료 고르기

밤을 새고 공부해야 하거나 아니면 숙면을 위해 일찍 잠자리에 들어야 하는 때가 종종 있는가? 그럴 때는 아래 차트를 참고하여 적당한 양의 카페인이 든 음료를 선택하면 된다.

보통 커피 한잔
240ml에는 카페인이 135mg이나 들어 있다.

우려낸 차
240ml = 카페인 70mg

에너지 드링크
240ml = 카페인 70mg

에스프레소
30ml = 카페인 45mg

녹차
240ml = 카페인 35mg

아이스티
240ml = 카페인 15mg

핫 초콜릿
240ml = 카페인 8mg

 프레스 포트(프렌치 프레스) 사용하기 | 128

끓는 물을 붓는다.

우려낸다.

플런저를 수평으로 밀어 내린다.

뚜껑을 잘 잡고 따른다.

 최적의 에스프레소 추출하기 | 129

갓 분쇄한 커피를 채운다.

넘치는 부분을 덜어 평평하게 만든다.
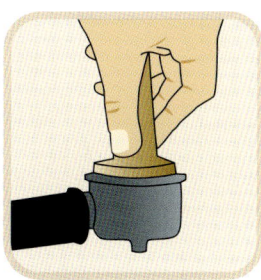
단단해질 때까지 탬핑한다.

포터 필터와 컵을 나란히 놓는다.

손잡이를 당긴다.

라테에 나뭇잎 그리기 | 130

스팀 밀크를 한 컵 만든다.

빙빙 돌린다. 거품이 올라오면 바닥을 탁탁 친다.

붓는다. 손목을 좌우로 짧게 움직인다.

그림 가운데를 지나간다.

131 다른 맥주병을 이용해 맥주병 따기

뚜껑을 서로 건다.

아래쪽으로 세게 민다.

132 라이터로 맥주병 따기

지렛대로 사용한다.

133 맥주에 맞는 맥주잔 고르기

튤립 잔은 벨지안 에일(belgian ale)이나 발리 와인(barley wine)에 잘 맞는다. 둥글납작한 몸체와 나팔 모양의 입구 덕분에 맥주의 깊은 향을 최대한 즐길 수 있다.

바이젠비어(Weizenbier) 잔은 밀로 만든 맥주 전용으로 고안된 잔이다. 잔의 모양이 맥주의 풍성한 거품과 황금빛 빛깔을 잘 드러낸다. 하지만 감귤류를 넣으면 거품이 없어져 버리므로 감귤류는 넣지 않는다.

독한 맥주는 브랜디 잔에 담는다. 크고 우묵한 잔 모양은 향기가 밖으로 빠져나가지 않고 잔의 입구에 집중되도록 만든다.

순한 맥주에는 위로 갈수록 넓어지는 필스너 잔이 안성맞춤이다. 필스너 잔에 따르면 보글보글 솟는 거품 방울과 위에 뜨는 거품 층이 잘 형성된다.

'가난뱅이를 위한 파인트'라고도 불리는 이 잔은 용량이 정확하게 475ml로 파인트에 조금 못 미친다. 이 잔에는 주로 에일과 라거를 담는 데 특히 미국에서 인기가 있다.

영국 사람들은 파인트를 철저히 지킨다. 파인트라고 명시하고 600ml 이하의 양을 제공하는 것은 불법이다. 약간 불룩하게 튀어나온 잔은 잡기가 편하고 거품이 많아도 잘 담을 수 있다.

길쭉하여 고상한 샴페인 잔은 탄산가스 반응을 촉진한다. 과일향이 나는 맥주나 램빅 맥주와 잘 어울린다.

받침과 굽이 있는 고블릿의 넉넉한 잔 형태는 맥아의 향미를 잘 보존하고 풍성한 거품을 오래 유지시킨다.

134 파인트 잔에 맥주 따르기

1 천천히 붓는다.

2 맥주가 가득 차면 잔을 똑바로 세운다.

135 장화 잔에 따른 맥주 단숨에 들이키기

1

2

거품이 일면……

3 흘리지 않도록 잔을 돌린다.

4 딸꾹질 멈추기 **474**

136 남성의류 직물 패턴

| 핀 스트라이프 | 트위드 | 하운드 투스 | 윈도페인 플래드 | 도트 | 페이즐리 |
| 헤링본 | 뱅커즈 스트라이프 | 플래드 | 블록 체크 | 자카드 | 사선 스트라이프 |

정장 / 셔츠 / 넥타이

137 각 계절에 맞는 정장 고르기

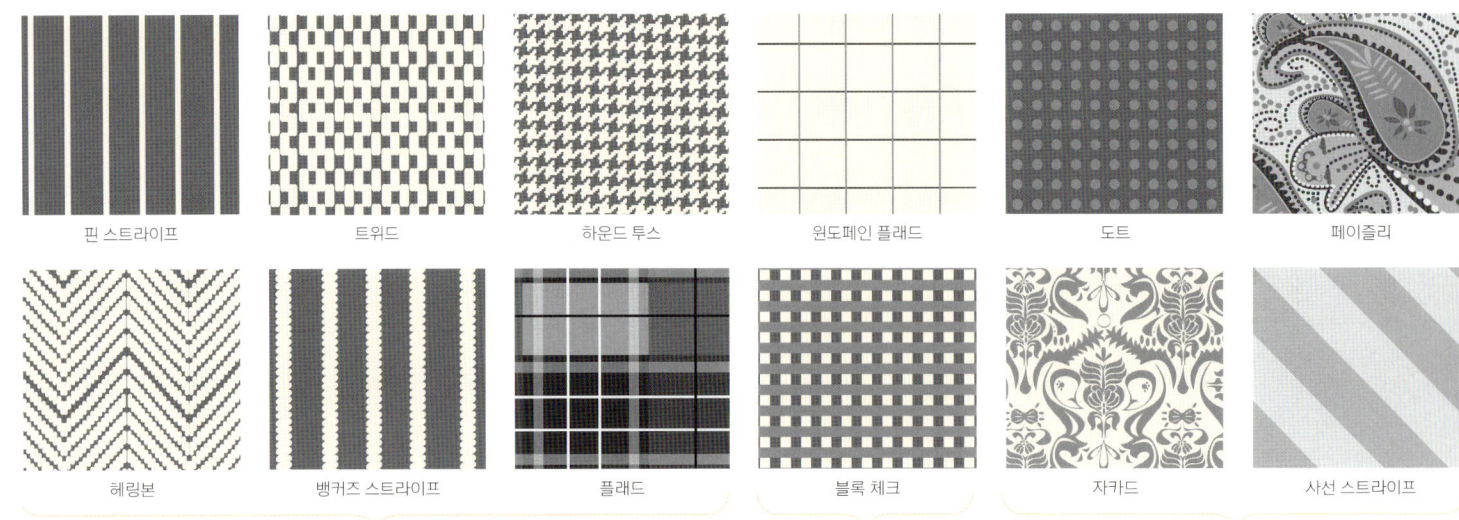

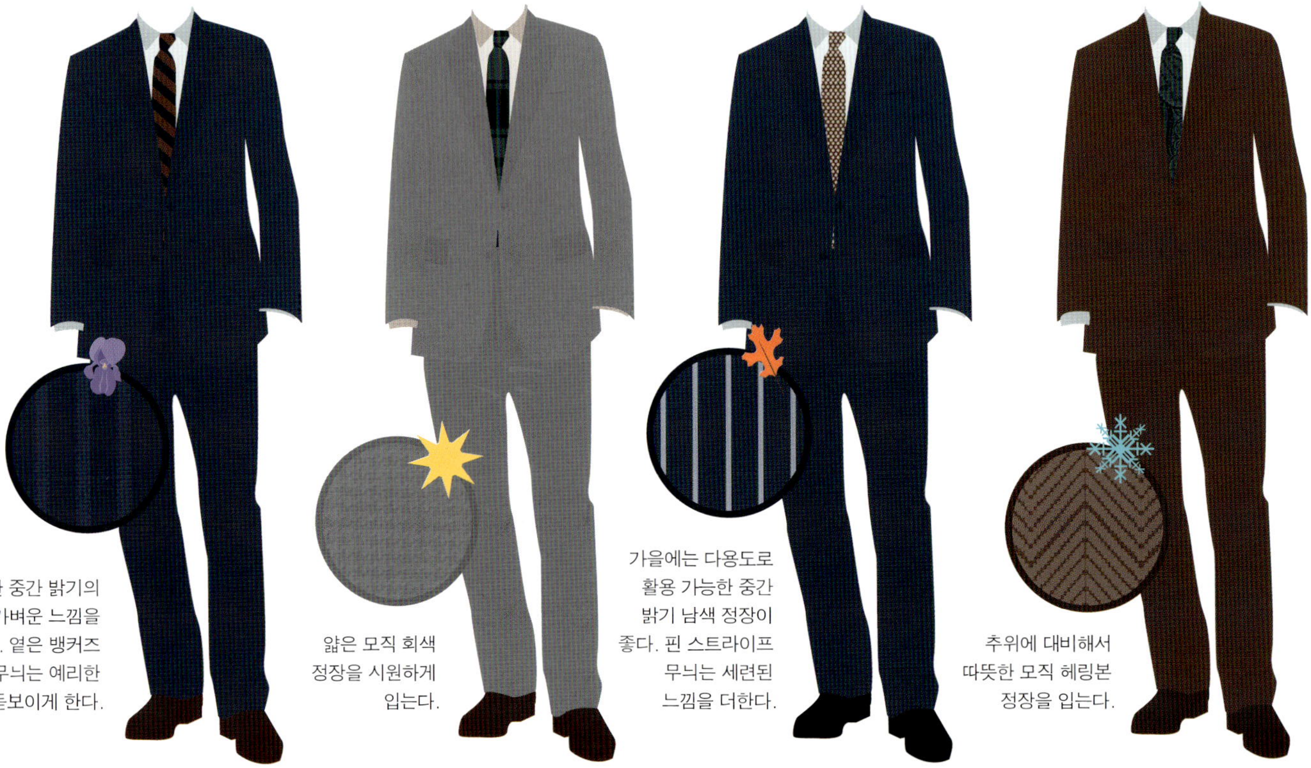

산뜻한 중간 밝기의 남색으로 가벼운 느낌을 준다. 옅은 뱅커즈 스트라이프 무늬는 예리한 안목을 돋보이게 한다.

얇은 모직 회색 정장을 시원하게 입는다.

가을에는 다용도로 활용 가능한 중간 밝기 남색 정장이 좋다. 핀 스트라이프 무늬는 세련된 느낌을 더한다.

추위에 대비해서 따뜻한 모직 헤링본 정장을 입는다.

정장 말쑥하게 차려입기 138

- 맨 아래 단추는 절대 잠그지 않는다.
- 접은 손수건으로 신사의 품격을 높인다.
- 넥타이 끝이 벨트의 버클 한가운데 닿아야 한다.
- 커프스 장식을 하면 한층 세련되어 보인다.
- 6mm
- 바지 길이는 신발 뒤축의 중간 정도가 되어야 한다.

구두 광내기 139

- 솔로 먼지를 털어낸다.
- 광택제를 문지르고 말린다.
- 다시 솔질을 한다.
- 반짝반짝하게 광내려면 천으로 문지른다.

* 광택제가 없으면 어떻게 해야 할까? 유사시에는 바나나 껍질 안쪽을 사용하면 된다.

140 수염 모양 알아보기

어떤 수염이 잘 어울릴까? 말편자 수염? 팔(八)자 수염?
아래 그림을 확대 복사한 후 수염을 오려서 얼굴에 대본다.

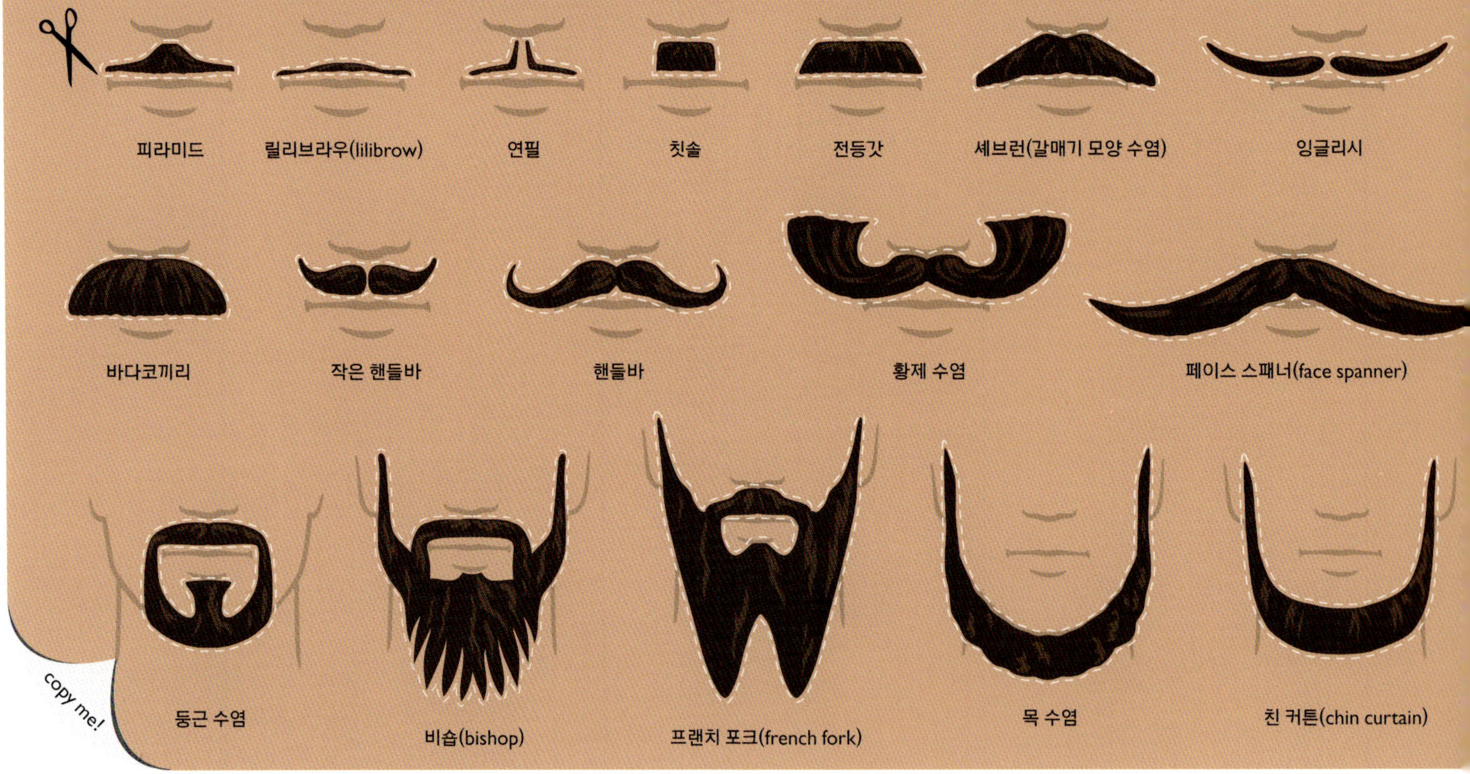

| 피라미드 | 릴리브라우(lilibrow) | 연필 | 칫솔 | 전등갓 | 셰브런(갈매기 모양 수염) | 잉글리시 |

| 바다코끼리 | 작은 핸들바 | 핸들바 | 황제 수염 | 페이스 스패너(face spanner) |

| 둥근 수염 | 비숍(bishop) | 프렌치 포크(french fork) | 목 수염 | 친 커튼(chin curtain) |

copy me!

141 말쑥하게 수염 깎기

우선 따뜻한 물에 샤워를 한다.

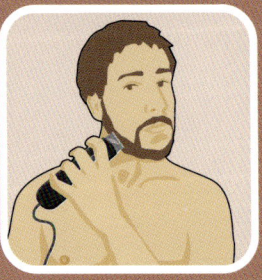
필요한 경우 수염을 잘라낸다.

크림을 묻히고 물에서 거품을 낸다.

둥그렇게 돌려가며 바른다.

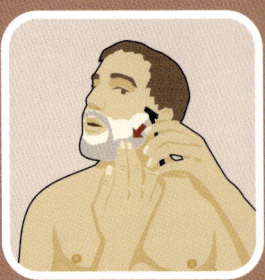
결을 따라 깎는다.

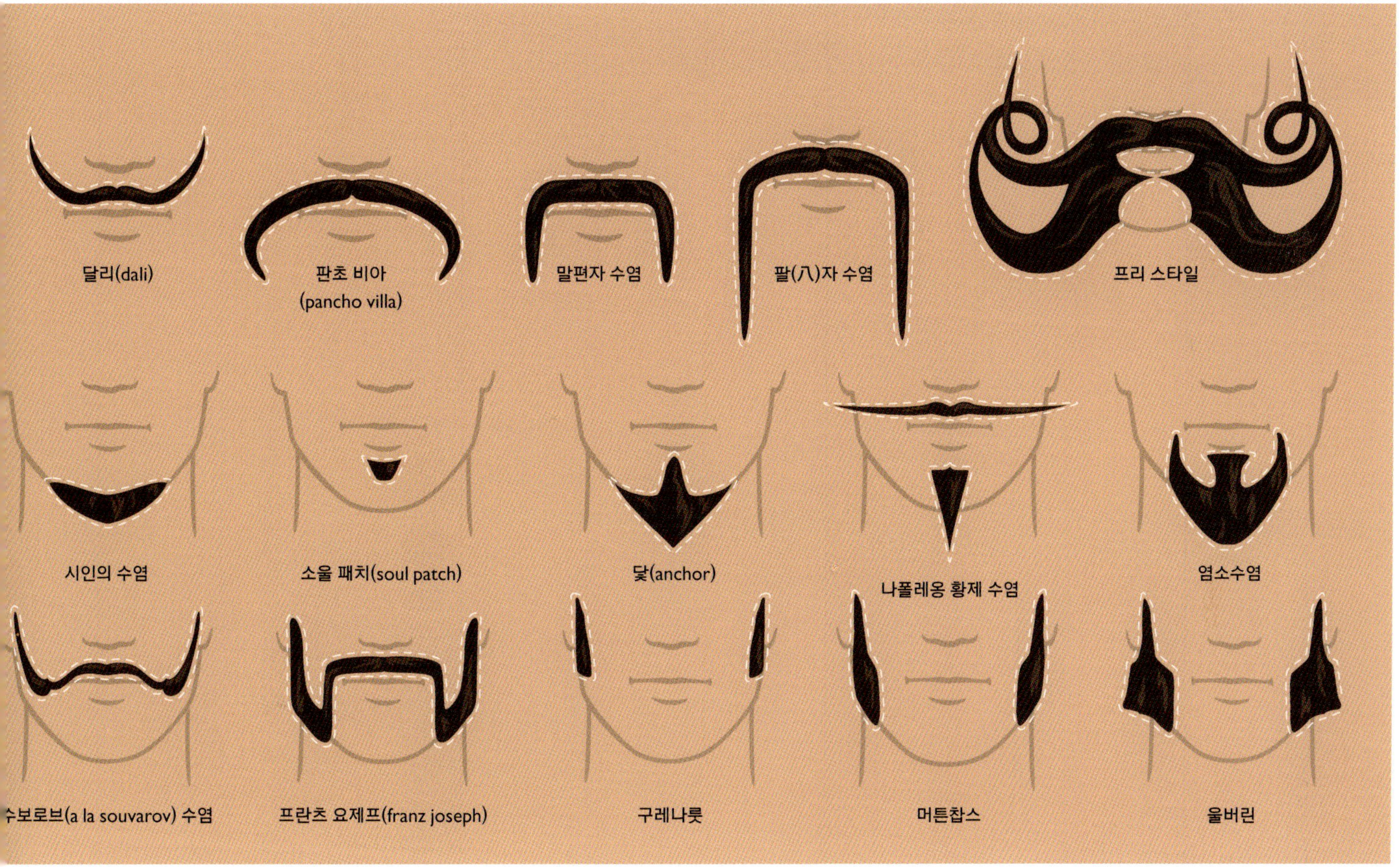

달리(dali)	판초 비아 (pancho villa)	말편자 수염	팔(八)자 수염	프리 스타일
시인의 수염	소울 패치(soul patch)	닻(anchor)	나폴레옹 황제 수염	염소수염
수보로브(a la souvarov) 수염	프란츠 요제프(franz joseph)	구레나룻	머튼찹스	울버린

묻은 털을 모두 씻어낸다.

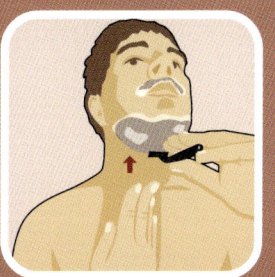
결을 따라 깎는다.

숨을 들이쉬고 입술 위쪽을 깎는다.

헹구고 톡톡 두드려 물기를 제거한다.

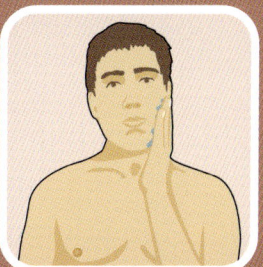
애프터셰이브를 손으로 두드려 바른다.

142 한 갈래로 프렌치 브레이드 머리 땋기

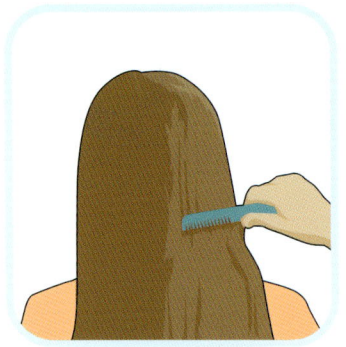
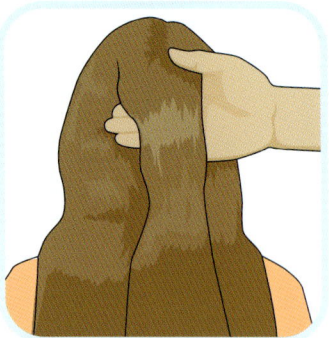
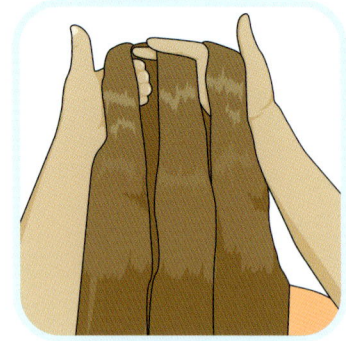
세 부분으로 나눈다.
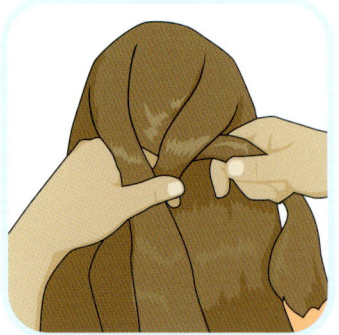
땋기 시작한다.

각 영역에 머리카락을 조금씩 추가한다.
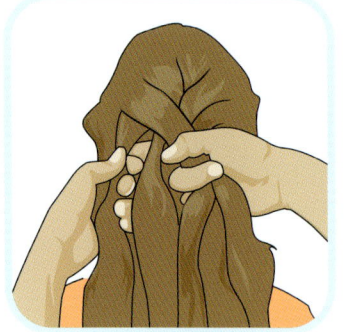
계속해서 머리를 조금씩 모아 넣어가며 땋는다.
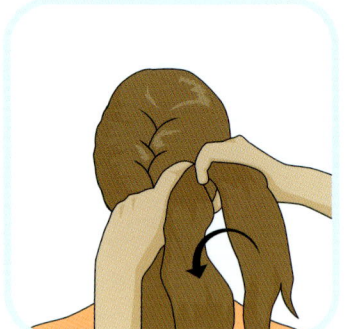

143 뒤로 세련되게 틀어 올린 시뇽 머리하기

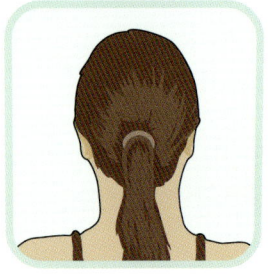
밑쪽으로 하나로 묶는다.
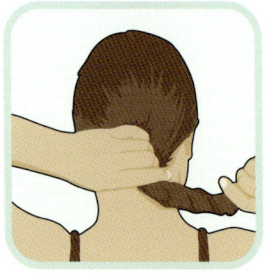
꼬아서 둥근 고리모양으로 만든다.
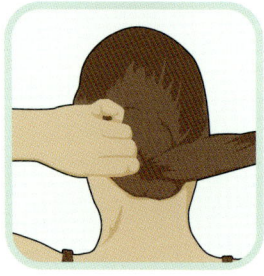
남는 부분은 고리 안을 통과시켜 잡아당긴다.
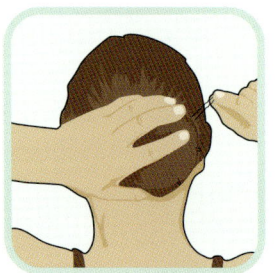
핀으로 고정한다.
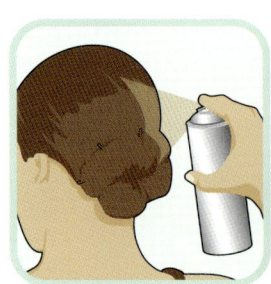
스프레이를 살짝 뿌린다.

단정하게 올린 머리하기 144

네 부분으로 나눈다.

세팅 로션을 뿌린다.

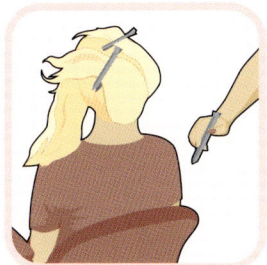
필요하지 않은 부분에는 클립을 꽂아둔다.

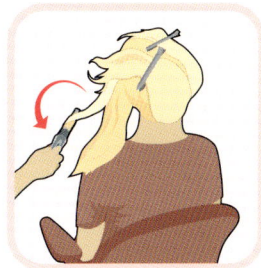
각 부분을 말아 컬을 넣는다.

헤어스프레이를 충분히 뿌린다.

머리끝에서 뿌리 쪽으로 빗질을 한다.

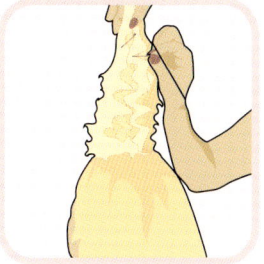
핀을 꽂아 고정시킨다. 나머지 부분도 똑같이 한다.

솔빗으로 매끈하게 매만진다.

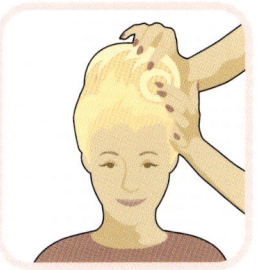
앞쪽에 동그랗게 빙빙 도는 모양을 만든다.

헤어스프레이를 뿌려 고정한다.

기막히게 멋진 핑거웨이브 만들기 145

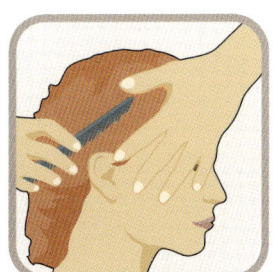
젖은 머리에 세팅 로션을 바른다.

좌우로 움직여 웨이브를 만든다.

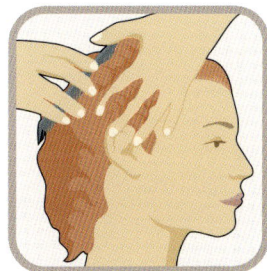
고정시키기 위해 웨이브를 꽉 집는다.

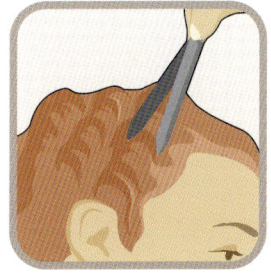
조금씩 이동하며 헤어클립을 끼운다.

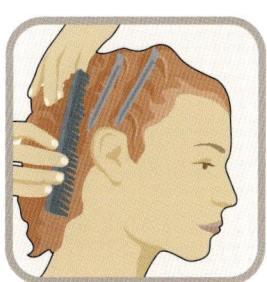
완성될 때까지 계속한다.

146 굵은 실을 꼬아 붙임머리 만들기

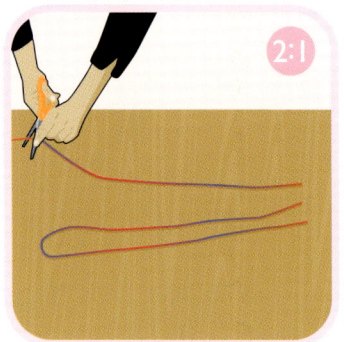
길이가 다른 두 가닥의 실을 준비한다.

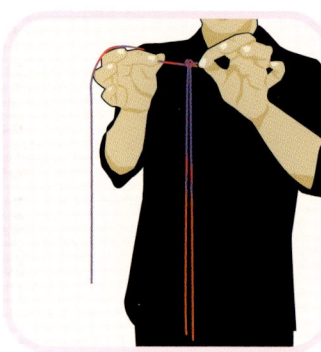
짧은 실을 긴 실의 중앙에 묶는다.

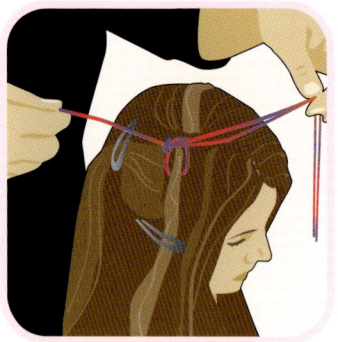
머리 한 가닥을 잡아 긴 실을 묶는다.

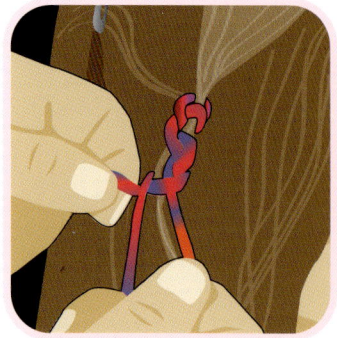
머리 가닥과 실 한 가닥을 가지런히 놓고 딴다.

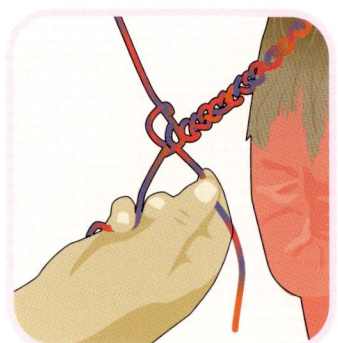
매듭을 짓는다.

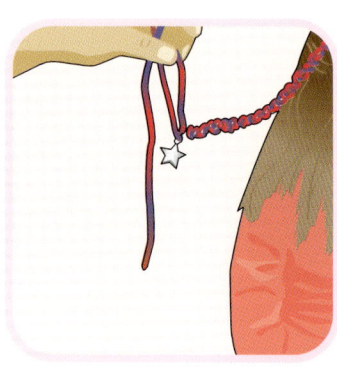
원한다면 장식을 단다.

147 위로 삐죽 솟은 모호크족* 머리하기

*이로쿼이어를 쓰는 북아메리카 인디언.

윗부분을 뺀 나머지 머리를 민다.

머리를 거꾸로 빗는다.

헤어용 풀을 넉넉하게 바른다.

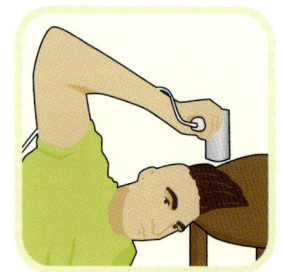
평평한 곳에 기대 놓고 드라이한다.

헤어스프레이를 뿌려 고정시킨다.

 여러 가닥으로 땋은 콘로 머리하기 148

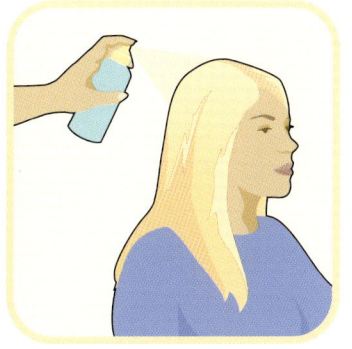
세팅 로션을 뿌린다.

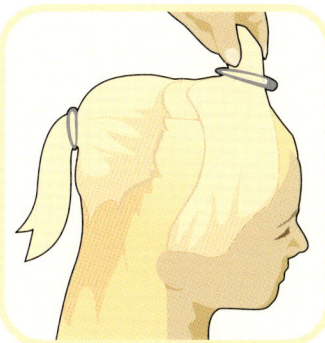
머리를 땋을 길을 낸다.

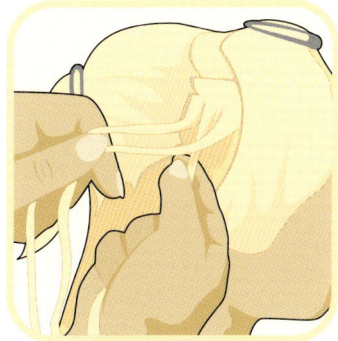
두피에 가깝게 붙여 땋는다.

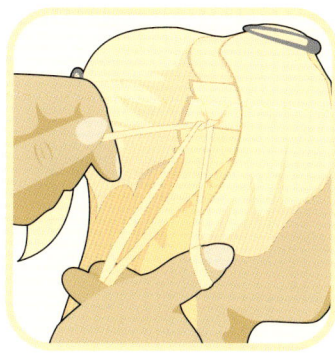
가운데 가닥에 다른 머리카락을 끌어 합한다.

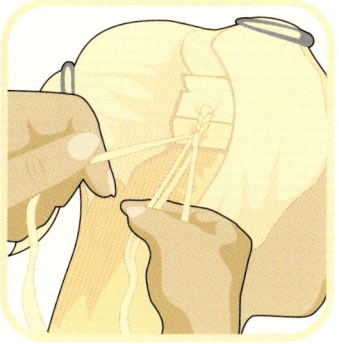
머리를 더 잡아 넣어가며 계속 진행한다.

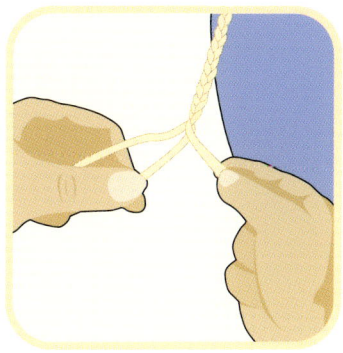
긴 머리일 경우 끝까지 이어서 딴다.

찰흙으로 비즈 만들기 5
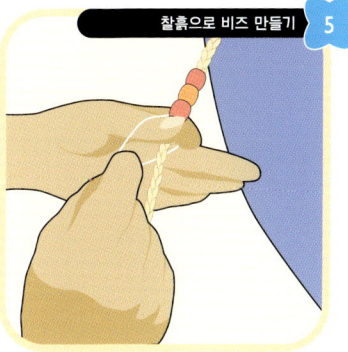
비즈와 투명 고무줄로 마무리한다.

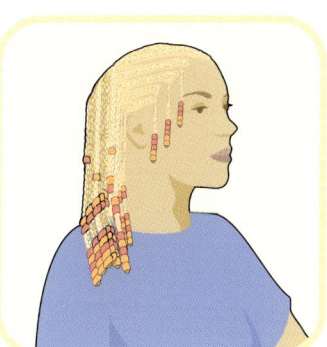

 드레드 머리하기 149

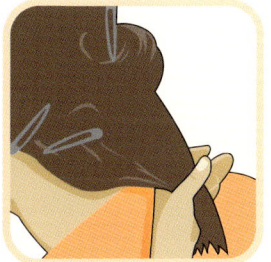
머리를 여러 갈래로 나눈다.

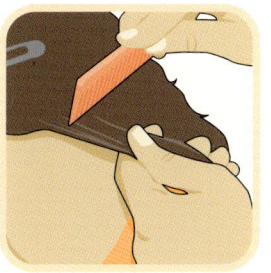
각 부분을 빗질한다.

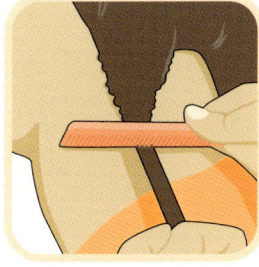
머리끝에서 뿌리로 거꾸로 빗질한다.

각 부분을 꼰다. 끝을 묶어 고정시킨다.

밀랍을 발라 오랫동안 유지한다.

150 좀비로 변신하기

 흰색 메이크업 베이스를 바른다.

 초록색 메이크업으로 반점을 그려서 괴저(壞疽)를 표현한다.

 완전히 죽지 않은 존재처럼 보이도록 눈가를 칠한다.

 입술에 새빨간 '피'를 칠한다.

308 상상속의 괴물 퇴치하기

151 분장용 가짜 피 제조하기

 콘 시럽 240ml

 적색 식용색소 10방울

 녹색 식용색소 1방울

152 뼈가 드러난 것처럼 분장하기

원하는 뼈의 길이로 자른다.

 액체 라텍스로 붙인다.

 라텍스를 더 붙여 단단히 고정한다.

 가짜 피와 상처를 그려 표현한다.

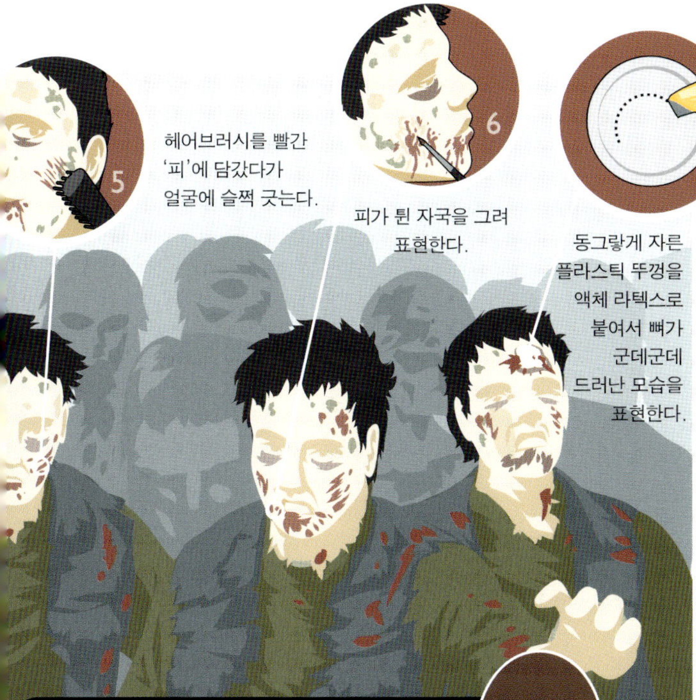

153 피가 줄줄 흐르는 상처 분장하기

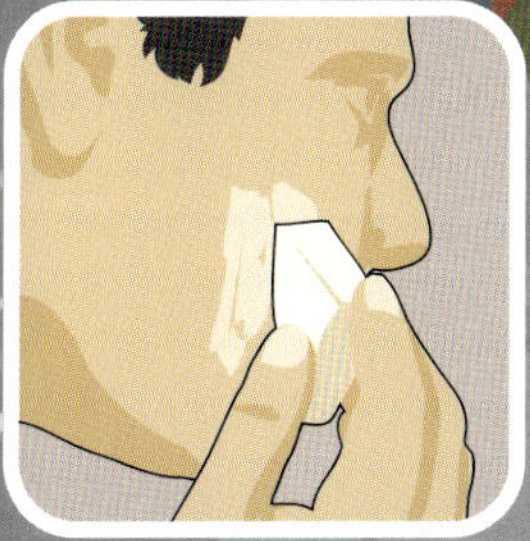

5 헤어브러시를 빨간 '피'에 담갔다가 얼굴에 슬쩍 긋는다.

6 피가 튄 자국을 그려 표현한다.

7 동그랗게 자른 플라스틱 뚜껑을 액체 라텍스로 붙여서 뼈가 군데군데 드러난 모습을 표현한다.

액체 라텍스를 살짝 바른다.

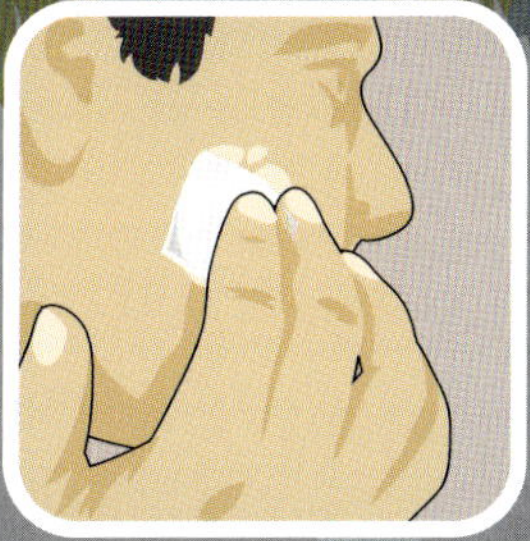

해당 부위에 휴지를 대고 누른다.

말린 다음 손가락으로 집어 구멍을 낸다.

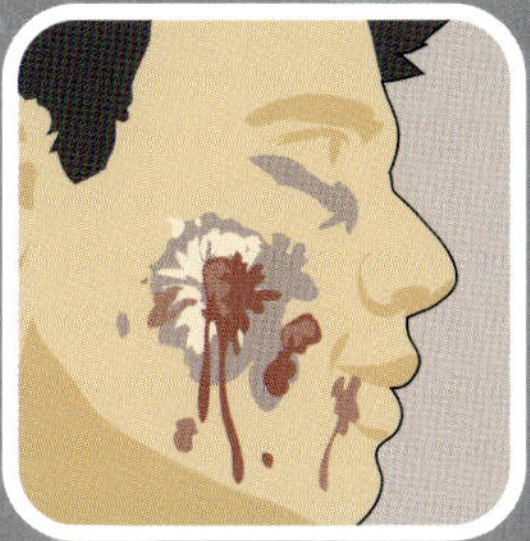

가짜 피를 칠하고 멍든 자국을 그린다.

154 반짝반짝 빛나는 요정되기

반짝이를 발라 번쩍이는 입술을 만든다.

조형 점토로 요정 같은 귀를 만든다.

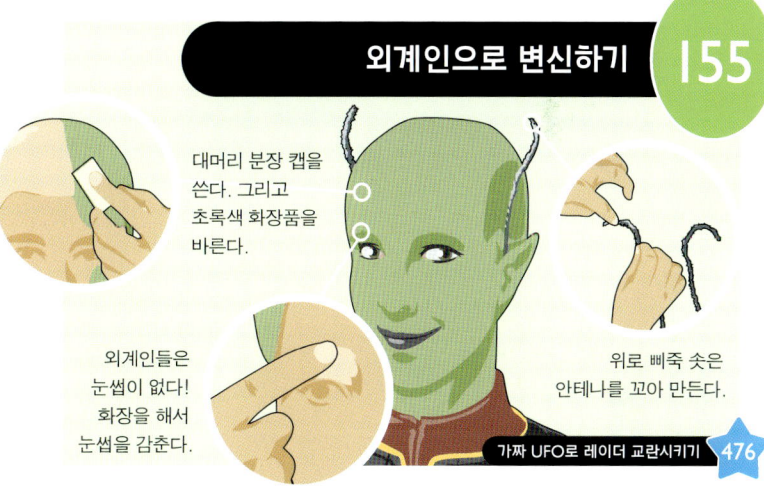

155 외계인으로 변신하기

대머리 분장 캡을 쓴다. 그리고 초록색 화장품을 바른다.

외계인들은 눈썹이 없다! 화장을 해서 눈썹을 감춘다.

위로 삐죽 솟은 안테나를 꼬아 만든다.

가짜 UFO로 레이더 교란시키기 476

156 노인 분장하기

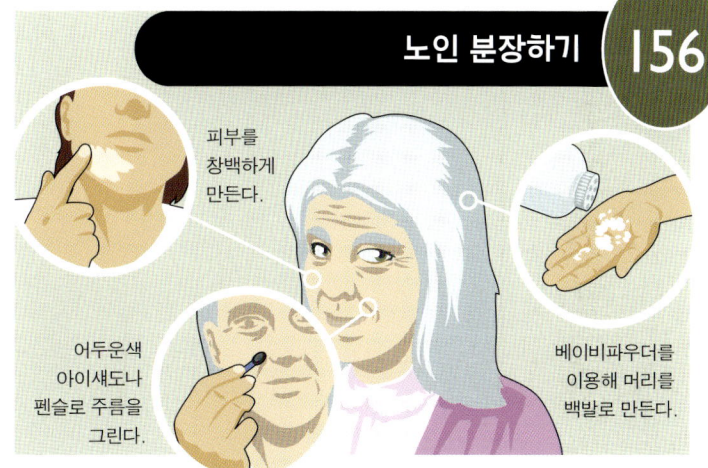

피부를 창백하게 만든다.

어두운색 아이섀도나 펜슬로 주름을 그린다.

베이비파우더를 이용해 머리를 백발로 만든다.

157 실로 눈썹 정리하기

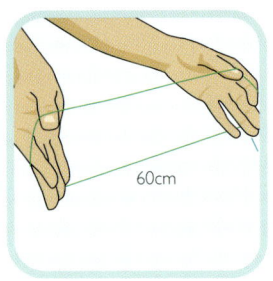
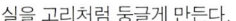
실을 고리처럼 둥글게 만든다.

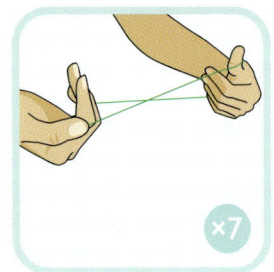
꼰다.

눈썹 오른쪽에 놓는다.

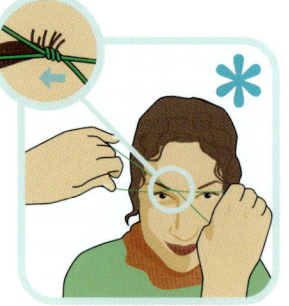
고리 한쪽을 넓힌다.

토너를 묻혀 닦아낸다.

 구체적으로 어떻게 작동하는 것일까? 눈썹 옆에서 실을 움직이면서 한손은 접고 다른 한손을 펴면, 눈썹 선에서 벗어나 있는 털이 모두 잡아 뽑히게 되는 원리이다. 처음에는 살이 꼬집힐 수도 있으니 조심하라.

158 인조 속눈썹 붙이고 떼기

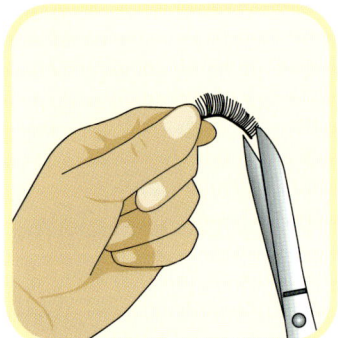
인조 속눈썹을 속눈썹에 맞게 자른다.

뒤에 풀칠을 한다.

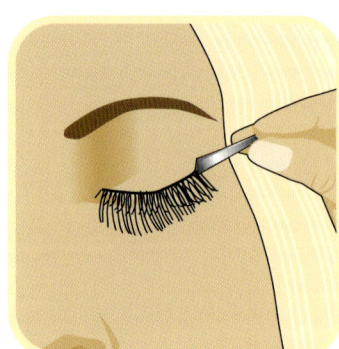
속눈썹을 따라 붙인다.

손으로 잡고 마를 때까지 기다린다.

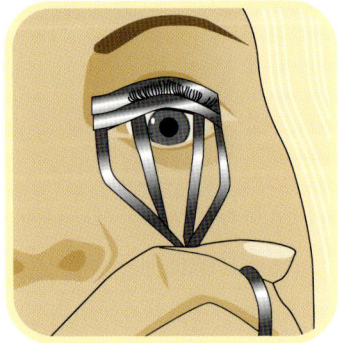
인조 속눈썹과 속눈썹을 함께 둥글게 말아 올린다.

마스카라를 바른다.

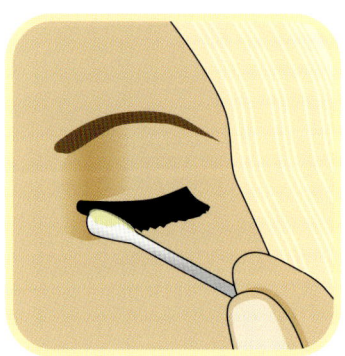
바셀린을 바르면 풀칠한 부위가 부드러워진다.

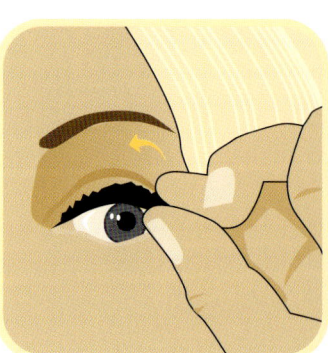
인조 속눈썹을 뗄 때는 천천히 잡아당겨 뺀다.

섹시하고 스모키하게 아이섀도 그리기 159

눈꺼풀에 라인을 그린다.

하이라이터를 칠한다.

중간색 아이섀도를 바른다.

가장 어두운 색조를 덧발라 섞는다.

아래 눈꺼풀에 라인을 그린다.

전문가처럼 립스틱 바르기 160

기본 바탕으로 립라이너를 한 겹 바른다.

입술 윤곽을 그린다.

브러시를 이용해 립스틱을 칠한다.

손가락을 살짝 빨아서 묻어나게 한다.

중앙에 립글로즈를 바른다.

브러시로 볼터치하기 161

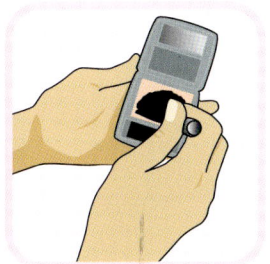

톡 쳐서 살짝 덜어낸다.

미소를 짓고서 뺨에 바른다.

관자놀이 방향으로 쓸어 올린다.

턱선 주위에도 바른다.

162 기모노 입는 법

왼쪽 옷섶이 위로 가도록 포갠다.

코시 히모를 묶는다.

다테지메를 묶는다.

오비 마쿠라를 올려놓는다.

오비를 둘러맨다.

양 끝을 함께 묶는다.

허리를 가로질러서 둘러싼다.

한가운데에 단단히 맨다.

남은 띠를 묶는다.

오비를 뒤로 돌린다.

163 기모노의 종류

'코몬'은 반 정장풍의 기모노로 옷감 전체가 얌전하면서도 앙증맞은 무늬로 되어 있다. 기혼여성과 미혼여성 모두 입는 옷이다.

'후리소데'라는 이름의 이 옷은 상당히 격식을 갖춘 차림으로 미혼 여성들이 입는다. 흐르는 듯 우아한 옷소매가 남성 구혼자들을 끌어 모은다는 속설이 있다.

면으로 된 '유카타'는 일본인들이 여름에 편하게 즐겨 입는 옷이다. 또한 젊은 스모 선수들이 입는 주요 의상이기도 하다.

'쿠로토메소데'는 기혼 여성들이 결혼식같이 격식 있는 자리에서 입는 옷으로, 반드시 검은색이어야 하며 허리 아래에만 무늬를 두도록 되어 있다.

전통 게이샤* 메이크업 해보기   164

*일본의 술집에서 노래나 춤 또는 악기연주로 흥을 돋우는 일을 하는 여성.

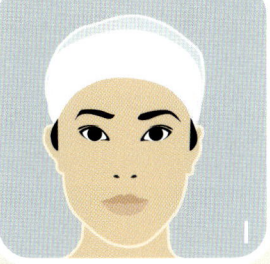

1. 머리에 천을 두른다.

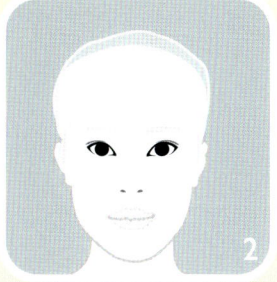

2. 흰색 파운데이션을 바른다.

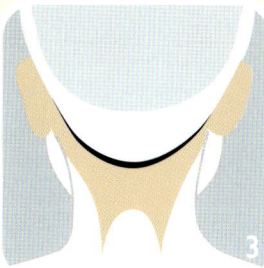

3. 관능적인 'W' 모양을 만든다.

 얼굴의 붉은 물감은 보통 술자리에서 춤을 추는 무희나 실습생 게이샤가 하는 화장이다. 이 여성들은 관례상 21세 이하의 젊은 나이로, 완전히 자격을 갖춘 게이샤가 되어 활동하기 전에 집중적으로 게이(춤, 노래, 예의바른 대화 기술 등) 훈련을 받는다.

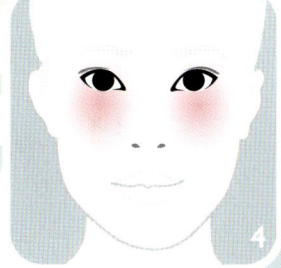

4. 볼터치를 한다.

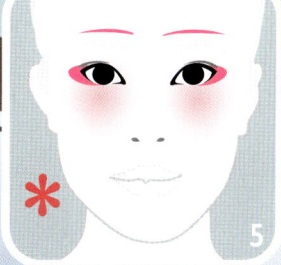

5. 눈가와 눈썹을 빨간색으로 칠한다.

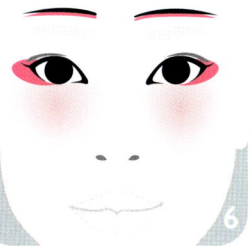

6. 검은색 아이라이너로 눈썹을 강조한다.

7. 나비 모양으로 입술을 칠한다.

8. 가발을 쓰고 머리 장식을 한다.

165 매니큐어 예쁘게 바르기

349 핀란드식 사우나에서 느긋하게 쉬기

1. 손톱을 한쪽 방향으로 문질러 다듬는다.
2. 큐티클 오일을 바른다.
3. 큐티클 스틱으로 큐티클을 조심스럽게 밀어낸다.
4. 따뜻한 물에 손을 씻는다.
5. 베이스 코트를 바르고 말린다.
6. 색깔 매니큐어를 바른다. 덧바를 때는 다 마른 후에 바른다.
7. 투명한 탑 코트를 바르고 말린다.
8. 고르지 않게 발린 부분이 있으면 큐티클 스틱으로 긁어낸다.
9. 최대한 빨리 말려야 한다면 얼음물에 손을 담근다.

167 얼굴 클렌징하기

- 위쪽으로 비벼 씻는다.
- 찬물로 헹군다.
- 토너는 모공을 막아준다.
- 보습제를 바른다.

하마메리스(witch hazel)는 훌륭한 자연 토너이다.

🚫 뜨거운 물이나 일반 비누를 쓰면 피부에 중요한 자연 유분이 씻겨나간다.

168 집에서 하는 얼굴 마사지

- 지성
- 건성
- 보통
- 복합성

페디큐어로 발 가꾸기 — 166

1. 발톱을 가로로 일자가 되게 자른다.

2. 한쪽 방향으로 문질러 다듬는다.

3. 발을 물에 푹 담근다. 엡손 염 55g

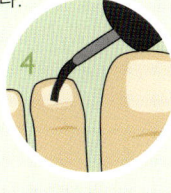
4. 큐티클 오일을 바른다.

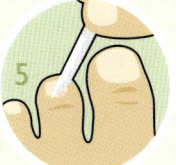
5. 큐티클을 조심스럽게 밀어낸다.

6. 굳은살이 있으면 긁어낸다.

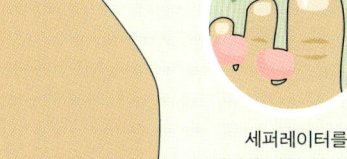
7. 보습제를 바른다.

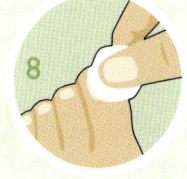
8. 발톱 하나하나를 닦아내어 남은 유분기를 제거한다.

9. 세퍼레이터를 발가락 사이에 끼운다.

10. 색깔을 바른다. 덧바를 때는 다 마른 후에 바른다.

11. 투명한 탑 코트를 발라 마무리한다.

얼굴 각질 제대로 제거하기 — 169

집에서 사용할 수 있는 저렴한 재료로는 파파야가 있다.

순한 박피 크림을 바른다.

둥글게 원을 그리며 문지른다.

민감한 눈가는 피한다.

찬물로 헹군다.

보습제를 발라 피부를 진정시킨다.

젊은 피부의 광채 유지하기 — 170

베개를 두 개씩 베고 잔다.

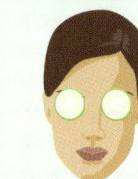
눈가에 오이 마사지를 한다.

수화(水和) 작용은 피부를 생생하고 활력 있게 유지시킨다.

날마다 자외선 차단제를 바른다.

알파하이드록시 성분 크림을 바른다.

흡연은 피부 노화를 촉진한다.

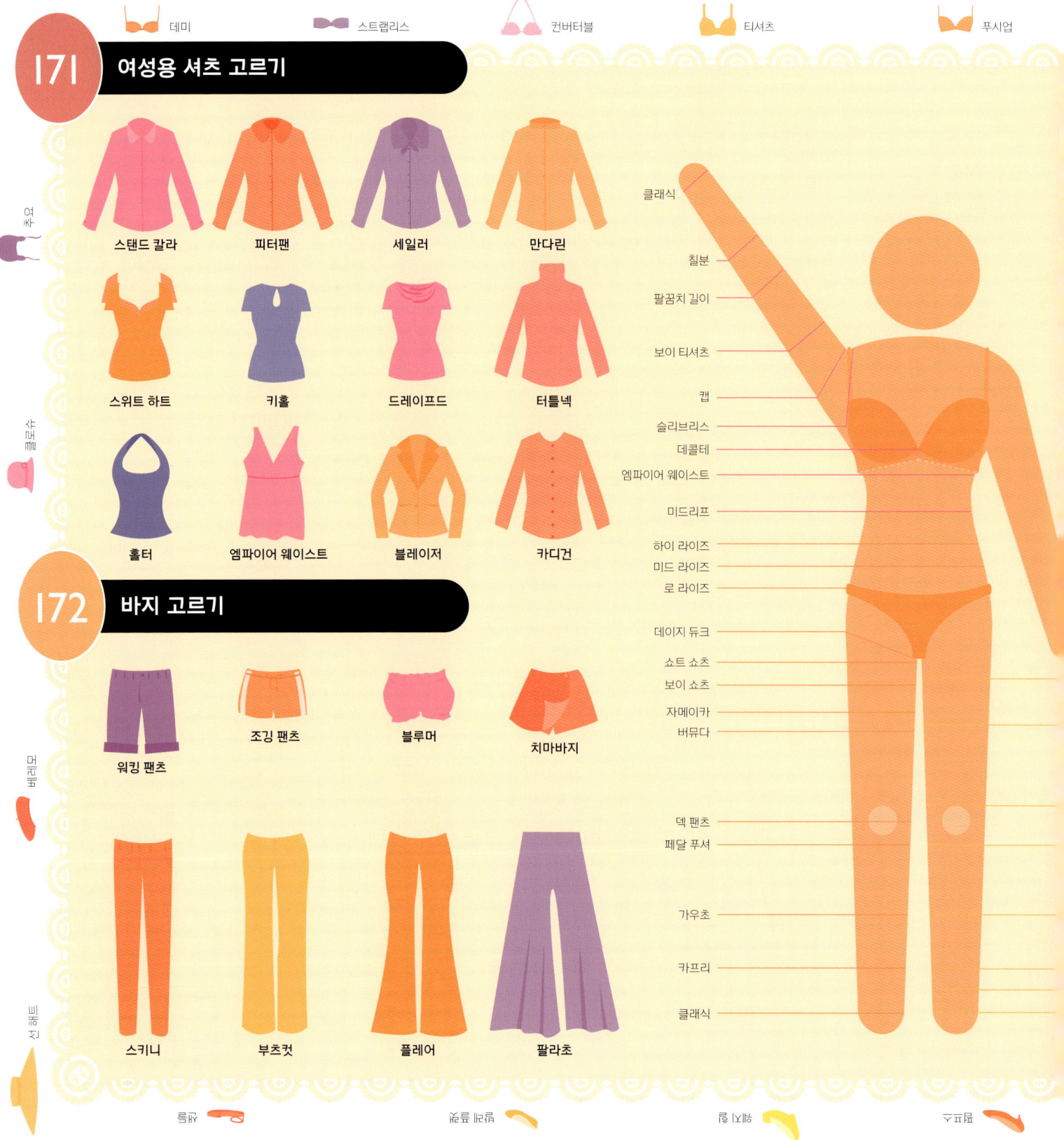

175 첼시 매듭

스카프를 반으로 접는다.

395 기본적인 항해 매듭 묶기

고리 사이로 집어넣는다.

176 나비넥타이 매기

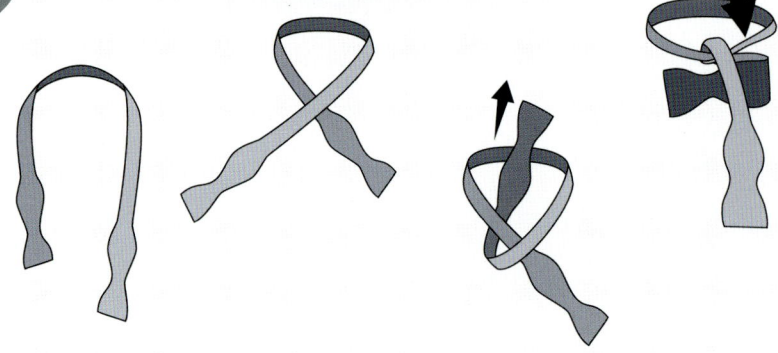

177 넓고 느슨하게 매는 윈저 노트 방식으로 넥타이 매기

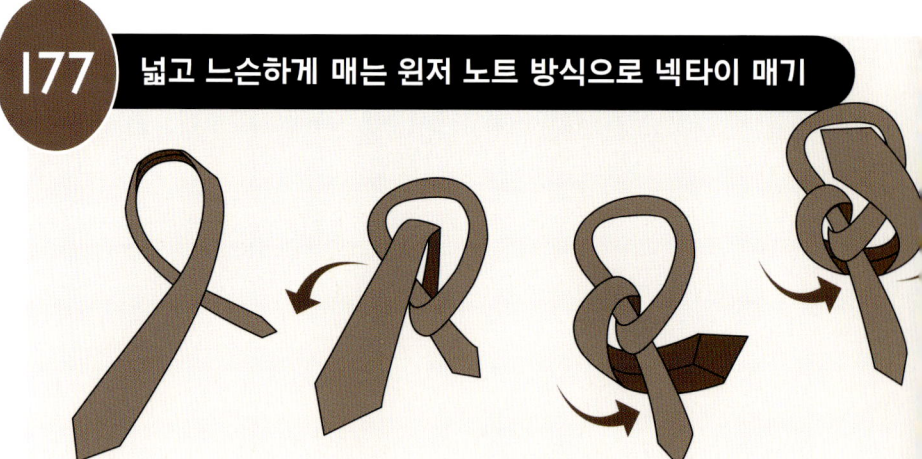

178 솜씨 있게 신발 끈 묶기

군화

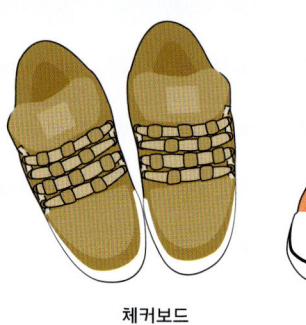
체커보드

격자

*모나코 왕비가 된 할리우드 배우.

그레이스 켈리*처럼 우아하게 스카프 매기 179

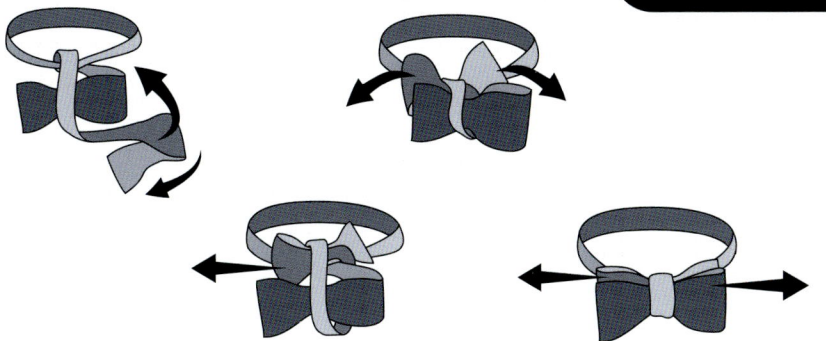

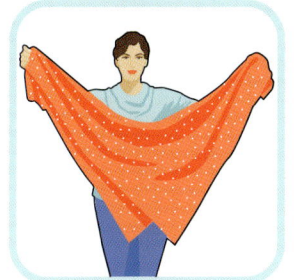

스카프를 세모가 되도록 접는다.

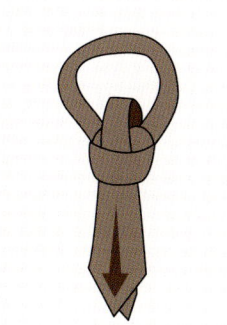

둘러싸고 뒤에서 묶는다.

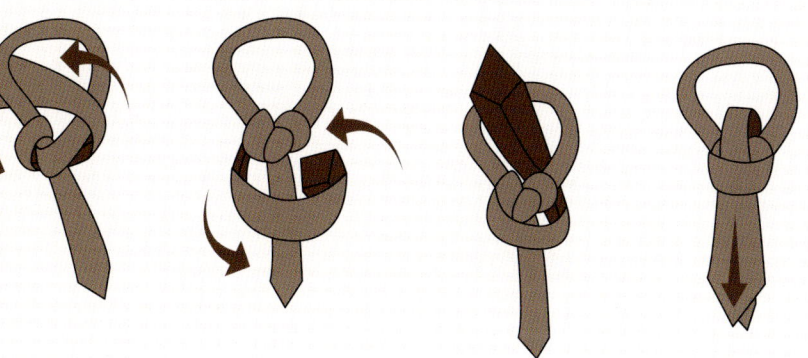

로만(roman)

라이딩(riding)

숨겨진 매듭(hidden knot)

180 찢어진 청바지 수선하기

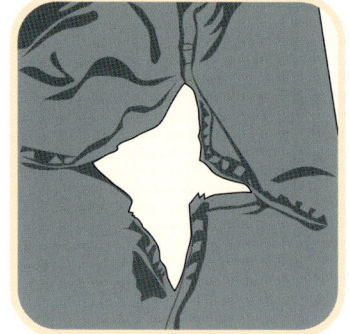
실뜯개로 찢어진 부위의 솔기를 뜯어낸다.

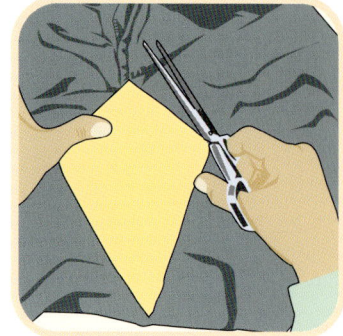
종이로 옷본을 만든다.

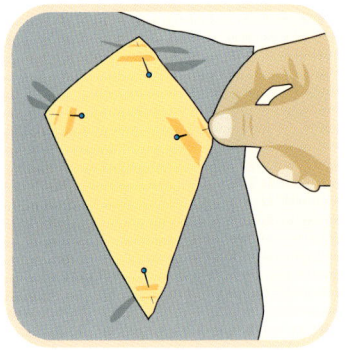
원하는 천에 종이 옷본을 올려놓는다.

옷본대로 잘라내고 가장자리를 접는다.

청바지 겉면에 대고 바느질한다.

마음 놓고 발을 들어 높이 차도 된다.

181 청바지 단 줄이기

바짓단을 얼마나 줄일지 표시한다.

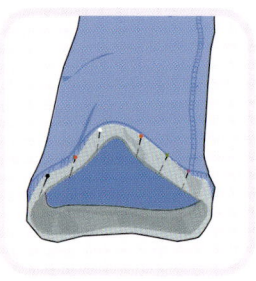
반만 접은 다음 핀을 꼽는다.

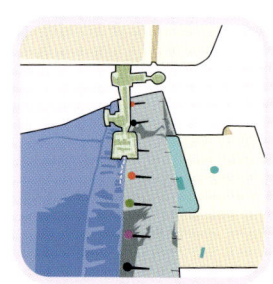
원래 바짓단 솔기 선을 따라 박는다.

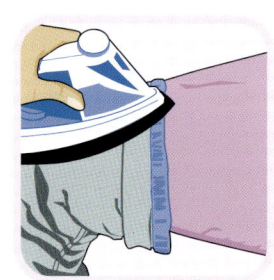
안감이 나오게 뒤집은 다음 다림질한다.

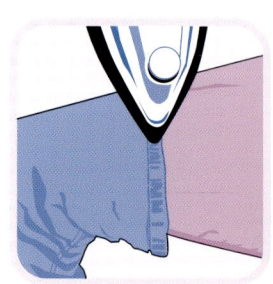
다시 겉감이 나오도록 뒤집어서 다림질한다.

182 단추 새로 달기

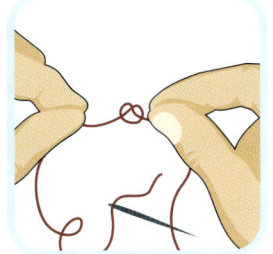
바늘에 실을 꿰고 매듭을 진다.

바늘땀을 떠서 단단히 고정시킨다.

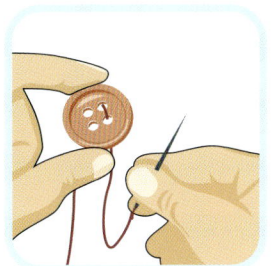
단추를 단다.

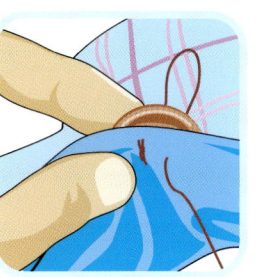
단추를 단다.

바느질하되 너무 꽉 조여 매지 않는다.

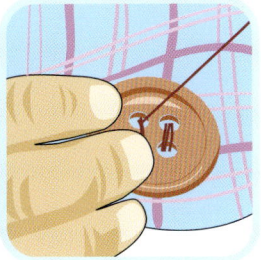
나머지 구멍도 똑같이 반복한다.

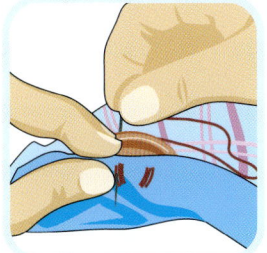
바늘을 안감 쪽으로 보낸다.

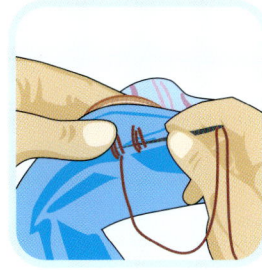
두 바늘땀 사이를 연결해 지나간다.

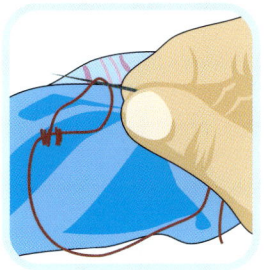
옷감에 바짝 대고 매듭을 지어 묶는다.

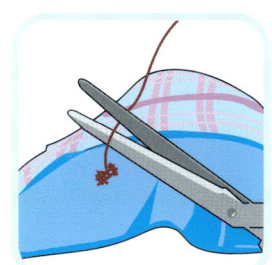

183 재봉질 없이 데님 스커트 만들기

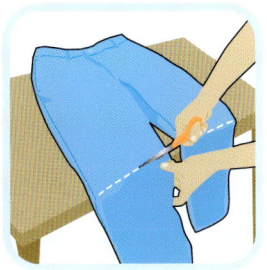
다리를 잘라낸다.

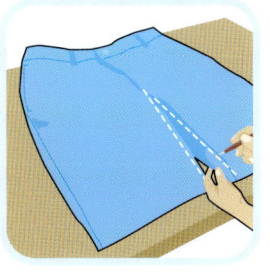
가랑이 안쪽 솔기를 뜯어낸다.

천이 겹치는 부분을 잘라낸다.

뒷면을 붙인다.

앞면을 붙이고 마를 때까지 그대로 둔다.

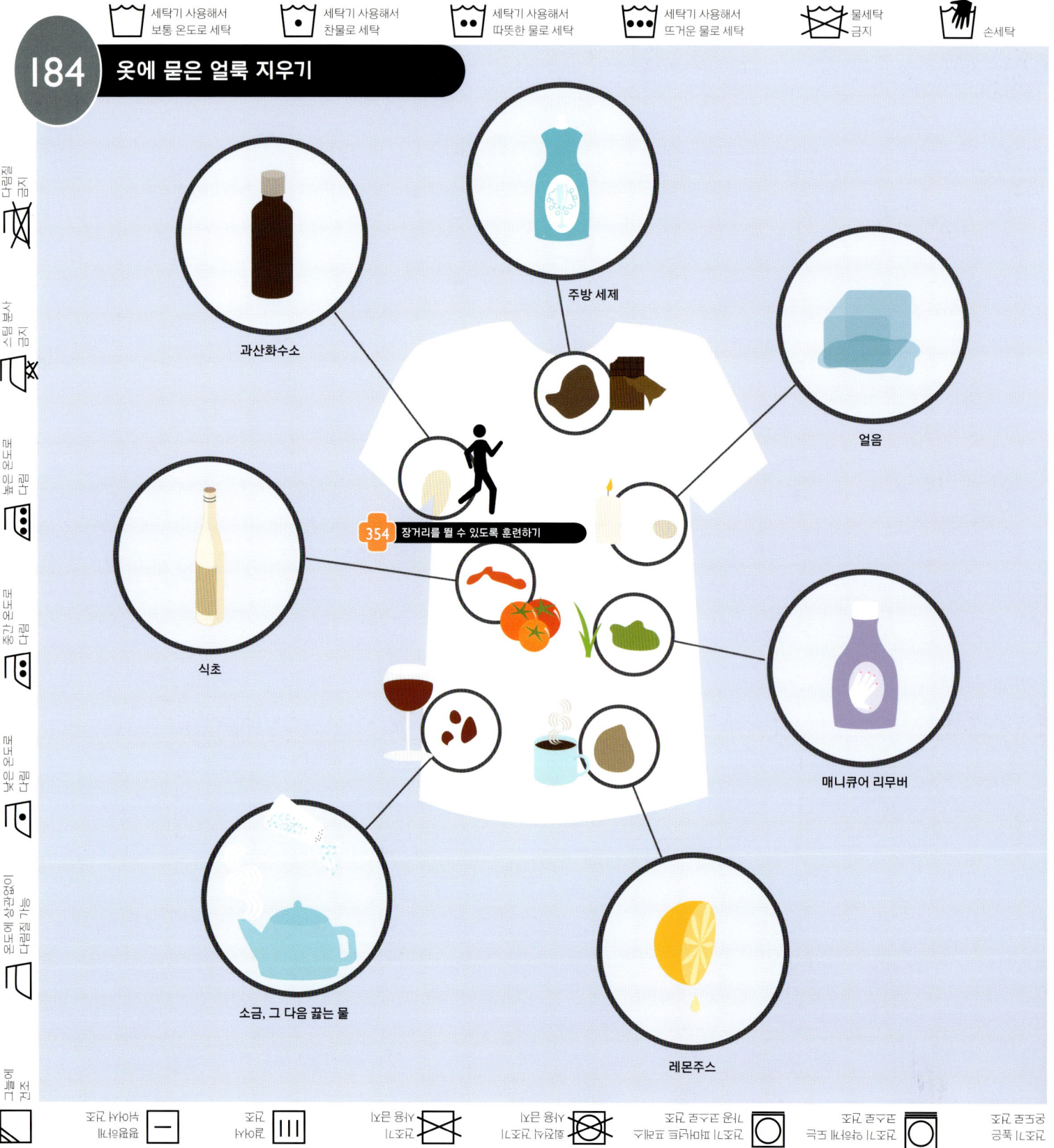

스웨터 손세탁하기 | 185

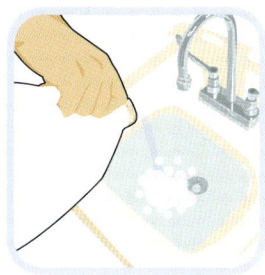
물에 세제를 넣는다.

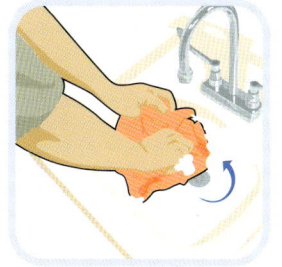
스웨터에 거품을 묻힌다.

세제 거품을 헹구어낸다.

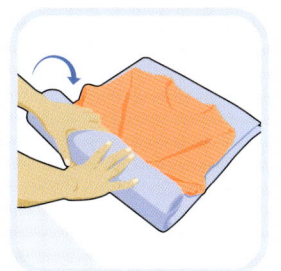
타월에 돌돌 말고 꼭 쥐어짠다.

평평하게 올려놓고 말린다.

이런, 스웨터가 줄어들었다면? 그럴 때는 젖은 스웨터를 판자에 놓고 약간 잡아당겨 압정으로 고정한 채로 말리면 원상 복구된다.

버튼다운 셔츠 다림질하기 | 186

물을 분사하면서 다림질한다.

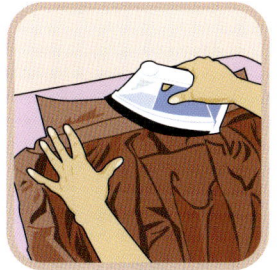
칼라 뒤쪽을 다린다.

칼라 안쪽을 다린다.

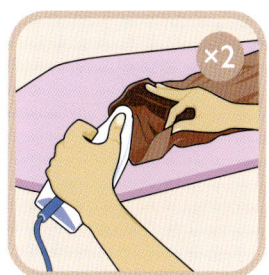
커프스를 풀고 안쪽을 다린다.

소매와 커프스를 다린다.

어깨를 다린다.

앞면을 다린다.

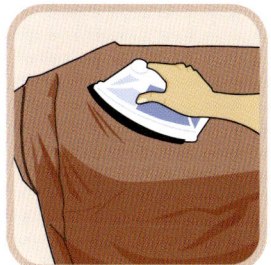
뒤쪽으로 이동해서 다린다.

반대쪽 앞면을 다린다.

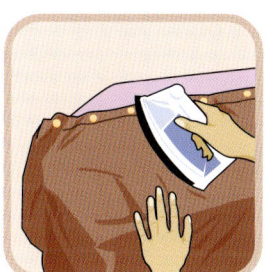
단추 사이사이를 다린다.

187 데이트 상대의 몸짓 뒤에 숨겨진 뜻 파악하기

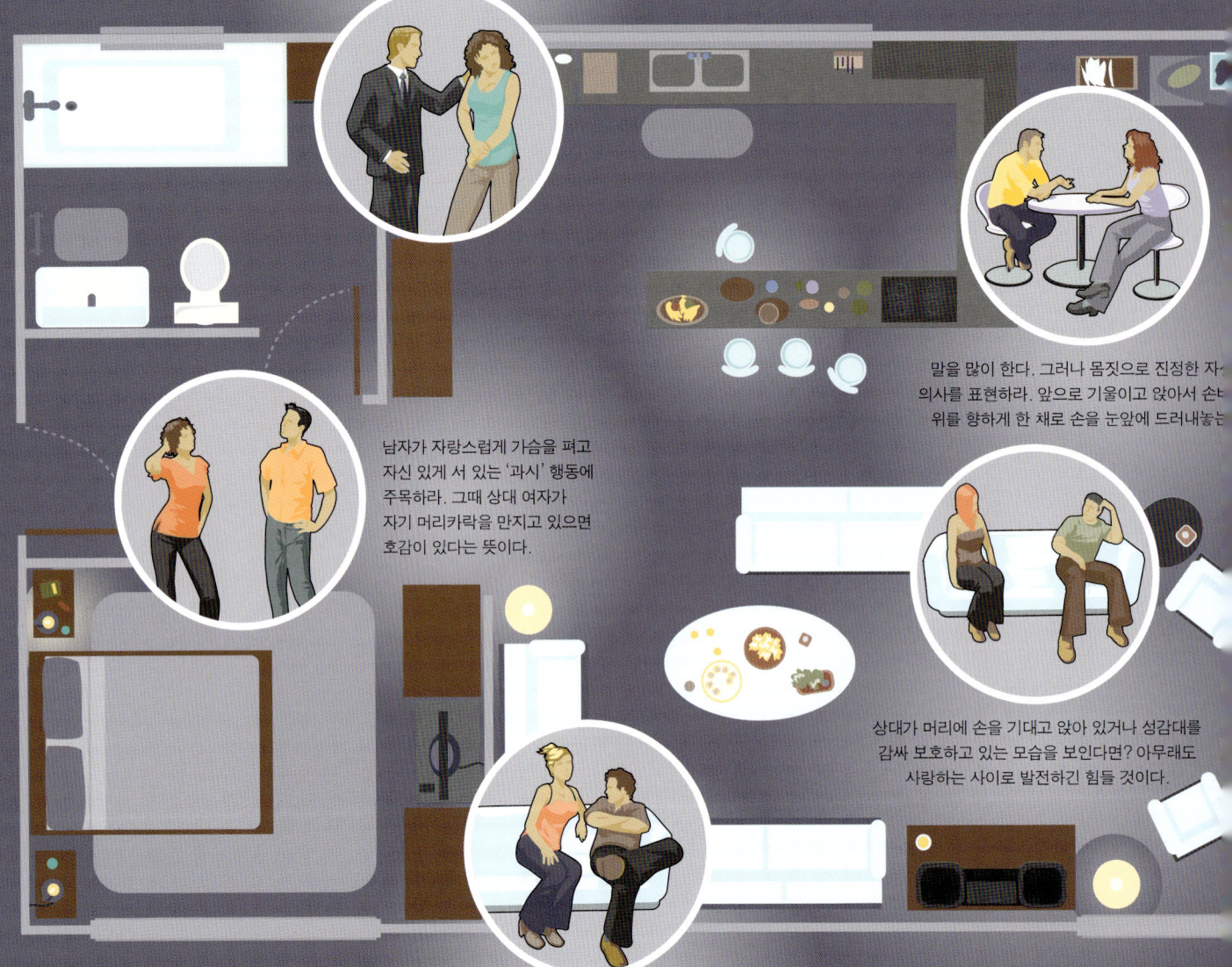

지나치게 적극적으로 덤벼드는 상대를 만났을 때는? 시선을 피하고, 원하지 않는 행동을 취해올 경우 어깨로 밀쳐낸다.

말을 많이 한다. 그러나 몸짓으로 진정한 자신의 의사를 표현하라. 앞으로 기울이고 앉아서 손바닥 위를 향하게 한 채로 손을 눈앞에 드러내놓는다.

남자가 자랑스럽게 가슴을 펴고 자신 있게 서 있는 '과시' 행동에 주목하라. 그때 상대 여자가 자기 머리카락을 만지고 있으면 호감이 있다는 뜻이다.

상대가 머리에 손을 기대고 앉아 있거나 성감대를 감싸 보호하고 있는 모습을 보인다면? 아무래도 사랑하는 사이로 발전하기긴 힘들 것이다.

상대가 아주 마음에 들면 바짝 다가앉아 자신의 매력을 드러내 보인다. 마음에 들지 않는다면 팔짱을 끼고 뒤로 구부정하게 앉는다.

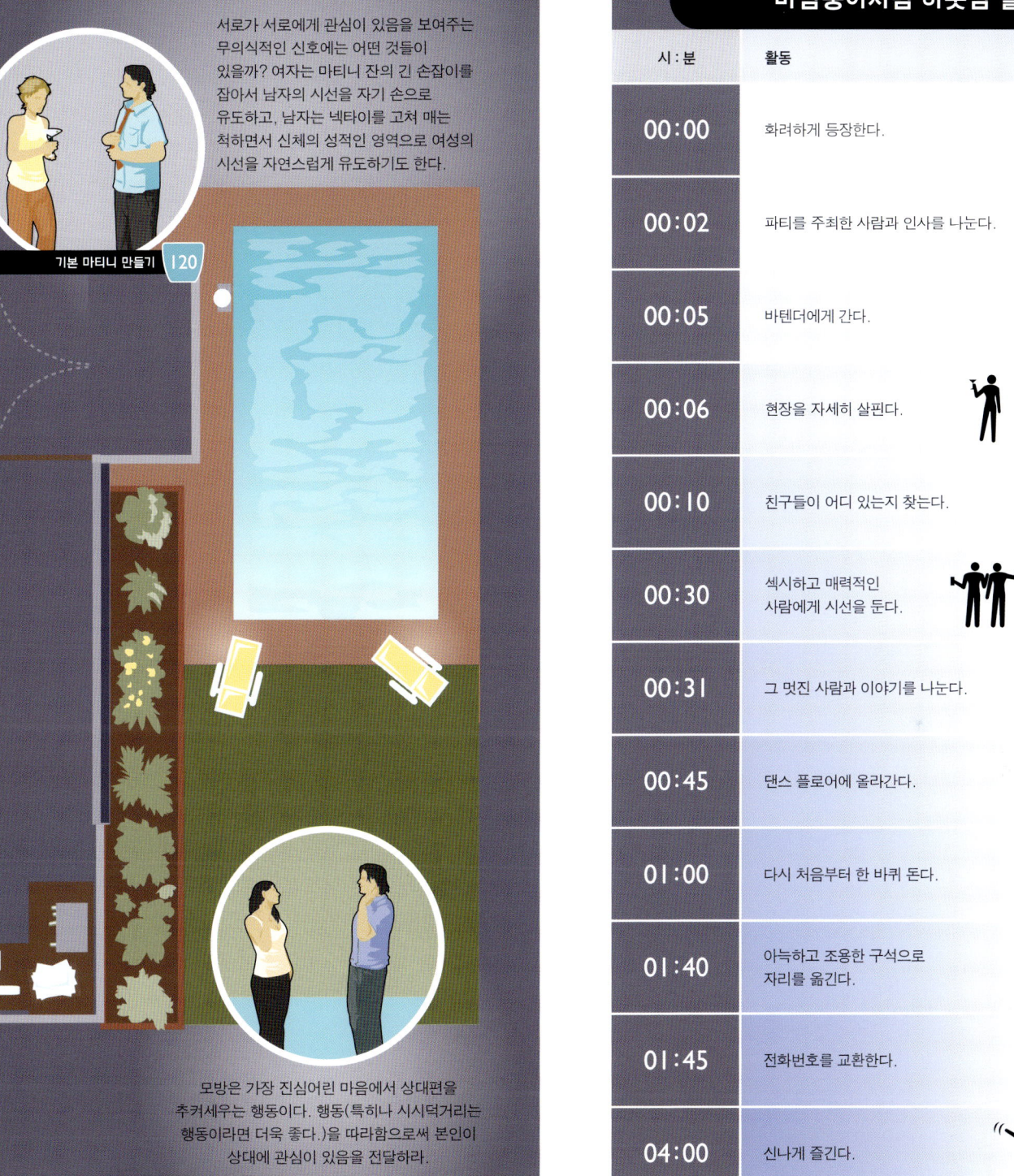

바람둥이처럼 하룻밤 즐기기 — 188

서로가 서로에게 관심이 있음을 보여주는 무의식적인 신호에는 어떤 것들이 있을까? 여자는 마티니 잔의 긴 손잡이를 잡아서 남자의 시선을 자기 손으로 유도하고, 남자는 넥타이를 고쳐 매는 척하면서 신체의 성적인 영역으로 여성의 시선을 자연스럽게 유도하기도 한다.

기본 마티니 만들기 120

모방은 가장 진심어린 마음에서 상대편을 추켜세우는 행동이다. 행동(특히나 시시덕거리는 행동이라면 더욱 좋다.)을 따라함으로써 본인이 상대에 관심이 있음을 전달하라.

시 : 분	활동
00:00	화려하게 등장한다.
00:02	파티를 주최한 사람과 인사를 나눈다.
00:05	바텐더에게 간다.
00:06	현장을 자세히 살핀다.
00:10	친구들이 어디 있는지 찾는다.
00:30	섹시하고 매력적인 사람에게 시선을 둔다.
00:31	그 멋진 사람과 이야기를 나눈다.
00:45	댄스 플로어에 올라간다.
01:00	다시 처음부터 한 바퀴 돈다.
01:40	아늑하고 조용한 구석으로 자리를 옮긴다.
01:45	전화번호를 교환한다.
04:00	신나게 즐긴다.

자기가 무슨 띠인지를 알아보려면 밑의 도표에서 태어난 해를 찾으면 된다. 다만 띠는 음력을 기준으로 하므로 생일이 1월이나 2월인 사람은 음력 생일 연도를 잘 확인한 후 찾는다.

열두 띠를 기준으로 어울리는 짝 찾기 190

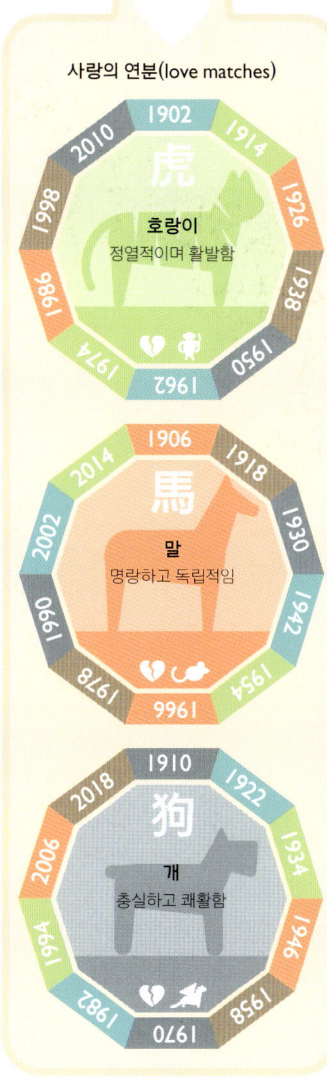

각 띠와 태어난 연도는 다음에 나오는 자연 요소 중 한 가지씩과 연결된다. 위의 도표에서 자기 띠와 태어난 년도가 무슨 색깔로 칠해져 있는지 각각 확인하고 그 색깔에 해당하는 요소를 오른쪽 아이콘 중에서 찾아본다. 예를 들면 모든 원숭이띠는 '금속'의 요소를 가지고 있다. 그러나 2016년에 태어날 '불'의 성질을 띤 원숭이띠들은 1968년에 태어난 '대지' 성질의 원숭이띠보다 더 열정적이다.

 대지 관대하고 협조적임. 성장하고 영역을 넓히려고 함.

 불 활발하며 지칠 줄 모름. 웃는 것을 좋아함.

 나무 잘 단련되고 결연함. 의무감이 있음.

 금속 고집이 세고 내성적임. 혼자만의 공간을 원함.

 물 비밀스럽고 창의적임. 직관을 믿음.

191 미니스커트 차림으로 차에서 내리기

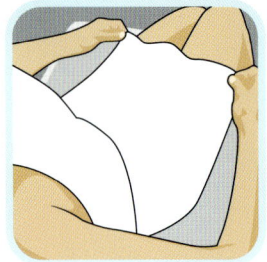

몸을 휙 돌린다.
한 발을 밑으로 내린다.

나머지 발도 내린다.

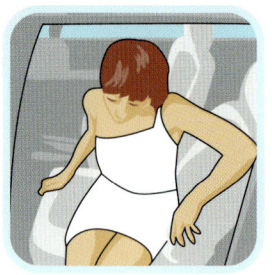
균형을 잘 잡고 일어난다.

192 데이트 상대의 어깨에 은근슬쩍 팔 얹기

상대의 마음이 편해질 때까지 기다린다.

우선은 자연스럽게 하품을 한다.

팔을 쭉 뻗어 기지개를 켜는 척하면서 팔을 든다.

193 입 속에서 체리 꼭지 매듭 묶기

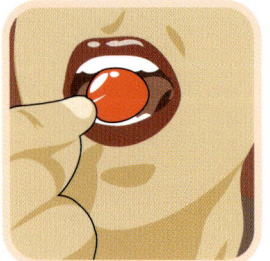

한쪽을 입으로 물고 반으로 접는다.

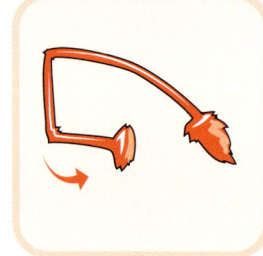
한쪽을 물고 ㄴ자로 구부린다.

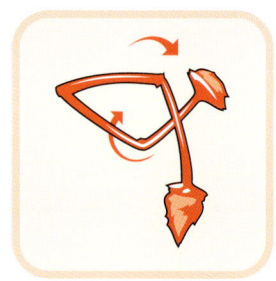
모서리 부분을 물고 둥그런 고리 안으로 통과시킨다.

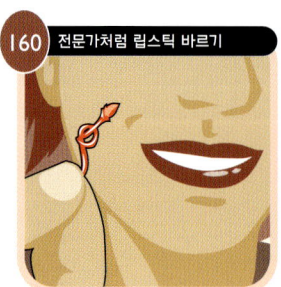

160 전문가처럼 립스틱 바르기

 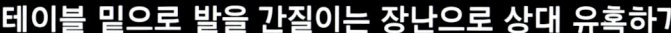

194 테이블 밑으로 발을 간질이는 장난으로 상대 유혹하기

관심이 있는지 재본다. | 가까이 다가앉는다. | 수줍은 척하면서 비비고 상대 발목을 지그시 누른다. | 신발을 벗어 떨어뜨린다. | 발을 바꾼다. 무릎 위를 감는다.

195 애인에게 발 마사지 해주기

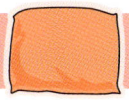

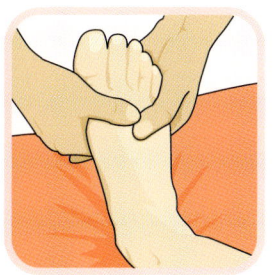 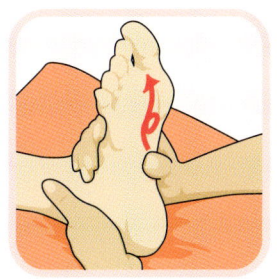 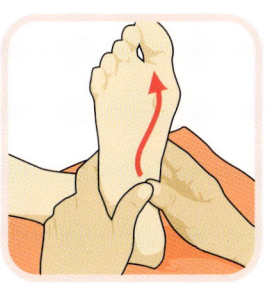 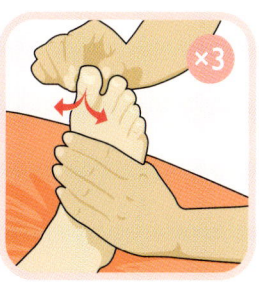 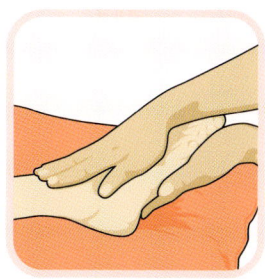

발 위쪽을 어루만진다. | 둥글게 말아 올리며 지압한다. | 중앙의 홈을 따라 미끄러지듯 올라간다. | 발가락을 하나씩 문지르고 좌우로 살짝 흔들어준다. | 부드럽게 어루만지면서 마무리한다.

196 팔의 불편함을 해소하면서 애무하기

  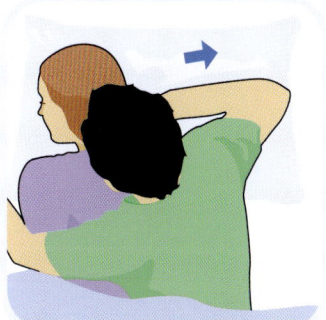 

팔로 애인을 감싼다. | 애인을 천천히 굴려서 엎드리게 한다. | 밑에 눌려 있던 팔을 뺀다. | 팔을 애인의 머리 위에 놓는다.

| 197 | 밤새도록 왈츠 추기 |

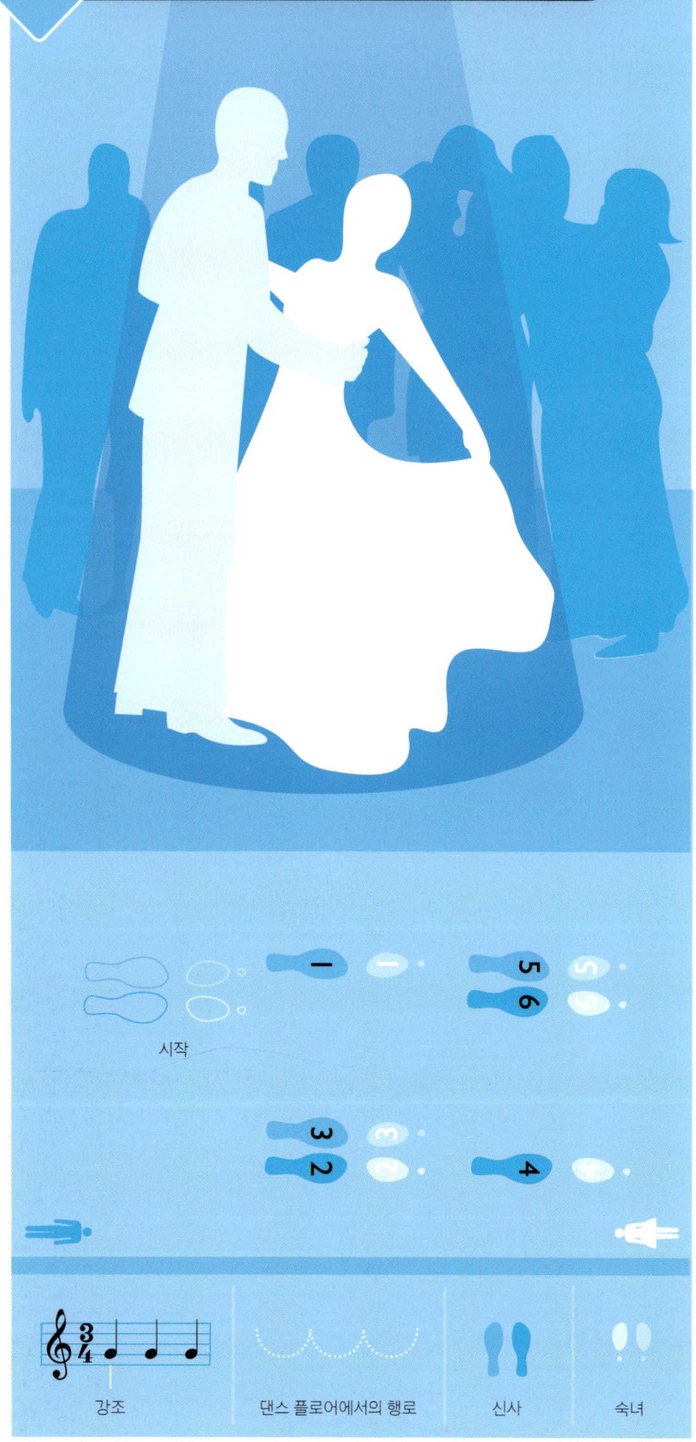

시작

강조 | 댄스 플로어에서의 행로 | 신사 | 숙녀

| 198 | 파트너와 자이브 추기 |

시작

신사 | 토 터치 (toe touch) | 숙녀 | 토 터치 (toe touch)

격정적으로 탱고 추기 199

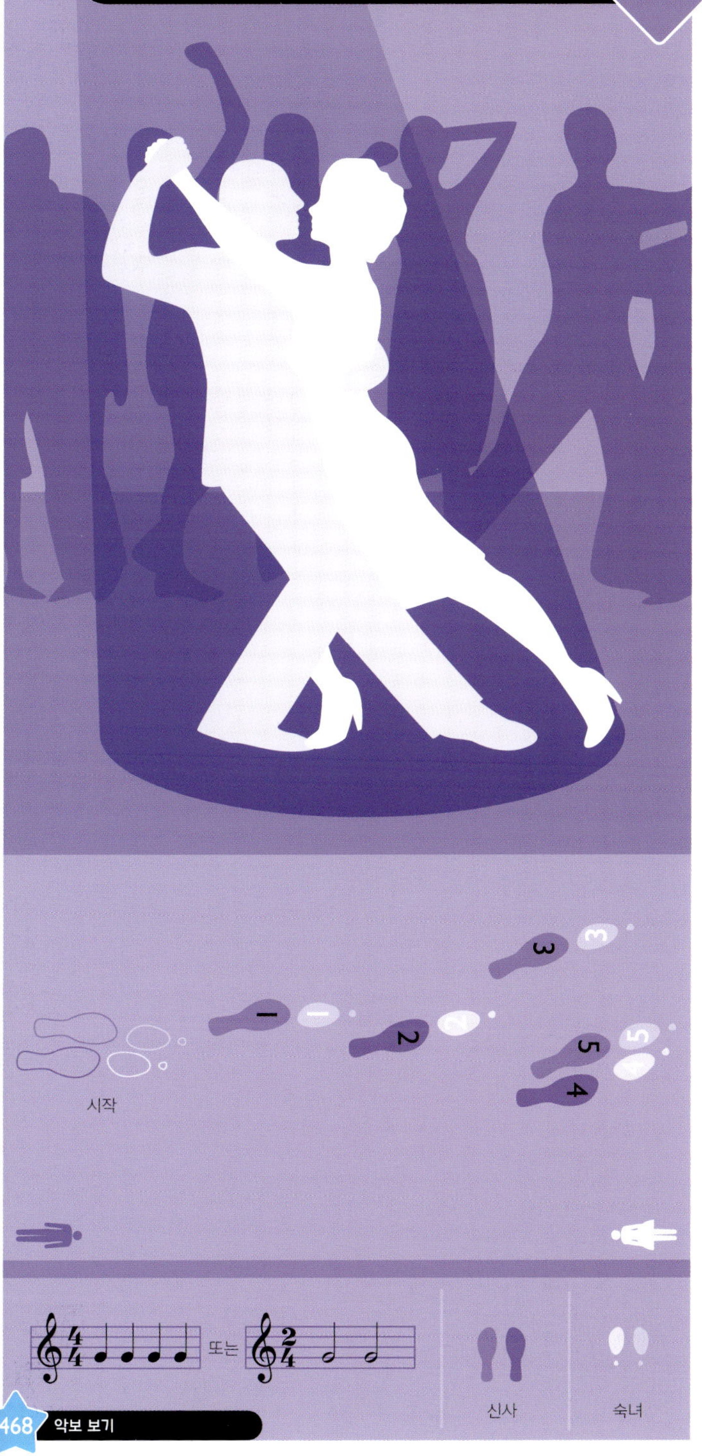
시작
또는
신사
숙녀

신나게 살사 춤추기 200

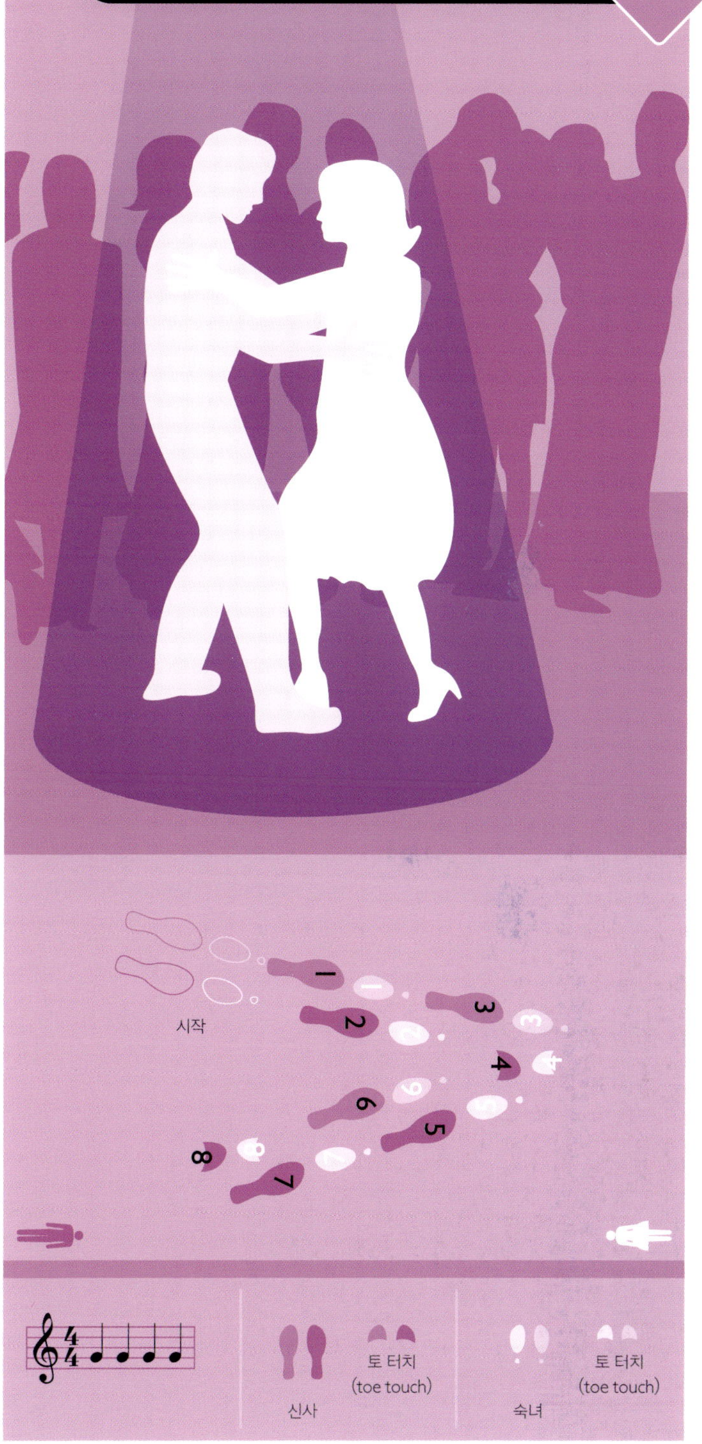
시작
신사
토 터치
(toe touch)
숙녀
토 터치
(toe touch)

이모티콘*으로 장난스럽게 수다 떨기

*컴퓨터나 휴대 전화에 있는 문자나 기호 등을 조합해 만드는 재미있는 표정이나 모양. 우리말로는 '그림말'로 순화.

이모티콘	뜻
:]	장난
%*}	얼큰하게 취함
</3	가슴이 미어질 듯함
=O	깜짝 놀람
>:E	이를 드러내며 웃음
:-r	담배 피움
:3	장난기어린
8-}	음흉
:-D	활짝 웃음
:')	울다가 눈물이 나옴
:-x	할 말 없음
!-(	멍든 눈
>:-O	고함을 지름
:9	입술 핥기
`:-)	눈썹을 추켜세움
<3	가슴
XD	박장대소
<:O)	축하함
:'-(	눈물이 뚝뚝 떨어짐
0:-)	결백함
>:-(	화남
:-**	립스틱 자국
:-&	말문이 막힘
=X	꼭 다문 입술
:P	혓바닥 내밀기
>:]	사악한 미소
:-[	심각함
:-O	감동
=|	이상스러움
:-*	키스
(:-{	섹시한 콧수염
(:-D	수다 떨기
B-)	자랑스러움
:-/	불안함
8-|	놀라지 않음
~ :-(	화가 끓어오름
;;)	눈을 깜박함
}:-]	사악하게 웃기
>O	아야!
:-)	행복
:-S	당답함
:-|	무관심
>;-('	분노 발산
;)	윙크
:-K	뱀파이어
=L	침흘림
=)	행복
=(	슬픔
|-O	하품
(:-&	화남
:-*)	얼굴 붉힘
&:-8-o-<	육감적인 여성
:)	행복
:(	슬픔
S-)	눈 굴리기
:-@	비명을 지름
:-"	휘파람 불기
@}-,-'-,--	장미

버티콘*으로 장난스럽게 수다 떨기

*컴퓨터나 휴대 전화에 있는 문자나 기호 등을 조합해 만드는 재미있는 표정이나 감정을 그림말로 표현함.

(>")> 춤추기	<^O^> 박장대소
(^.^)/ 손 흔들며 인사하기	*^O^* 신났음

● 행복　● 슬픔　● 그 밖의 것　● 화남　● 유혹하기

\,,/(^_^)\,,/ 마음껏 즐기기	d^_^b 음악 듣기	\(^o^)/ 아주 신났음	b(~_^)d 엄지 들어올리기(좋아!)
(/.\) 당황함	(-_-) 화남	(-_\\\) 감성적인	;_; 울고 있음
(@_@) 멍함	(~.~) 졸림	)-0_0-(깜짝 놀람	(o_O) 혼란스러움
(>_<) 답답함	(u_u) 심술 났음	(=_=) 짜증남	(9ò_ó)=@ 펀치를 날림
o 얼빠진 듯 바라봄	-^o^- 얼굴을 붉힘	(0_<) 윙크	*_* 스타에게 완전히 반함
(>^_^)> <(^_^<) 껴안기		(,,,)=^_^=(,,,) 아양 떨듯 기분 좋은 말투로 말함	(o)_(o) 제정신이 아닌

203 섹시한 코르셋 끈 묶기

코르셋을 평평한 곳에 놓고 맨 위 구멍에 줄을 낀다.

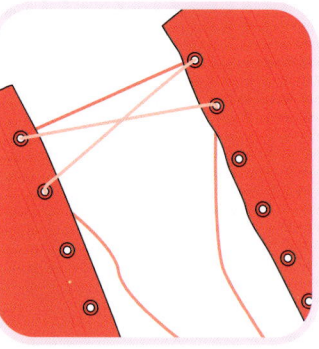
교차시킨다. 구멍에 끼워 줄이 뒤로 가도록 한다.

교차시킨다. 구멍에 끼워 줄이 앞으로 오도록 한다.

178 솜씨 있게 신발 끈 묶기

중간쯤에서 잠시 멈춘다. 잡아당기는 데 쓸 고리를 만든다.

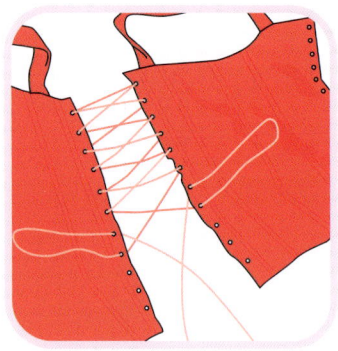
반대쪽에도 고리를 또 하나 만든다.

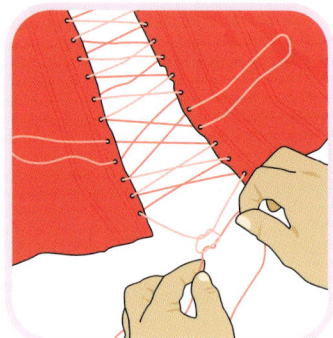
밑을 묶는다.

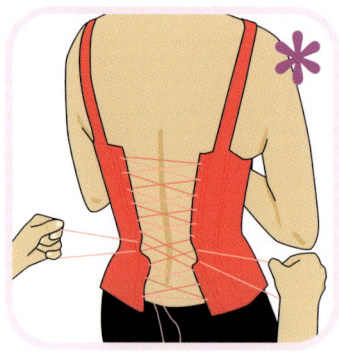
입는다. 양쪽 고리를 세게 잡아당긴다.

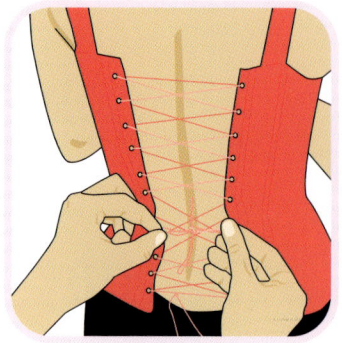
고리를 묶는다.

 섹시해 보이도록 코르셋을 아주 꽉 묶고 싶은 마음이 들지도 모른다. 하지만 처음에는 적당하게 잡아당겨서 바짝 죄어오는 느낌에 서서히 익숙해지도록 해야 한다. 그렇게 해야 스스로 고통을 주는 상황을 피할 수 있다. 하루에 30분 정도씩만 착용하고, 매일 조금씩 더 조여서 입는 식으로 시도한다.

204 텍사스 로프 수갑 묶기

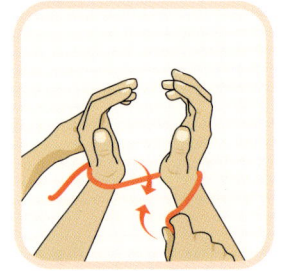
8자 모양을 만든다.

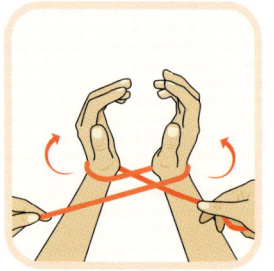
반복한다.

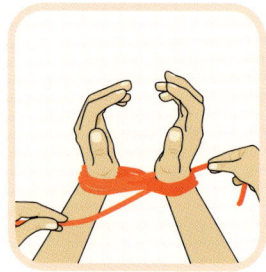
한 번 더 반복한다.

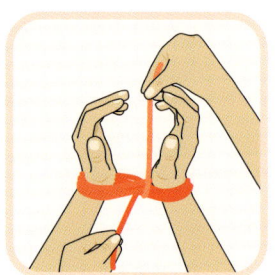
끝을 묶는다.

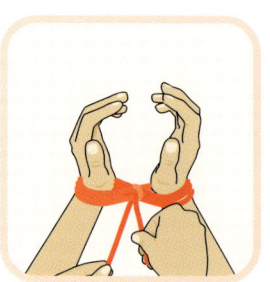
중앙에 매듭을 지어 묶는다.

 ## 기억에 남을 첫 키스하기 205

입술을 촉촉하게, 상대가 키스하고 싶도록 만든다.

입 냄새가 나지 않도록 신경 쓴다.

머리카락을 가지런히 정돈한다.

눈을 맞추고 앞으로 다가간다.

얼굴을 비스듬히 기울이고 눈을 감는다.

입술이 서로 닿게 한다.

손을 적절히 사용한다.

새로운 영역을 탐색한다.

커플 요가로 친해지기 206

껴안는다.

207 데이트 상대의 손금보기—사랑

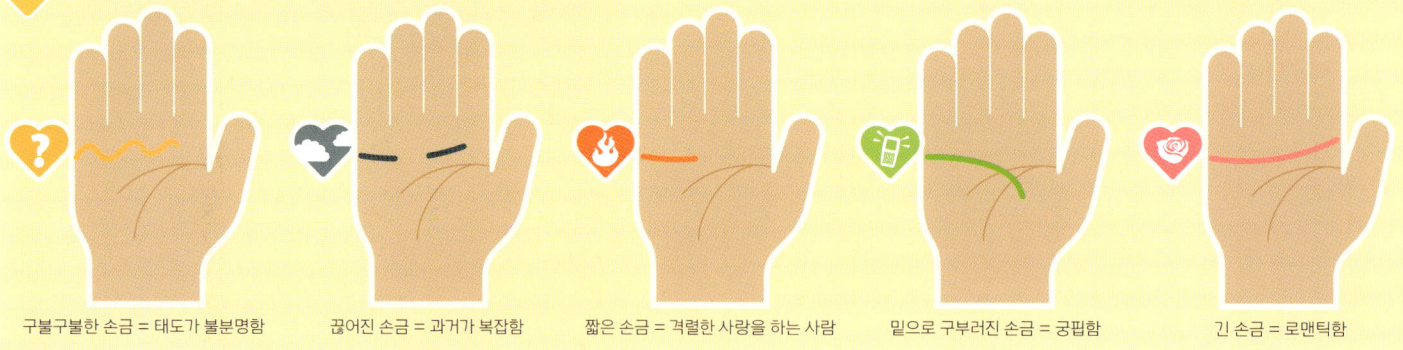

- 구불구불한 손금 = 태도가 불분명함
- 끊어진 손금 = 과거가 복잡함
- 짧은 손금 = 격렬한 사랑을 하는 사람
- 밑으로 구부러진 손금 = 궁핍함
- 긴 손금 = 로맨틱함

208 데이트 상대의 손금보기—머리

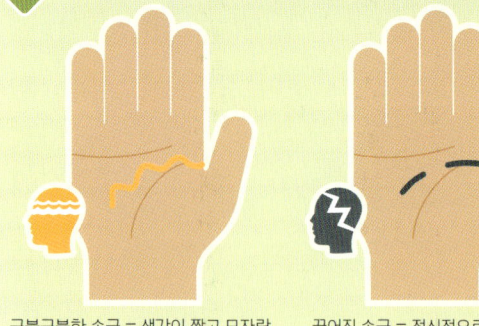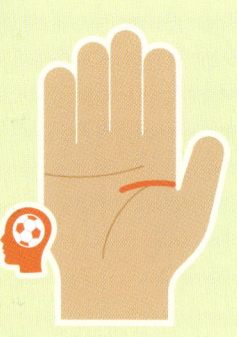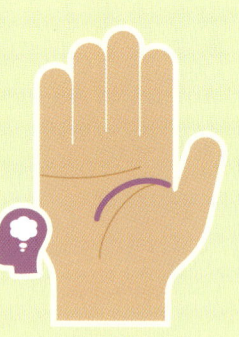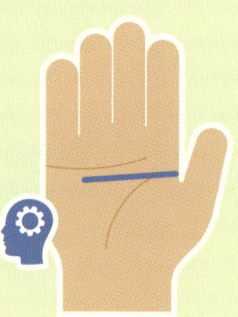

- 구불구불한 손금 = 생각이 짧고 모자람
- 끊어진 손금 = 정신적으로 문제가 있을 수 있음
- 짧은 손금 = 운동 신경이 뛰어남
- 구부러진 손금 = 몽상가
- 곧바른 선 = 현실적임

209 데이트 상대의 손금보기—삶

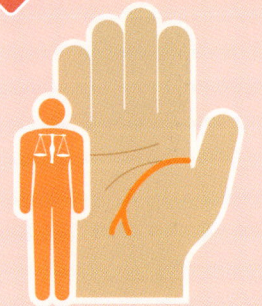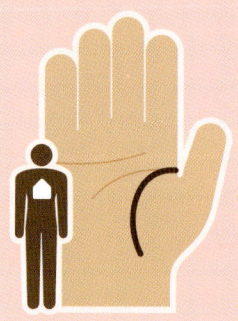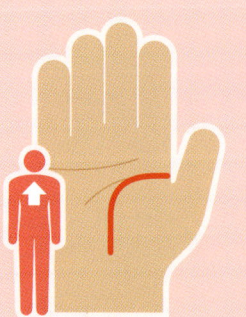

- 양 갈래로 갈라진 손금 = 균형 잡힘
- 끊어진 손금 = 문제가 많음
- 짧은 손금 = 약함
- 구부러진 손금 = 가정적임
- 중심에 있는 손금 = 야심적임

211 전통 결혼식의 신부 헤나* 바르기

*헤나의 잎이나 줄기에서 채취한 붉은색 염료.

레몬즙, 설탕, 헤나를 섞는다.

표면이 연한 갈색이 될 때까지 덮어둔다.

패스트리 백에 스푼으로 떠 넣고 끝부분을 자른다.

212 헤나 패턴 그리기

'전갈 자국'이라고 불리는 이 디자인은 사랑의 얼얼함과 기쁨을 나타낸다.

격자무늬 디자인은 계획을 나타내는데, 앞으로 다가올 걱정 없는 세월을 예견한다.

지그재그 문양은 비를 본뜬 것이다. 비옥함과 풍요로움을 뜻한다.

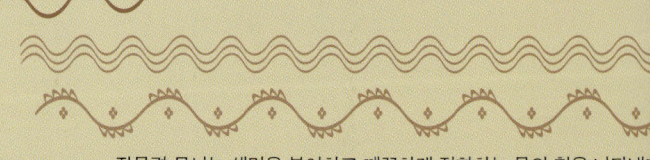

잔물결 무늬는 생명을 부여하고 깨끗하게 정화하는 물의 힘을 나타낸다.

단순히 장식적인 패턴이 많다.

싹은 가뭄 뒤에 트는 것이므로 새로운 삶과 힘을 가져다줌을 의미한다.

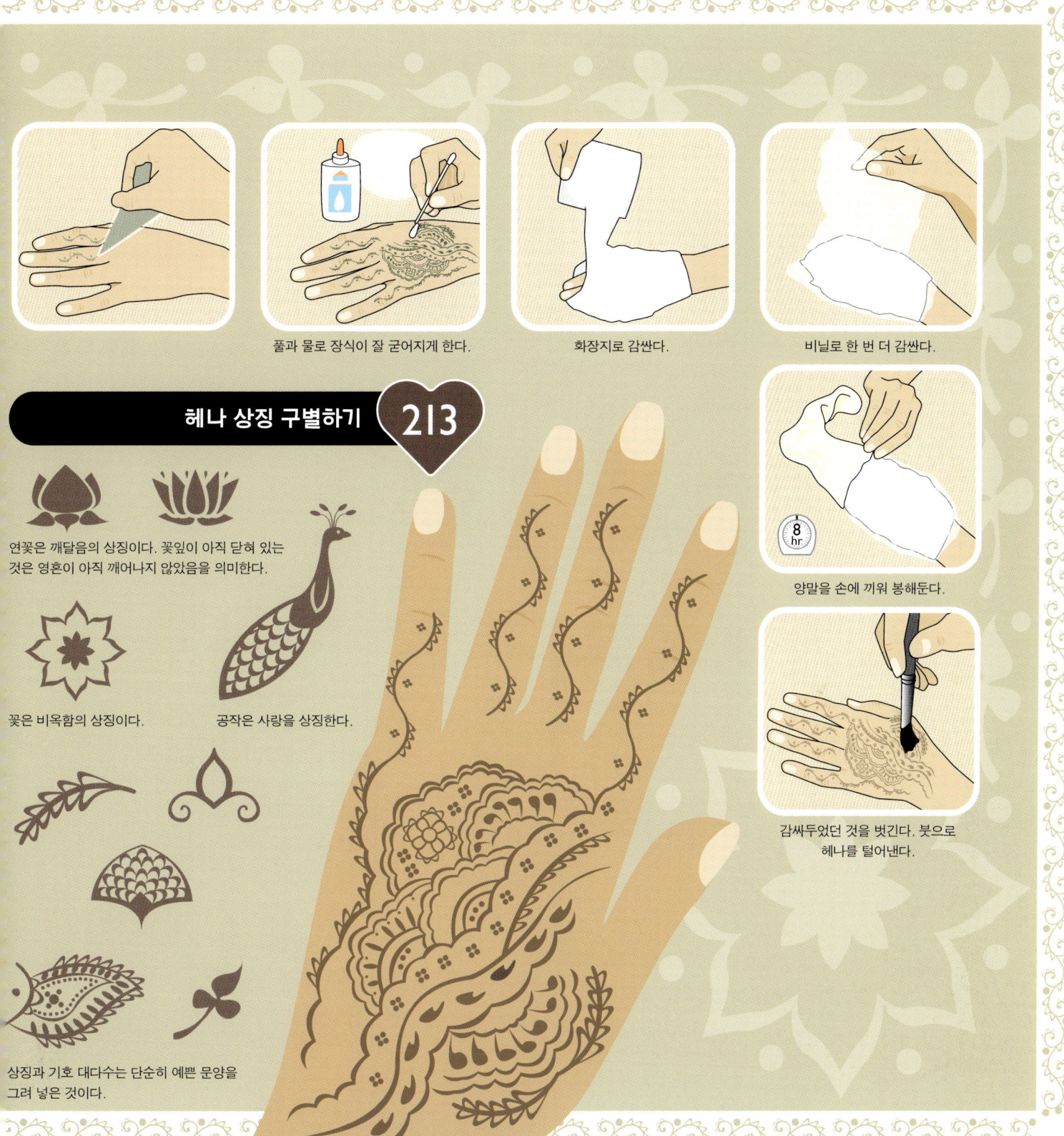

214 우아한 부케 만들기

잎과 가시를 모두 제거한다.

녹색 나뭇잎을 함께 배치한다.

꽃꽂이용 철사로 묶는다.

꽃꽂이용 테이프로 감는다.

줄기를 잘라 다듬는다.

새틴 리본테이프로 장식한다.

핀으로 고정한다.

215 부토니에르 만들기

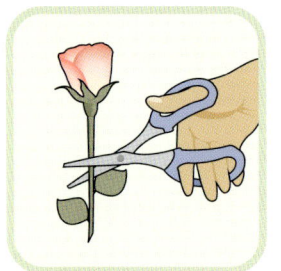
줄기를 자른다.

꽃꽂이용 철사를 집어넣는다.

녹색 나뭇잎 위에 놓고 철사를 꼰다.

꽃꽂이용 테이프로 감는다.

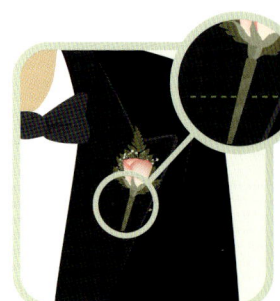
옷깃 중심에 놓고 핀으로 고정한다.

종이로 즉석 결혼반지 만들기 216

종이 한 장을 정해서 자른다.

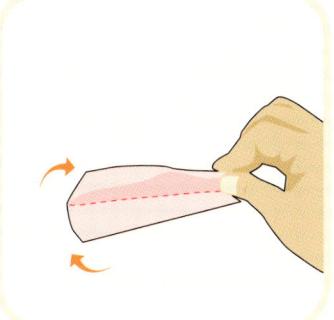
길게 반으로 접는다.

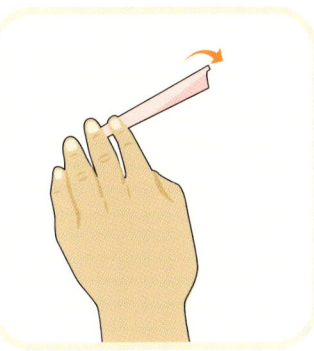
한 번 더 접는다.

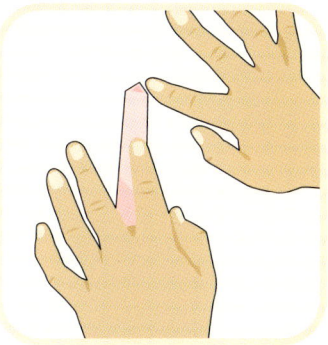
끝을 뾰족하게 접는다.

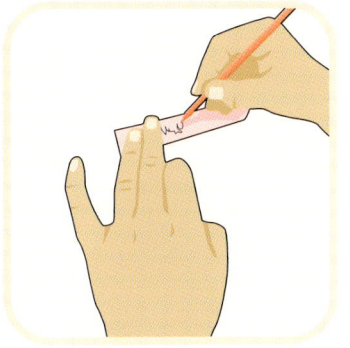
원하는 글귀를 적는다.
(혹은 미안하다는 말을 적는다.)

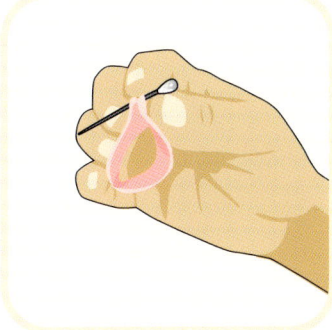
구슬핀을 꽂는다.

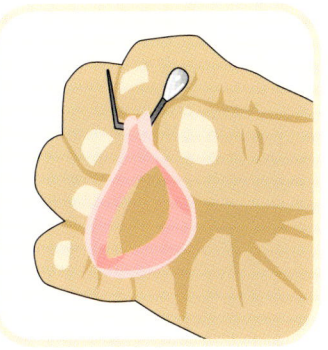
핀을 반으로 접어 구부린다.

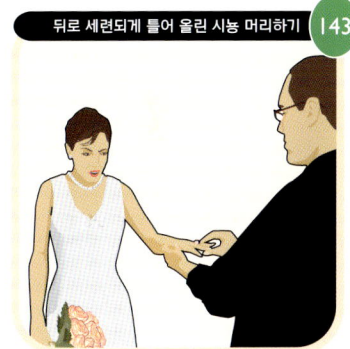
뒤로 세련되게 틀어 올린 시뇽 머리하기 143

술 취한 결혼식 하객 돌보기 217

안내인을 세워 술 취한 사람들을 살피도록 한다.

앉을 수 있게 돕는다.

위험한 구두는 벗긴다.

물을 가져다준다.

자동차 키를 압수한다.

218 집 전체를 로맨틱하게 꾸미기

고급 목욕용품으로 서로를 씻겨준다.

자, 별구경을 하러 나왔다면 금성을 찾아보라. 로마 신화에 나오는 사랑의 여신인 비너스의 이름을 딴 금성은 저녁과 아침 시간에 하늘에서 밝게 빛나 눈에 잘 보인다.

방해 요소를 차단한다. 휴대전화를 포함해서 모든 전화를 꺼놓는다.

예를 들면 퐁뒤처럼 오감을 만족시키는 호화로운 음식을 대접하라. 샴페인도 빼먹지 않는다.

엿보기를 좋아하는 호색가인가? 그렇다면 커튼을 내려둔다.

239 조광 스위치 달기

데이트 상대의 환심을 사고 오붓한 시간을 보내는 동안 반려 동물은 바깥에 잠깐 내보낸다. 그렇게 해야 곤란함을 모면한다.

격식에 맞게 상을 차려서 예의바르고 격식 있는 자신의 모습을 드러내 보여라.

미리 알리지 않고 피크닉을 준비해 매력적인 모습을 드러낸다

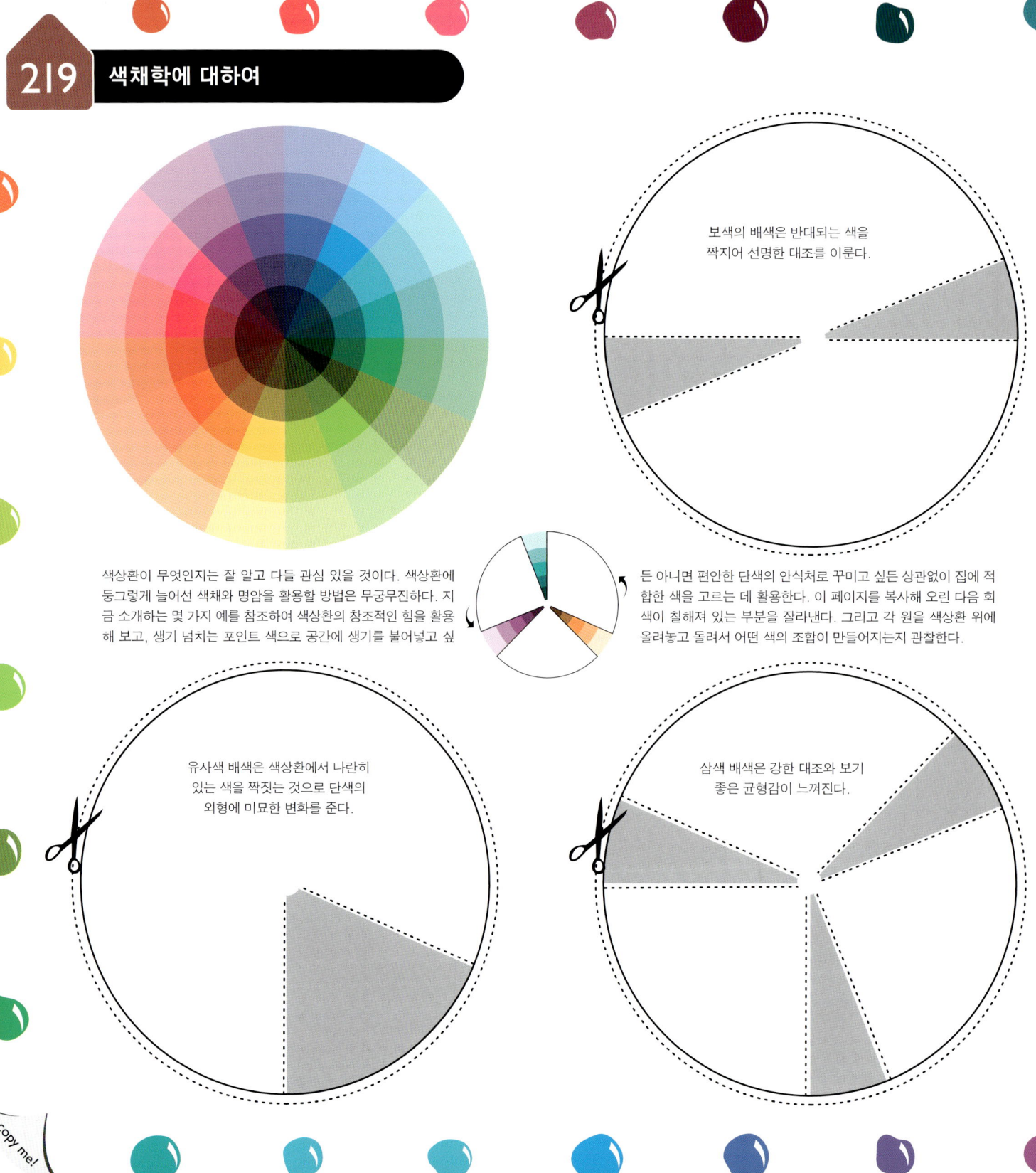

집 꾸미기에 적합한 색 고르기 220

주황색이나 빨간색같이 밝고 흥겨운 색으로 아시아의 흥취가 물씬 풍기도록 꾸민다.

사암(砂巖)색 벽에 보석이 드문드문 박혀 있는 매력적인 모로코의 거리처럼 꾸민다.

이끼 같은 초록색과 부드러운 암토끼의 갈색 등 자연 삼림 색깔로 안락하게 꾸민다.

자연 그대로의 해변 모래사장을 빼닮은 툭 트인 노란색 공간으로 지중해 연안의 생기를 재현한다.

단색을 활용해 섬세하게 표현하고 싶은가 아니면 좀 더 컬러풀한 분위기를 내고 싶은가? 어떤 형태로 배치하는 것이 좋을지 알아보기 위해 그림에서 번호가 매겨진 부분과 페인트 견본을 맞추어 본다.

선명하며 시선을 사로잡는 색이 군데군데 강조된 다채로운 회색 톤으로 도회적인 세련됨과 기개를 담는다.

열대지방의 푸른 초목은 평화로운 천상세계를 연상시킨다. 조그마한 작은 반짝임이 마치 열대식물 후크시아 같은 이국적인 느낌을 준다.

보라색을 폭넓게 활용해 라벤더 향이 느껴지는 영국식 정원을 재현한다.

타히티 섬은 옅은 푸른색으로 가장 잘 표현된다. 베이지 소파 위에 기대고 앉으면 해변에 편히 누워 휴식을 취하는 기분이 든다.

221 이음선 보이지 않게 벽지 바르기

전기를 차단한다.

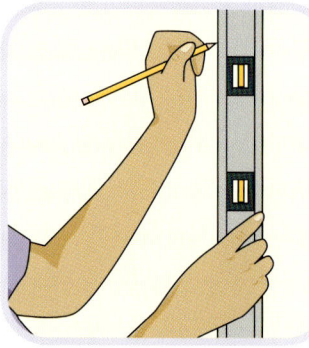
바닥에서 천장까지 선을 긋는다.

벽지에 풀을 발라서 붙일 준비를 한다.

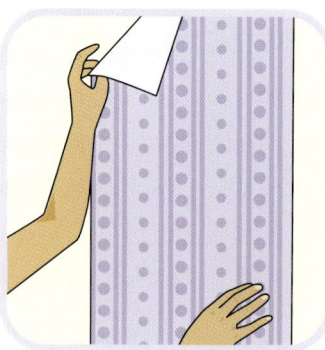
벽지를 그어 놓은 선에 나란히 맞춘다.

붙인다. 공기 방울이나 주름을 편다.

두 번째 조각을 붙인다. 매끈하게 펴고 닦는다.

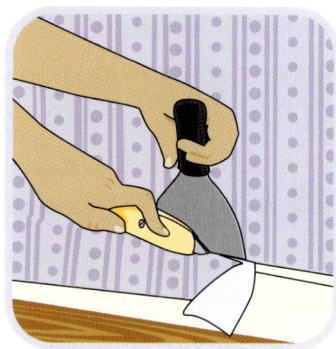
천정과 굽도리널 부분을 자른다.

콘센트 주위를 잘라내고 콘센트 덮개를 다시 끼운다.

222 오래된 벽지 뜯기

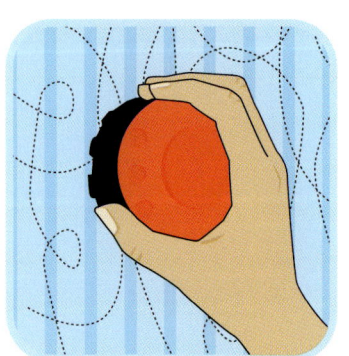
벽지에 금을 그어 자국을 낸다.

물을 바른다.

물기가 마르지 않도록 물을 바르면서 작은 조각을 마저 떼어낸다.

오래된 페인트 벗겨내기 — 223

| 페인트 가장자리를 긁어낸다. | 그 주위를 사포로 문지른다. | 트리소듐포스페이트 55g / 물 3.8L | 닦는다. 잠시 그대로 둔다. | 물로 닦아낸다. 그리고 다시 칠한다. |

군데군데 움푹 들어간 굽도리널 수리하기 — 224

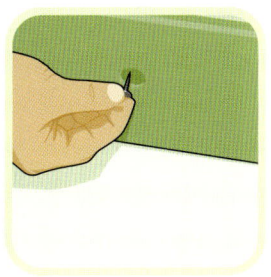  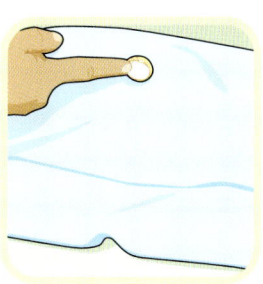 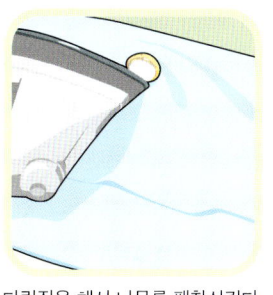 

| 움푹 들어간 부분에 압정을 찌른다. | 물을 살짝 바른다. | 천으로 덮고 병마개로 누른다. | 다림질을 해서 나무를 팽창시킨다. | 원한다면 페인트를 다시 칠한다. |

석고판 벽에 뚫린 구멍 없애기 — 225

*보수하는 데 쓰이는 속건성(速乾性) 회반죽.

 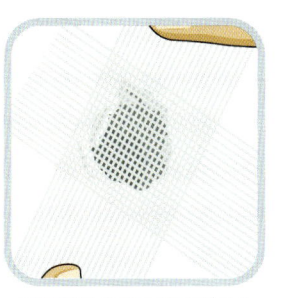   

| 지저분한 가장자리를 사포로 문지른다. | 구멍 위에 조인트 테이프(망사 테이프)를 붙인다. | 스패클*을 바르고 반듯하게 편다. | 말린 다음 사포로 문지른다. | 물에 젖은 스펀지로 닦는다. |

226 방 페인트칠하기

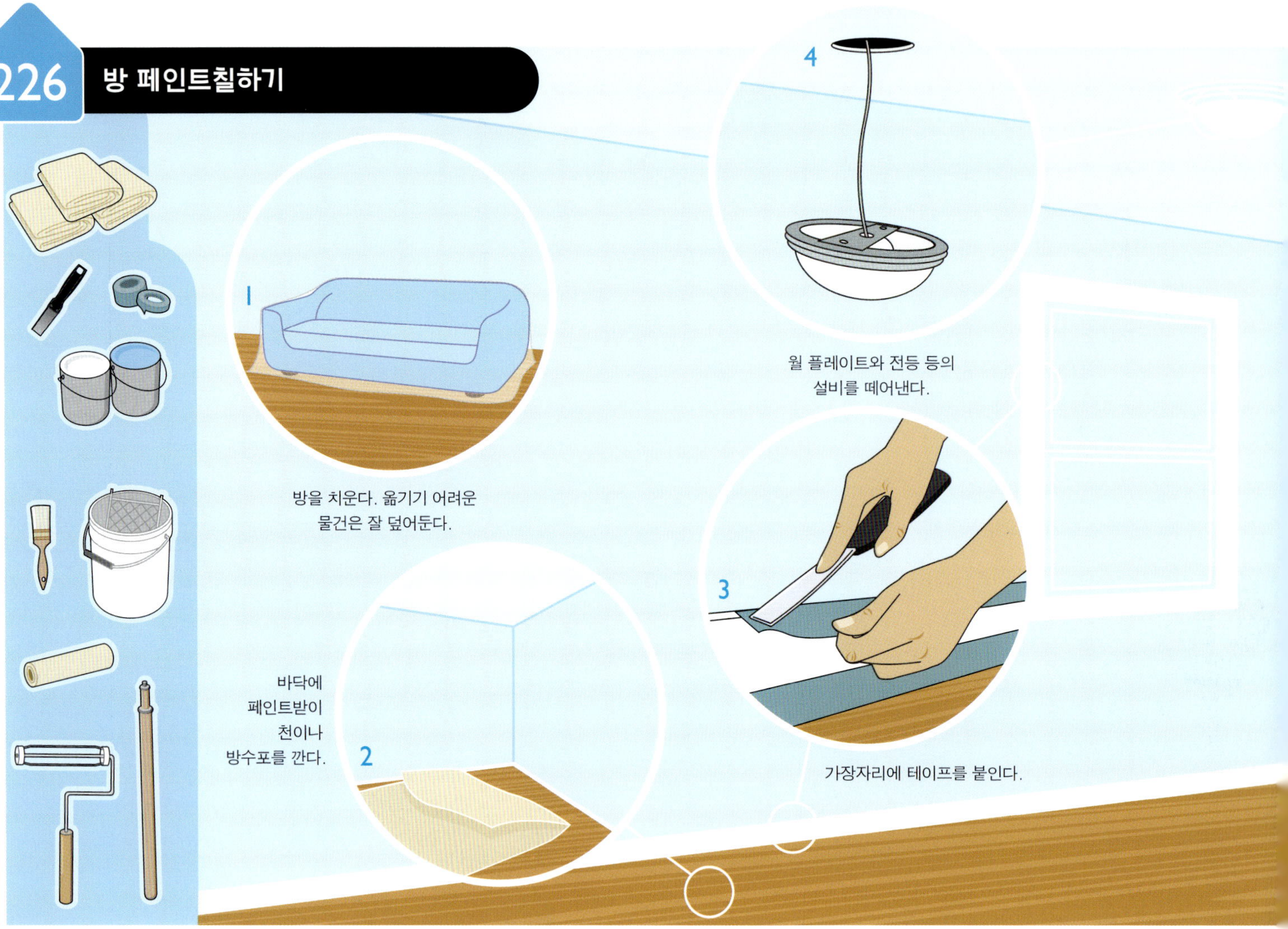

1. 방을 치운다. 옮기기 어려운 물건은 잘 덮어둔다.
2. 바닥에 페인트받이 천이나 방수포를 깐다.
3. 가장자리에 테이프를 붙인다.
4. 월 플레이트와 전등 등의 설비를 떼어낸다.

227 줄무늬로 페인트칠하기

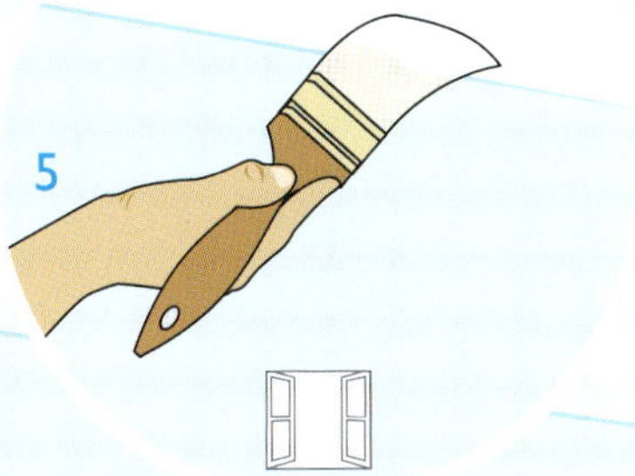

5. 천장부터 시작한다. 롤러를 사용할 수 없는 모서리는 붓을 이용해 바른다.

6. 롤러에 핸들 익스텐션을 달아서 남은 천장을 모두 칠한다.

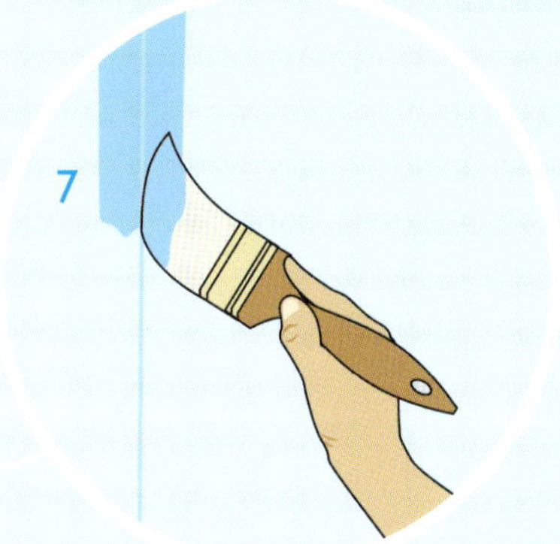

* 페인트를 묻힐 때는? 롤러를 페인트에 담근 후에 받침 위로 한번 굴린다.

7. 천장이 다 마르면 벽을 칠한다. 잘 닿지 않는 모서리는 붓으로 칠한다.

8. 'W' 자로 칠하면 페인트가 골고루 묻어서 표면이 매끈해진다.

스펀지에 페인트를 묻혀 두드려 표현하기 — 228

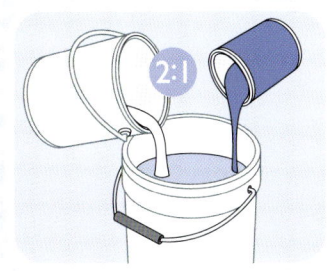

유약과 페인트를 섞는다.

덩어리지지 않도록 붓에 페인트를 묻혀 스펀지에 칠한 뒤 문지른다.

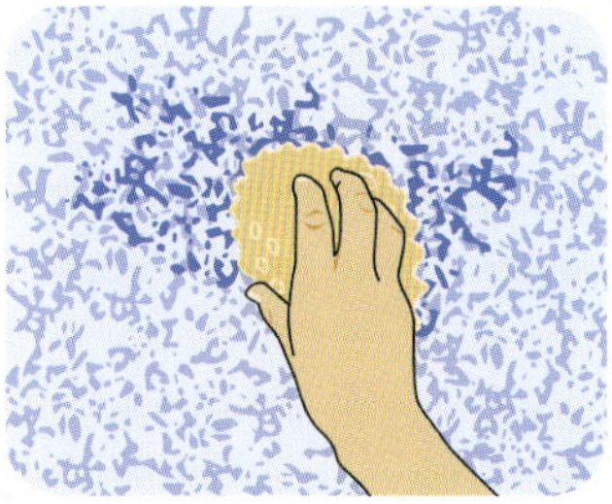

질감 있게 표현하려면 여러 겹으로 칠한다.

229 열장이음 방식으로 연결하기

핀 보드에 표시한다.

모서리를 자른다.

필요 없는 부분을 끌로 깎고 줄로 다듬는다.

테일 보드에 대고 그린다.

테일 보드를 잘라낸다. 그리고 연결한다.

469 음악 톱으로 신나게 연주하기

 핀 보드에 휠 게이지를 놓고 테일과 핀의 깊이를 표시하는 선을 긋는다. 무른 나무는 테일과 핀의 기울기를 1:6으로, 단단한 나무는 1:8로 한다.

230 벽에 기본 선반 설치하기

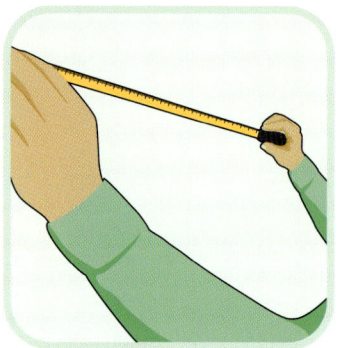

선반을 달고 싶은 높이에 표시한다.

선반의 길이를 잰다.

브래킷을 설치할 위치를 잰다.

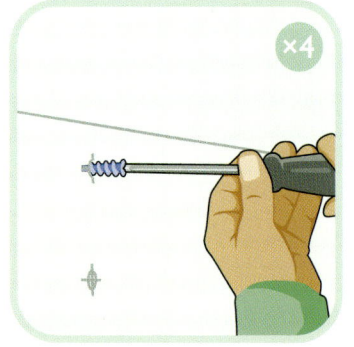
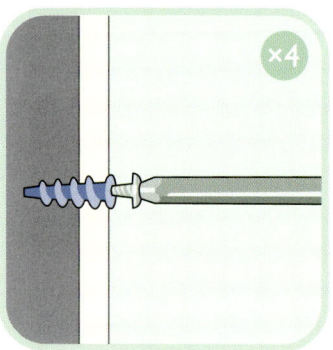
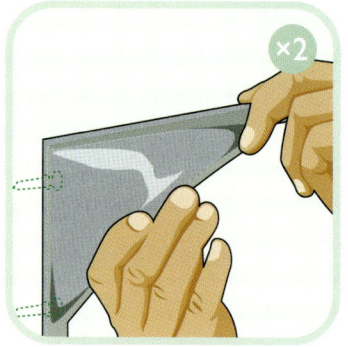

샛기둥이 없으면 앵커를 돌려 박는다.

앵커에 나사를 박는다.

나사에 브래킷을 맞춘다.

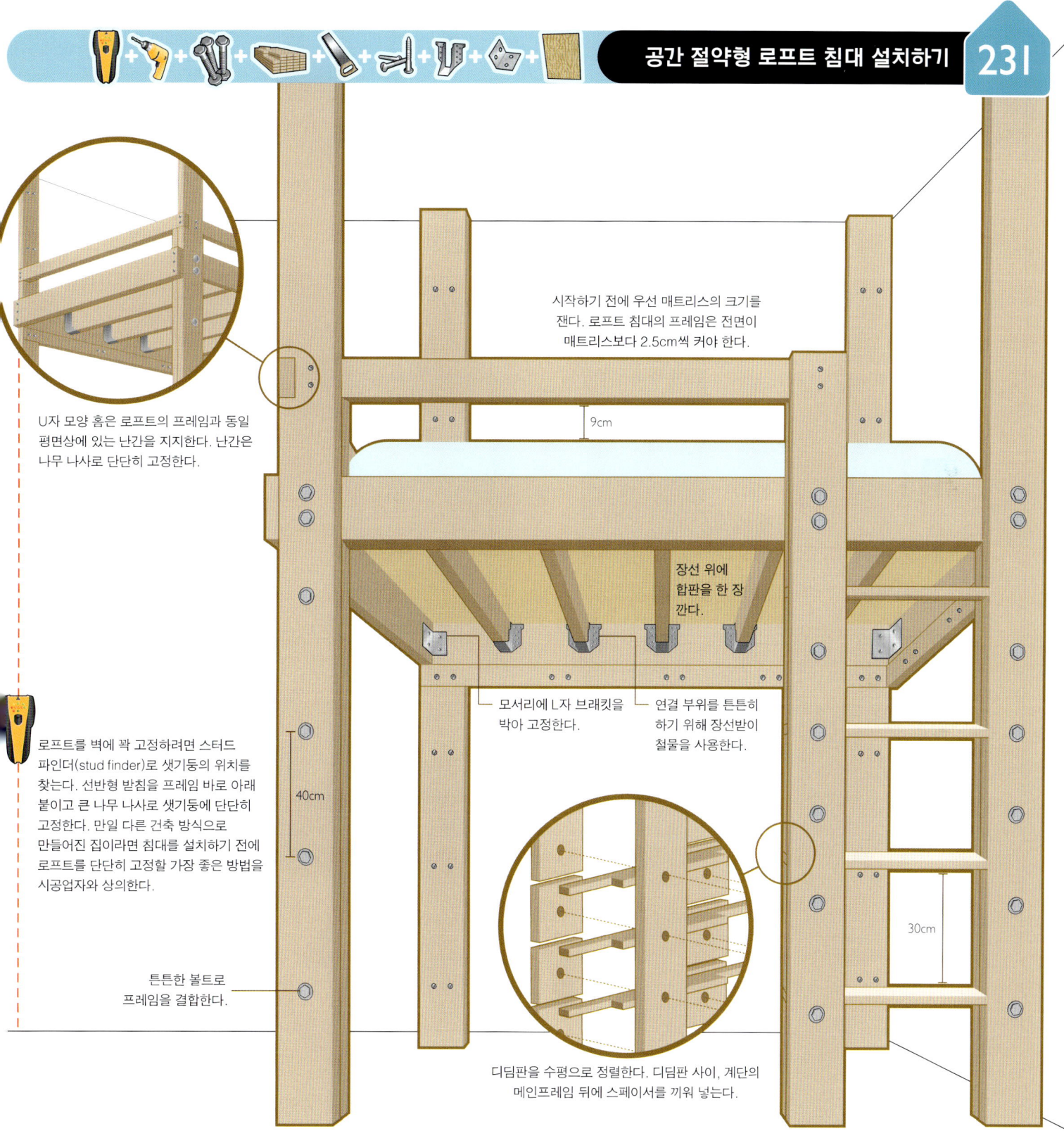

232 덮어씌운 형태의 침대 헤드보드 만들기

 + +  +  +  +

1. 합판을 침대 크기에 맞게 자른다.

2. 발포 고무를 앞쪽에 붙인다.

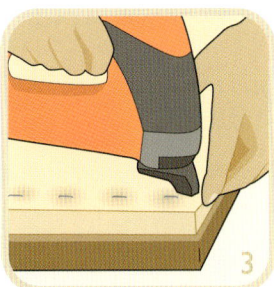

3.

4. 13cm

5. 위쪽 한가운데를 스테이플러로 고정한다.

6. 왼편과 오른편을 번갈아 가면서 스테이플을 박는다. (30cm)

7, 8. 같은 방법으로 아래쪽도 마무리한다.

233 침대 맵시 있게 정돈하기

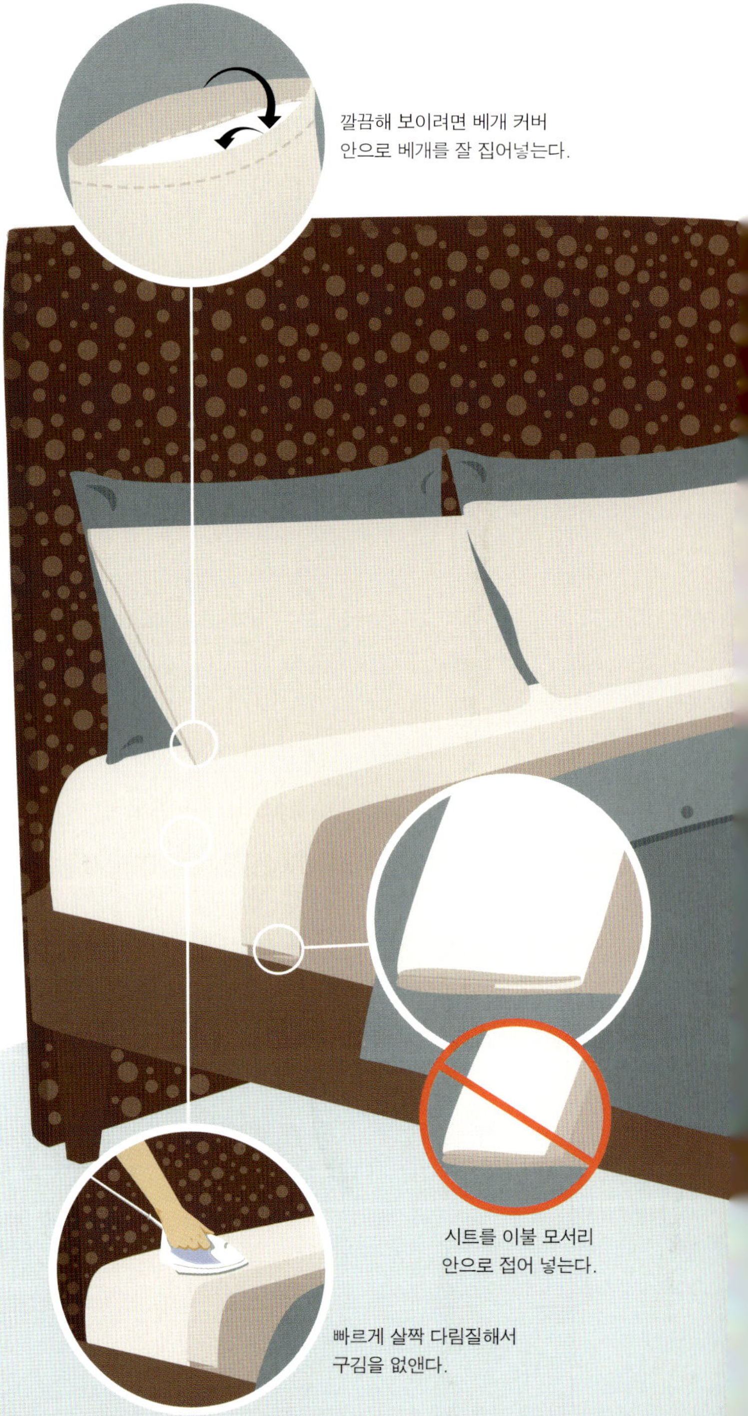

깔끔해 보이려면 베개 커버 안으로 베개를 잘 집어넣는다.

시트를 이불 모서리 안으로 접어 넣는다.

빠르게 살짝 다림질해서 구김을 없앤다.

침대 시트 모서리 완벽하게 접어 넣기 · 234

시트를 팽팽하게 잡아당긴다.

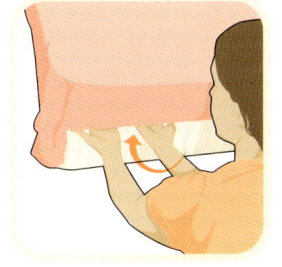

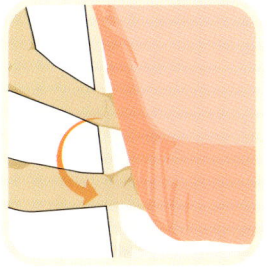

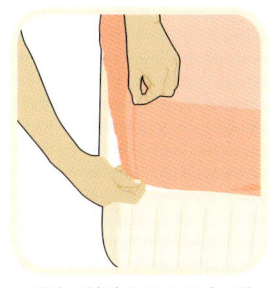

접힌 부분의 주름을 똑바르게 정돈한다.

나머지 모서리도 같은 방법으로 정리한다.

깨끗하게 시트 접기 · 235

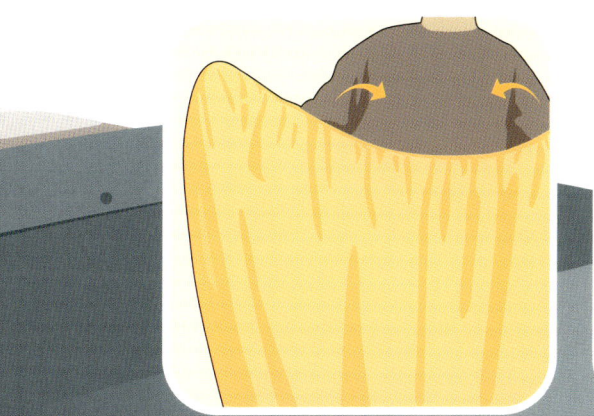

한쪽 모서리를 다른 쪽 모서리에 집어넣는다.

모서리를 가볍게 두드린다.

세로로 삼등분해서 접는다.

가로로 반으로 접는다.

236 오래된 컴퓨터로 어항 꾸미기

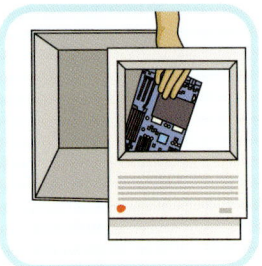
금속성 부품을 모두 제거한다.

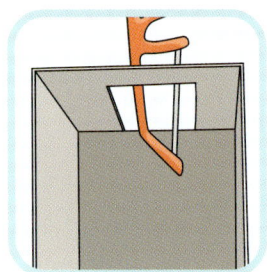

아크릴판을 컴퓨터 케이스에 맞게 자른다.

붙인다.

확인한다. 새는 부분이 있으면 다시 봉합한다.

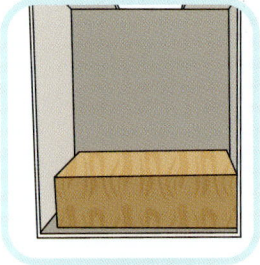
받침대를 넣는다.

물과 어항용 약품을 넣는다.

286 코이 연못 조성하기

안에 넣고 케이스를 닫는다.

237 튜브를 엮어 의자 만들기

 +

494 외발자전거 타이어 위를 걷기

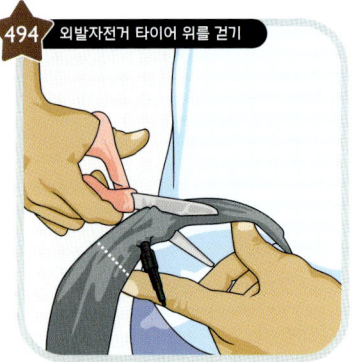
튜브에 있는 밸브를 잘라낸다.

잡아당겨서 프레임을 감싼다. 그리고 묶는다.

비닐봉지로 소형 깔개 만들기 238

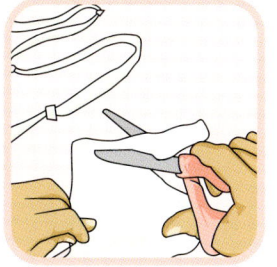

비닐봉지를 잘라낸 다음 한 줄로 묶는다.

틀 주위를 감는다.

뒷면에 매듭을 묶는다.

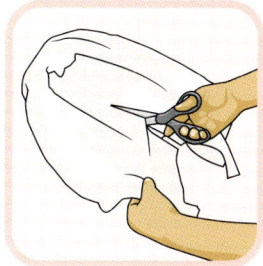

비닐봉지의 손잡이 부분을 자른다.

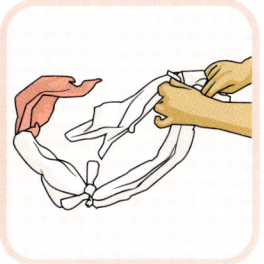

손잡이끼리 이어 묶는다.

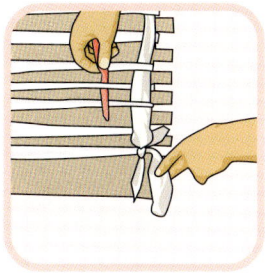

앞면에 매듭을 묶은 다음 엮어 짠다.

묶는다.

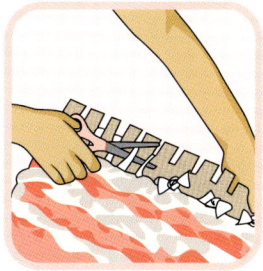

한 번에 두 줄씩 자르고 매듭을 묶는다.

가장자리를 잘라 다듬는다. 펴서 부풀린다.

전부 다 감싸질 때까지 계속한다.

다른 방향으로 엮는다.

매듭이 의자 밑면에 오도록 엮어 간다.

239 조광 스위치 달기

전등과 연결되는 전력을 차단한다.

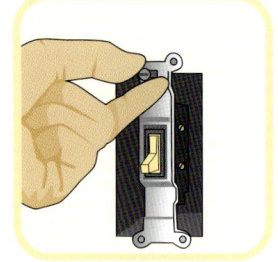

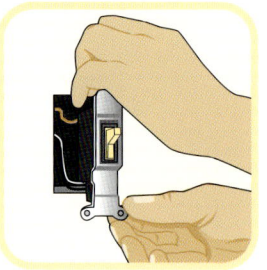

전선 세 가닥을 모두 푼다.

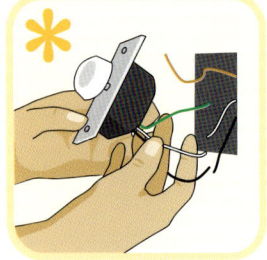
전선을 정렬한다.

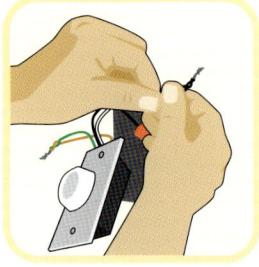
맞는 전선끼리 꼬아서 연결한다.

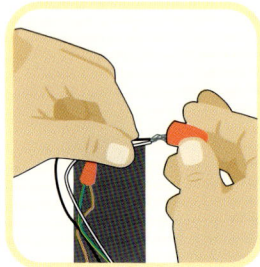
전선들을 와이어 너트에 넣는다.

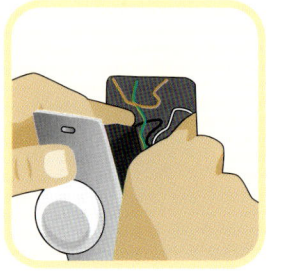
와이어를 잘 접어 박스에 다시 집어넣는다.

스위치와 덮개를 다시 단다.

 으, 이 많은 전선들! 그러나 조마조마해 할 필요 없다. 벽에 있는 콘센트 박스에 있는 전압선, 중성선, 접지선을 조광 스위치의 전선에 잘 맞게 간단히 연결만 하면 된다. 전압선은 검정, 중성선은 빨강, 접지선은 초록색과 구리색이다. 그 같은 색을 찾을 수 없다면 시도하기 전에 전문가에게 물어보거나 전압시험기를 사용해 어떤 전선이 무엇인지 확인한다.

 컴퓨터 용품점에 가면 손쉽게 와이파이 어댑터나 USB 케이블을 살 수 있다. 그러니 외딴 곳으로 가야 하는데 인터넷 없이는 살 수 없다면 어댑터와 케이블을 장만해 두도록 한다. 신호를 잘 잡으려면 약간의 재간이 필요할지도 모른다.

240 조리용 체로 와이파이 전파 강하게 만들기

체에 구멍을 낸다.

어댑터를 구멍에 끼운다.

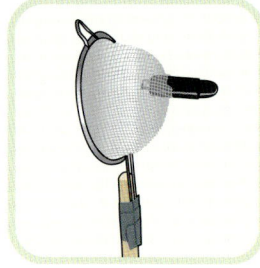
긴 장부촉에 테이프로 붙여 연결한다.

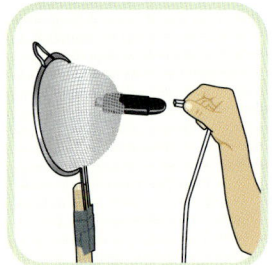
USB 케이블을 연결한다.

가장 신호가 잘 잡히는 곳을 찾아 움직인다.

어떤 재료로든 램프 만들기 241

6 언더라이터 매듭(underwriter's knob)으로 묶는다.

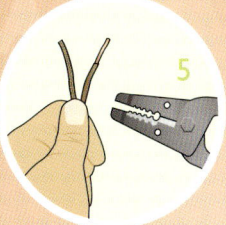
5 끝의 피복을 벗겨낸다.

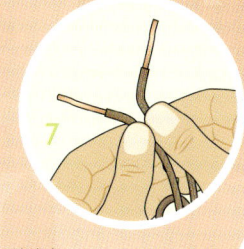
7 전선 표면이 매끄러운 전압선과 골이 져있는 중성선을 구별한다.

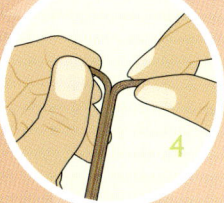
4 코드 위쪽 끝부분을 둘로 가른다.

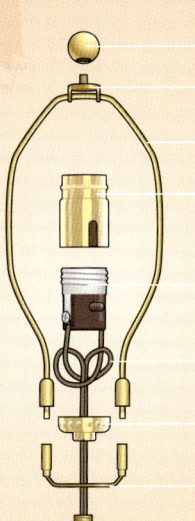

- 파이널
- 스터드
- 하프 모형 상단
- 소켓 외면
- 소켓 내면
- 언더라이터 매듭
- 소켓 캡
- 하프 모형 하단
- 목
- 고정 나사
- 램프 대

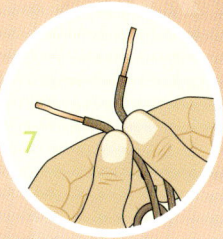
8 전압선을 금색 나사 밑에 감는다.

3 막대를 램프 밑동에 넣는다.

9 중성선은 은색 나사 밑에 감는다.

2 막대 속에 코드를 넣는다.

10 전선이 단단히 고정될 때까지 나사들을 꽉 조인다.

1 코드가 통과할 수 있도록 병의 옆면에 구멍을 뚫는다. (사용하고자 하는 램프 밑동의 재질에 맞춰 드릴의 날을 선택한다.)

샤르도네와 어울리는 음식 104

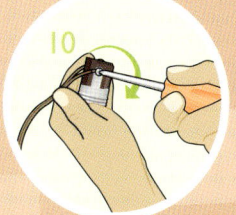
11 소켓을 다시 조립한다.

플러그를 만든다.

242 막힌 변기 뚫기

물을 거의 다 퍼낸다.

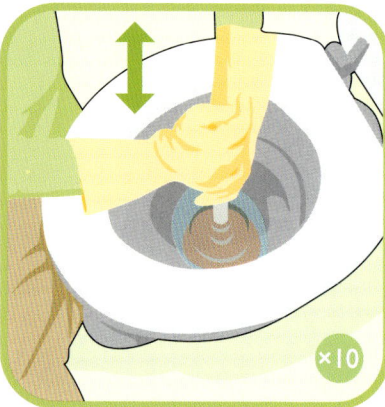
위아래로 펌프질한다.

옷걸이를 풀어서 변기 구멍에 비틀어 넣는다.

옷걸이를 빼내고 관통기를 집어넣는다.

돌린다. 잡아당겨서 막힌 부분을 뚫는다.

물이 흘러내려가기 시작하면 변기 물을 내린다.

243 하수관으로 빨려 들어간 귀중품 찾기

 +  +

물을 잠근다.

트랩에 있는 너트를 푼다.

210 보석의 원석 커팅 방식 선택하기

트랩을 빼낸 다음 물건을 찾는다.

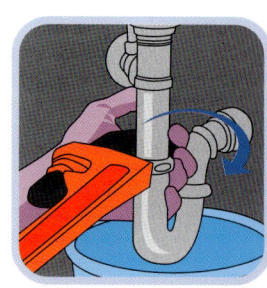
트랩을 다시 연결한다.

줄줄 새는 샤워기 꼭지 고치기 244

렌치에 테프런 테이프를 감는다.

샤워기 꼭지를 파이프에서 풀어낸다.

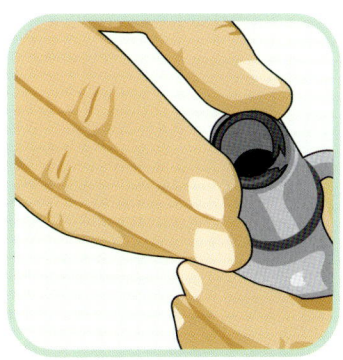
오링(O-ring)이 훼손되었으면 빼낸다.

식초에 담가 막힌 부분을 없앤다.

테프런 테이프를 감는다.

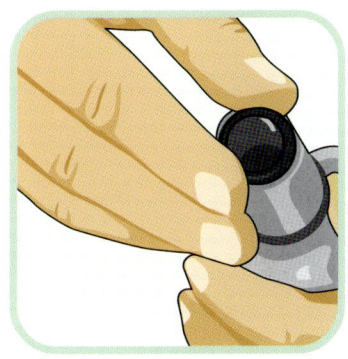
오링을 새것으로 교체한다.

샤워기 꼭지를 다시 붙인다.

천천히 조인다.

물이 새는 변기 수리하기 245

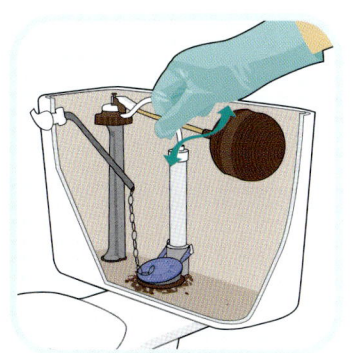
지지봉을 한쪽으로 치운다.

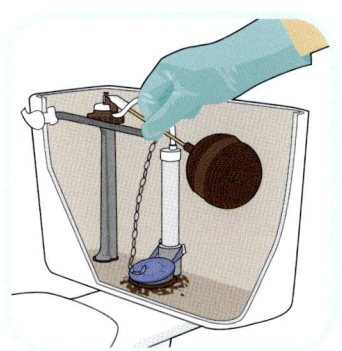
물 내리는 손잡이에 연결된 지지대와 체인을 조절한다.

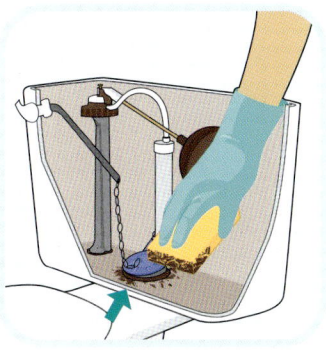
사이폰 마개를 깨끗이 닦는다.

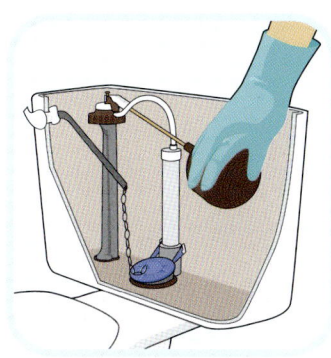
부력구가 새지 않는지 확인한다.

246 날마다 집 청소하기

- 침대를 정돈한다.
- 어지럽혀져 있는 물건, 쓰레기, 설거지거리를 정리한다.
- 탁자, 세면대, 샤워부스를 잘 닦는다.

247 일주일에 한 번씩 집안 정리하기

- 침대 시트를 새로 바꾼다.
- 세면대가 반짝반짝하도록 박박 문질러 닦는다.
- 먼지를 털고 청소기를 돌리고 걸레질을 한다.
- 빨래를 한다. 그리고 잊지 말고 쓰레기를 버린다.

276 이로운 생물 끌어들이기

248 계절이 바뀔 때마다 대청소하기

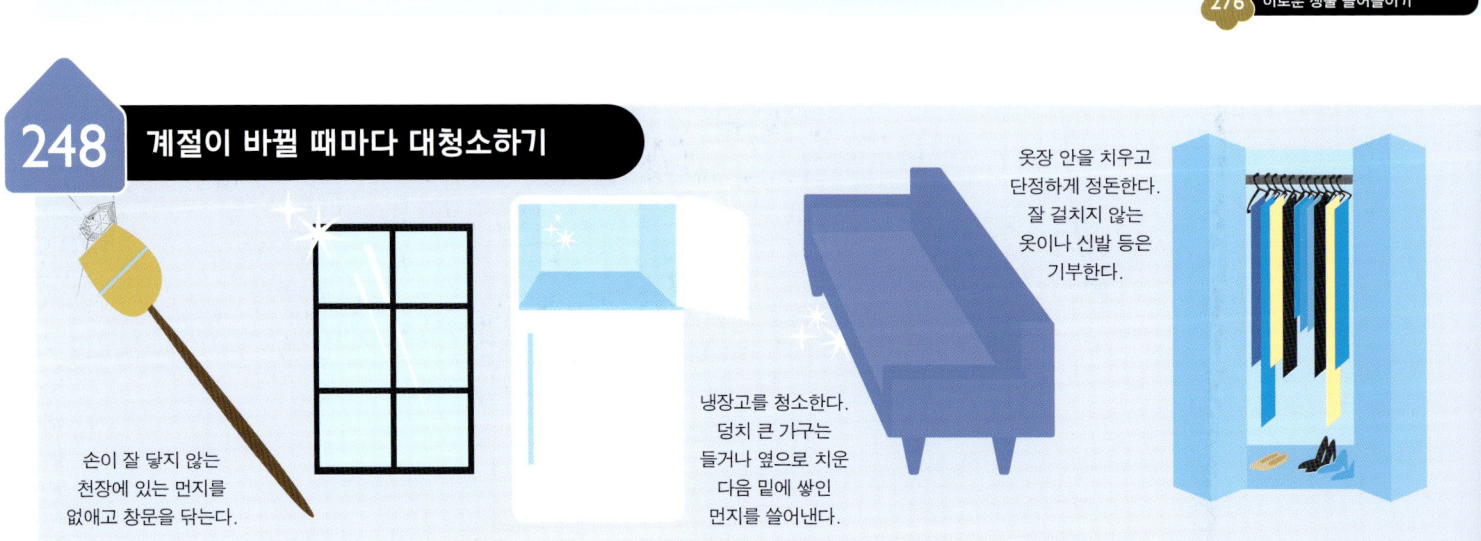

- 손이 잘 닿지 않는 천장에 있는 먼지를 없애고 창문을 닦는다.
- 냉장고를 청소한다. 덩치 큰 가구는 들거나 옆으로 치운 다음 밑에 쌓인 먼지를 쓸어낸다.
- 옷장 안을 치우고 단정하게 정돈한다. 잘 걸치지 않는 옷이나 신발 등은 기부한다.

천연 재료로 세척하기 249

250 풍수(風水) 활용하기

명성과 평판
이 공간을 반짝반짝한 크리스털로 장식한다.

218 집 전체를 로맨틱하게 꾸미기

사랑과 연애
여기에는 물건을 한 쌍씩 짝지어 놓는다.

부와 번영
여기에는 동전을 모아둔다. 부가 부를 낳는다.

가족과 사랑하는 사람들
나무로 된 물건을 놓는다.

창조성과 자식
여기에 철로 된 물건을 놓으면 생식 능력이 좋아진다.

기술과 지식
이곳에는 양초를 밝혀 놓는다.

직업
정수기나 음수대 또는 물을 찍은 사진을 놓는다.

여행과 탐험
여행지의 사진을 놓는다.

'팔괘'라고 부르는 이 도표의 맨 아래 부분을 현관문에 맞추어 놓고 이 팔괘가 공간 전체에 덮여 있다고 상상하라. 그리고 삶에서 자신에게 가장 중요하게 여기는 영역에 행운이 따르도록 가재도구를 배치한다.

행운
집 설계가 그다지 좋지 못한가? 그렇다면 깨끗하고, 흐르고, 자연적이며, 살아 있는 물건을 들여놓아 공간을 더 매력적으로 만들어 본다.

거울은 방에서 방으로 빛과 에너지를 반사한다.

낮 시간에는 커튼을 열어놓 긍정적인 빛과 에너지가 집 가득 채우도록 하라. 밤에 커튼을 쳐서 에너지가 집안 머무르도록 한다.

액운
긍정적인 에너지가 끊임없이 자유롭게 흐르도록 하려면 죽거나, 깨지거나, 부자연스럽거나, 더럽거나, 좋은 힘을 막는 물건들은 치우도록 한다.

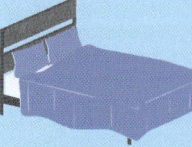

철재로 된 침대는 전기를 전도시키므로 양기가 흐르는 것에 방해가 될지도 모른다

스머징으로 집 정화하기 | 251

*미국 원주민들이 종교적 의례에 쓰던 향초의 일종.

영혼이 떠날 수 있도록 문을 열어 둔다.

세이지 스머지 스틱*에 불을 붙인다.

조개 껍데기 안에 넣는다.

좋은 생각을 하면서 들고 흔든다.

비벼서 끈다.

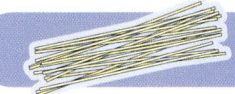

성 브리지드*의 십자가로 수호하기 | 252

*성녀 브리지드 킬브라이드.

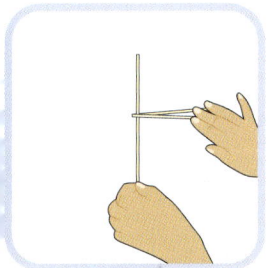

지푸라기 한 줄 위로 다른 지푸라기를 접는다.

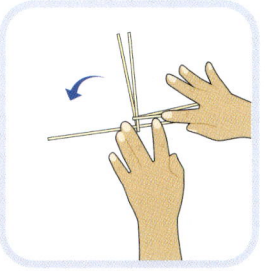

옆으로 돌린다. 지푸라기를 또 하나 접는다.

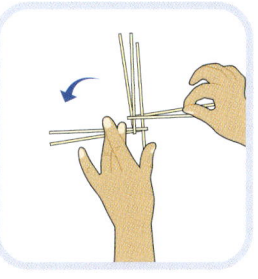

반복한다.

완성되면 끝을 묶는다.

출입문 위에 걸어둔다.

253 커튼의 기본 알기

창문이 너무 휑해서 뭔가 장식할 필요가 있다면? 커튼은 어떻게 다는지, 마감 장식과 손질방법을 잘 골라 어떻게 맵시 있게 연출하는지 배워보자.

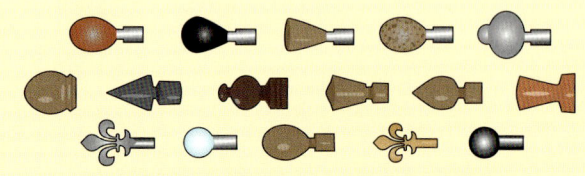

커튼 봉에 매력적인 마감 장식을 달아 마무리한다.

긴 커튼용 걸이로 고정한다.

| 묶기 | 탭 | 링 클립(ring clip) | 쇠고리(grommet) | 봉 주름(pocket rod) | 폭 좁은 주름(pinch pleat) |

← 격식 없는　　　　　　　　　　　　　　　　　　　　　격식 있는 →

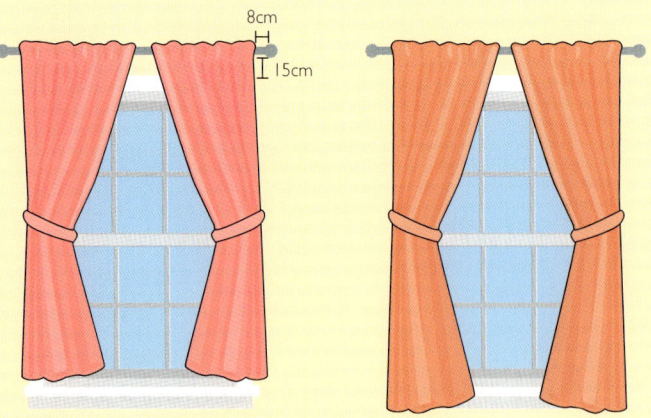

캐주얼한 커튼은 커튼 길이가 창틀이나 창턱에 오도록 맞춘다.

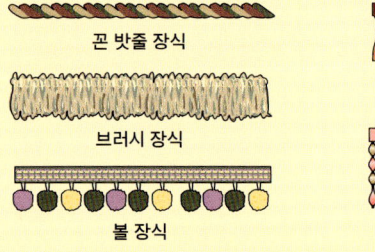

꼰 밧줄 장식
브러시 장식
볼 장식
술 장식
비즈 장식

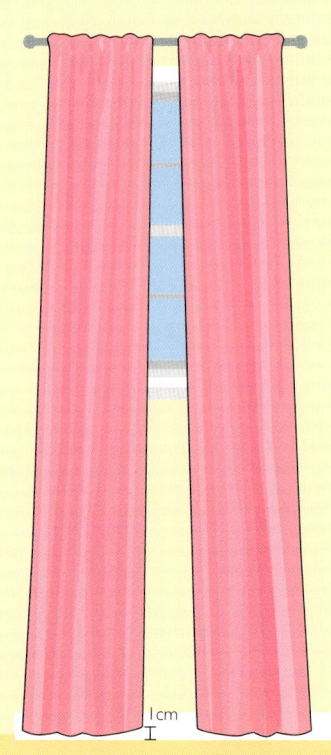
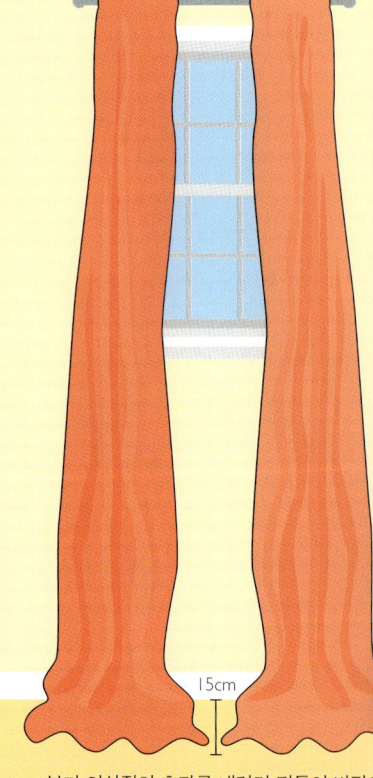

술이나 비즈처럼 전형적인 마감 장식으로 커튼을 장식한다. 아래 쪽 솔기에 간단히 박아 넣기만 하면 된다.

커튼 가장자리에 먼지가 묻어 더러워지는 것을 피하려면 커튼 길이가 바닥보다 조금 위로 오도록 만든다.

보다 인상적인 효과를 내려면 커튼이 바닥에 충분히 닿아 우아하게 넘실거리도록 만든다.

254 색다른 커튼 연출법

일단 커튼의 기본에 대해 알아봤으니, 이번에는 색다른 연출법에 대해 알아보자. 부엌 커튼을 카페 스타일로 연출하거나 응접실을 인상적인 비숍 슬리브로 꾸며 보는 것은 어떨까?

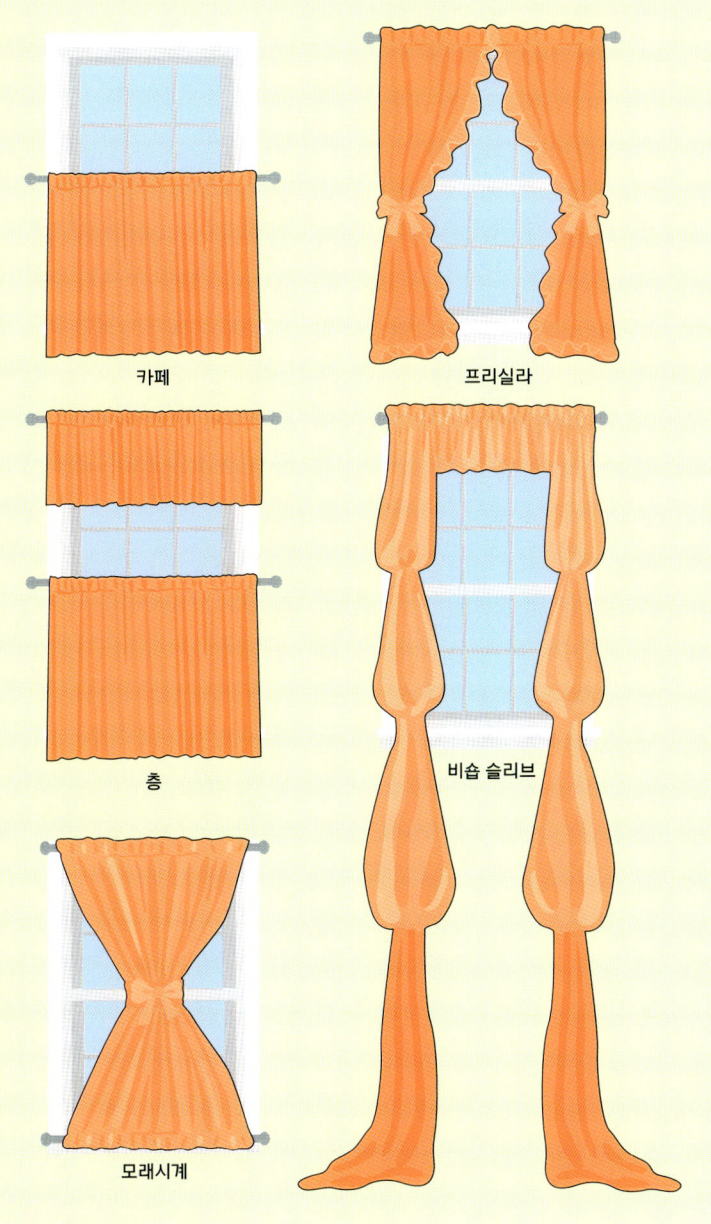

카페 · 프리실라 · 층 · 비숍 슬리브 · 모래시계

255 간단한 커튼 재봉해 만들기

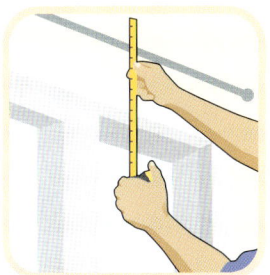
길이를 잰다. 너비를 두 배로 한다.

천을 자른다.

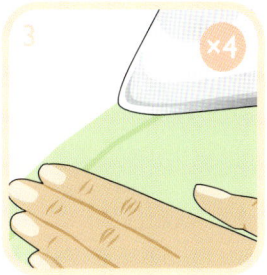
가장자리를 깨끗하게 접은 다음 다림질한다.

솔기를 접은 다음 다림질한다.

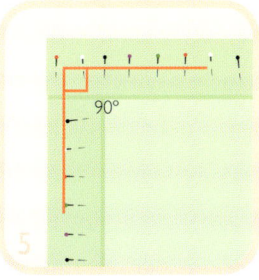
모서리를 단정하게 정돈한다.

가장자리를 따라 재봉질한다.

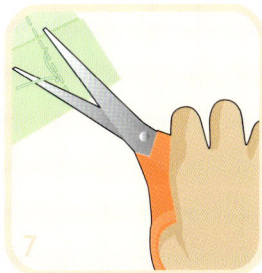
뒤쪽에서 실을 매듭짓고 남은 실은 자른다.

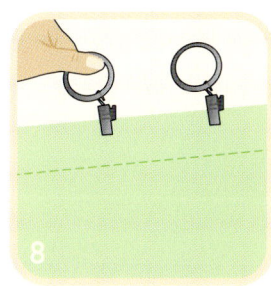
클립을 달고 건다.

256 어도비 점토로 벽돌 만들기

흙과 물을 섞은 다음 흔든다.

그대로 놔둔다. 결과를 확인한다.

벽의 크기를 정한다.

작업 공간을 만든다.

재료를 섞어 혼합물을 만든다.

잘 섞일 때까지 밟는다.

진흙을 주형틀에 넣는다.

벽돌을 평평하게 놓는다.

옆으로 세워 둔다.

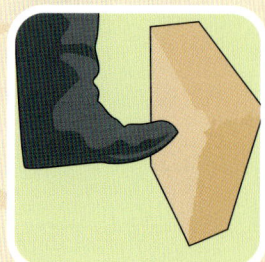
발로 차서 강도를 시험한다.

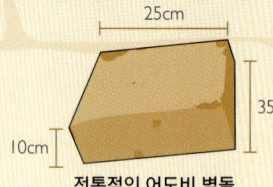
전통적인 어도비 벽돌 (25cm × 35cm × 10cm)

어도비 벽돌 혼합물을 섞기 전에 흙 샘플을 테스트해서 흙에서 뭔가 중요한 성분이 빠져 있는 것은 아닌지 확인한다. 일반적으로 어도비의 가장 이상적인 배합은 모래 70 대 진흙 30이다. 물과 지푸라기 여러 줌을 넣으면 두껍지만 모양이 잘 변하는 상태가 되는데, 그렇게 되면 사다리처럼 생긴 나무틀에 넣는다. 원하는 크기대로 다양한 벽돌을 만들 수 있기는 하지만, 전통적인 어도비 벽돌 사이즈가 가장 이상적이다.

257 어도비 벽 만들기

단단한 토대 만들기에서 시작한다.

진흙과 지푸라기 모르타르를 섞는다.

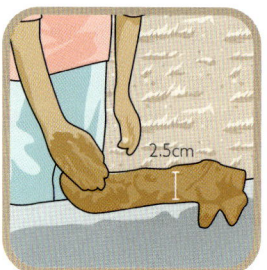
모르타르를 펴 바른다.

벽돌을 모르타르 위에 올려놓는다.

석회 도료를 덧바른다.

대나무 울타리 치기 258

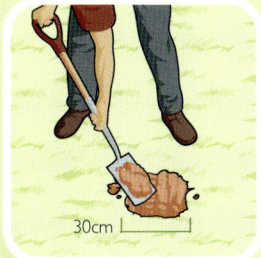
울타리 말뚝을 박을 구멍을 판다.

말뚝을 박고 수평으로 만든다.

구멍을 메운 다음 꾹꾹 다져 넣는다.

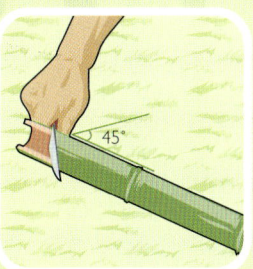
가로대를 자른다.

가로대에 구멍을 뚫는다.

말뚝에 나사를 돌려 박는다.

기둥을 잘라서 제 위치에 놓는다.

땅에 박는다.

이음매를 전부 묶는다.

방부제를 발라 마무리한다.

* 자연적인 밀봉 효과가 생기도록(그리고 울타리가 오래 가도록) 하려면, 대나무 기둥을 자를 때 격막 바로 위를 자르도록 한다.

대나무 울타리 이음매 묶기 259

연결 부위 주위를 엮는다.

이음매 뒤쪽에서 꼰다.

앞쪽으로 가져온다.

대각선으로 교차시킨다.

이음매 뒤쪽에서 매듭을 묶고 끈을 자른다.

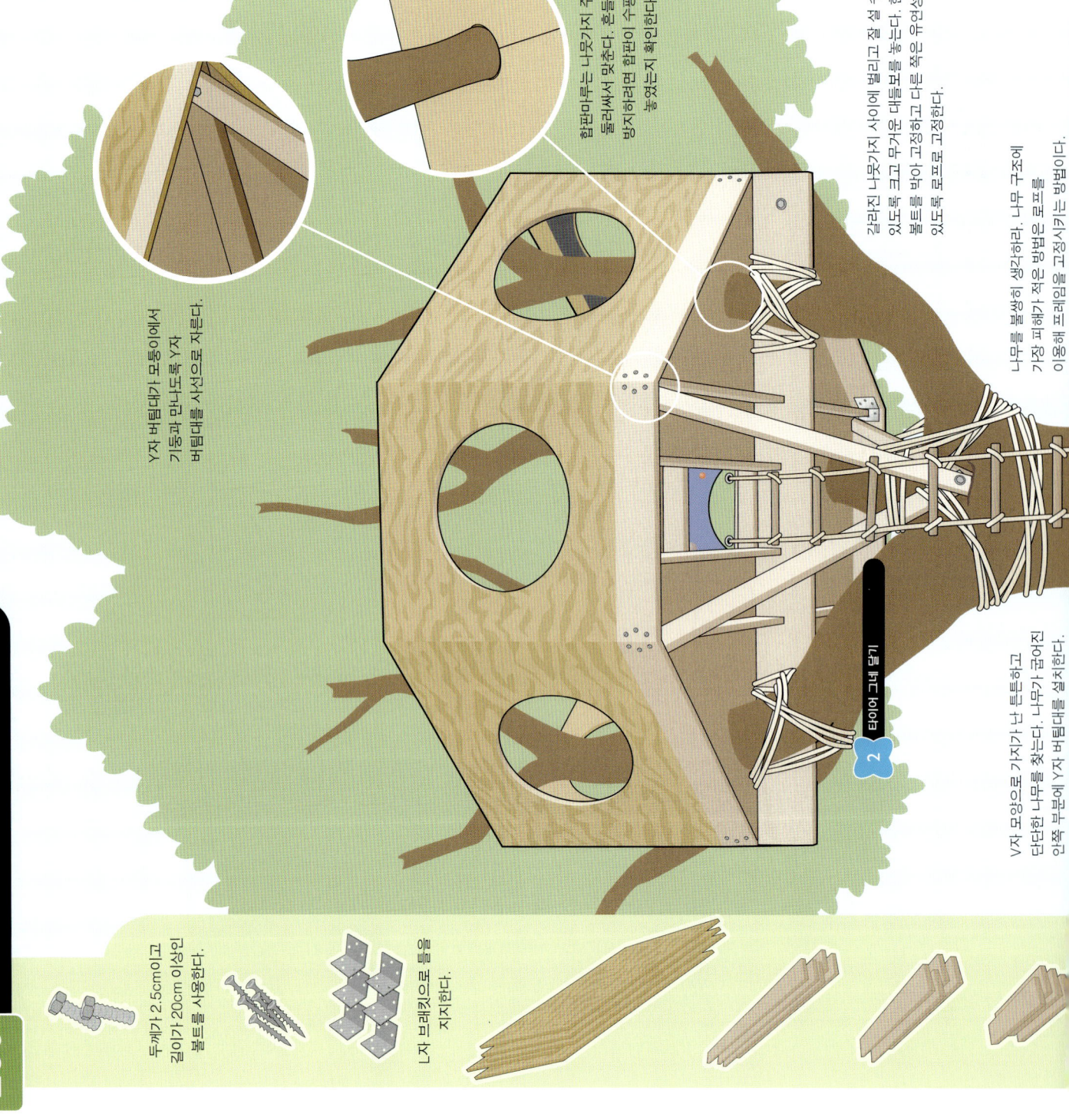

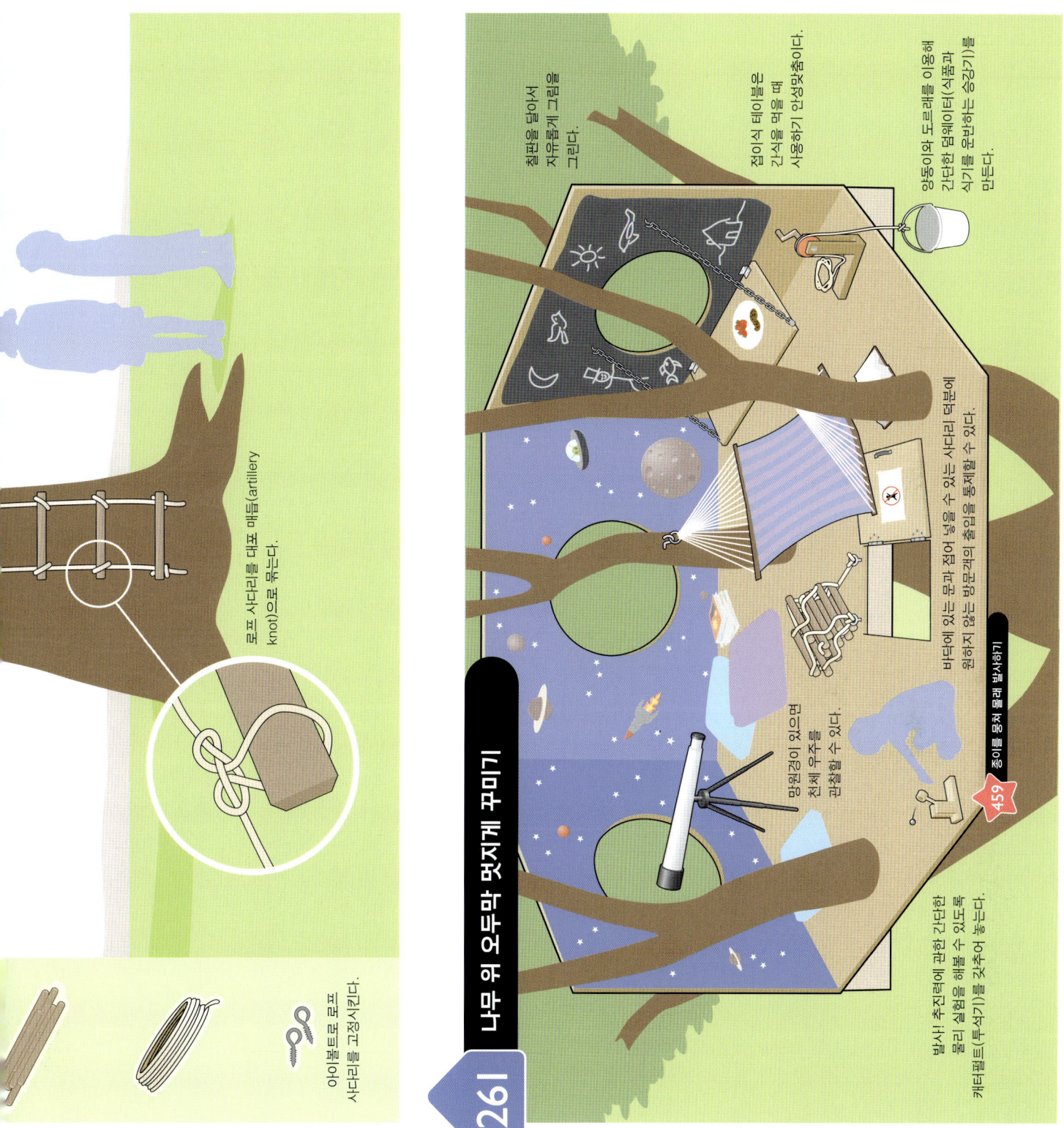

262 아보카도 나무 기르기

65 과카몰리 만들기

 ## 화분갈이 263

화분에서 화초를 분리한다.

구멍 위에 그물망을 올린다.

흙을 꾹꾹 눌러 담는다.

물을 주어 뿌리가 자리 잡도록 한다.

 ## 뿌리가 화분에 꽉 찬 화초 분갈이하기 264

겉쪽에 있는 뿌리를 매만져 가지런히 한다.

바닥에 둥그렇게 말려 있는 뿌리를 가지런히 편다.

분갈이한다.

265 뿌리에 흙이 묻지 않은 나무 심기

 + + + +   +

뿌리를 잡아당겨 편다.

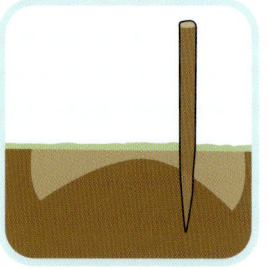
둔덕에 말뚝을 박는다.

맨 위가 수평이 되어야 한다.

톱밥, 퇴비 등으로 덮어 뿌리 덮개를 씌운다.

귤

키 라임

메이어 레몬

블러드 오렌지

포멜로

루비 그레이프프루트

금귤

부다즈 핸드 시트론

266 감귤나무 접붙이기

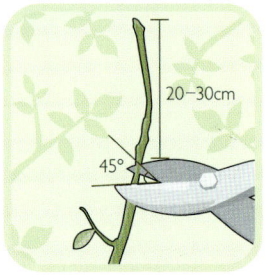
싹눈이 있는 곳을 골라서 자른다.

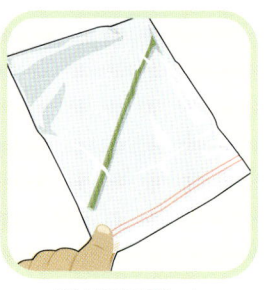
비닐봉지에 담는다.

냉장고에 넣어 보관한다.

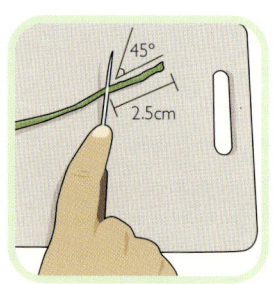
싹눈을 자른다.

절개한다.

장미나무 가지치기 267

갈색으로 변하거나 홈이 생긴 줄기를 자른다.

수평으로 누운 줄기를 제거한다.

아주 얇은 줄기를 제거한다.

안쪽에 있는 줄기를 자른다.

대각선으로 난 줄기를 자른다.

기생 식물의 흡기(吸器)가 보이면 전부 뽑아낸다.

바깥쪽으로 난 싹의 윗부분을 자른다.

건강한 조직이 있는 곳까지 가지를 친다.

실란트를 바른다.

꽃병 모양을 만든다.

부토니에르 만들기 215

캐비지 로즈

다마스크 로즈

알바 로즈

갈리카 로즈

버뮤다 로즈

보르봉 로즈

티 로즈

차이나 로즈

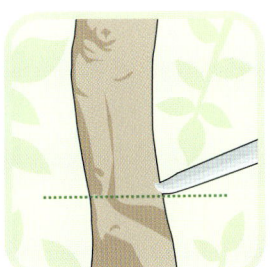
T자 모양으로 자른다.

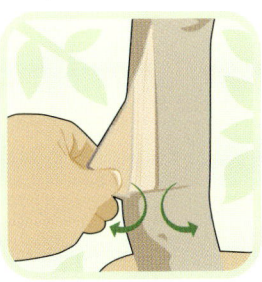
벌어진 부분을 벗긴다.

나무껍질에 싹눈을 잘 집어넣는다.

테이프를 떼어낸다.

268 알뿌리 식물 적당한 깊이에 심기

식물	꽃 높이	심는 깊이
베고니아	15–25cm	5cm
프리지어	38–55cm	8–10cm
크로커스	8–13cm	8–10cm
아이리스	60cm	10cm
작은 달리아	30cm	10cm
히아신스	30cm	15cm
칼라 백합	35–60cm	15cm
수선화	30–45cm	15cm
얼리 튤립	25–33cm	15cm

269 묘목 옮겨심기

분형근(盆形根)이 있는지 확인한다.

어룽거리는 빛 아래에 둔다.

직사광선이 있는 곳에 둔다.

흐린 날에 옮겨 심는다.

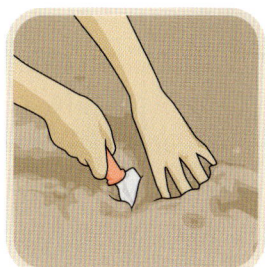
모종밭을 뒤집는다.

적당한 간격을 둔다.

흙으로 덮는다.

처음에는 매일 물을 준다.

 묘목을 옮겨 심을 때가 되었는지 알아보려면 막대기로 조심조심 하나씩 꺼내서 분형근(뿌리와 흙으로 된 덩어리)과 별모양으로 된 나뭇잎('본엽'이라고 불린다)이 보이는지 살핀다. 그리고 나면 묘목을 차츰 직사광선이 있는 곳에 조금씩 노출시키고 분형근보다 두 배 정도 큰 구멍에 심는다. 서리가 내릴 시기가 지났는지도 반드시 확인한다.

270 잘라낸 가지로 화초 키우기

    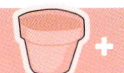

눈 바로 아래를 자른다.

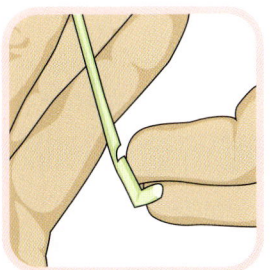
V자 모양으로 자르고 구부린다.

뿌리 배양 호르몬에 담근다.

모래와 초탄(草炭)을 섞은 흙에 심는다.

덮어서 수분이 날아가지 않도록 한다.

271 일본식 정원 만들기

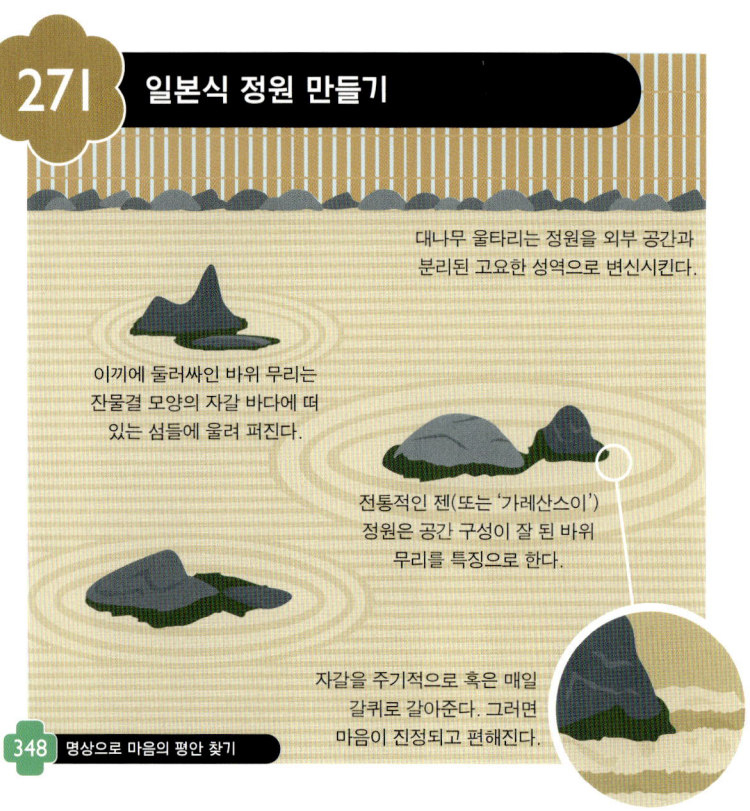

대나무 울타리는 정원을 외부 공간과 분리된 고요한 성역으로 변신시킨다.

이끼에 둘러싸인 바위 무리는 잔물결 모양의 자갈 바다에 떠 있는 섬들에 울려 퍼진다.

전통적인 젠(또는 '가레산스이') 정원은 공간 구성이 잘 된 바위 무리를 특징으로 한다.

자갈을 주기적으로 혹은 매일 갈퀴로 갈아준다. 그러면 마음이 진정되고 편해진다.

272 프랑스식 파테르 정원 설계하기

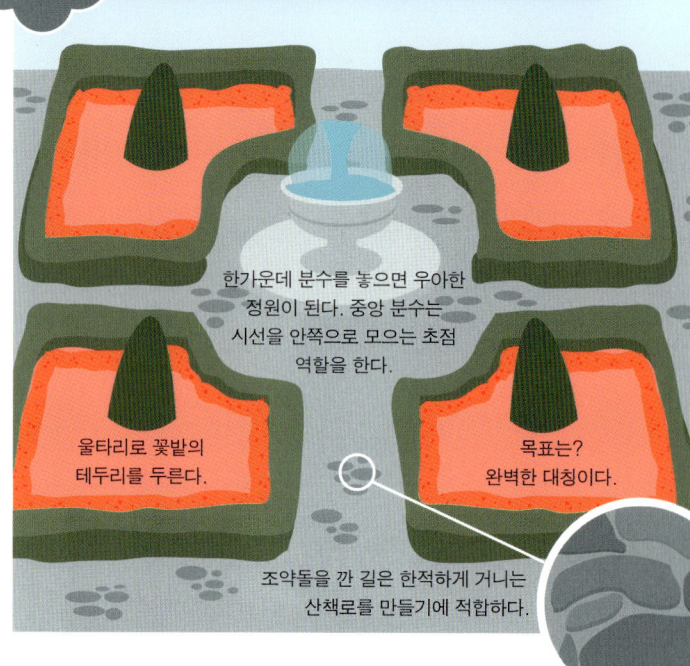

한가운데 분수를 놓으면 우아한 정원이 된다. 중앙 분수는 시선을 안쪽으로 모으는 초점 역할을 한다.

울타리로 꽃밭의 테두리를 두른다.

목표는? 완벽한 대칭이다.

조약돌을 깐 길은 한적하게 거니는 산책로를 만들기에 적합하다.

273 식용 식물로 정원 꾸미기

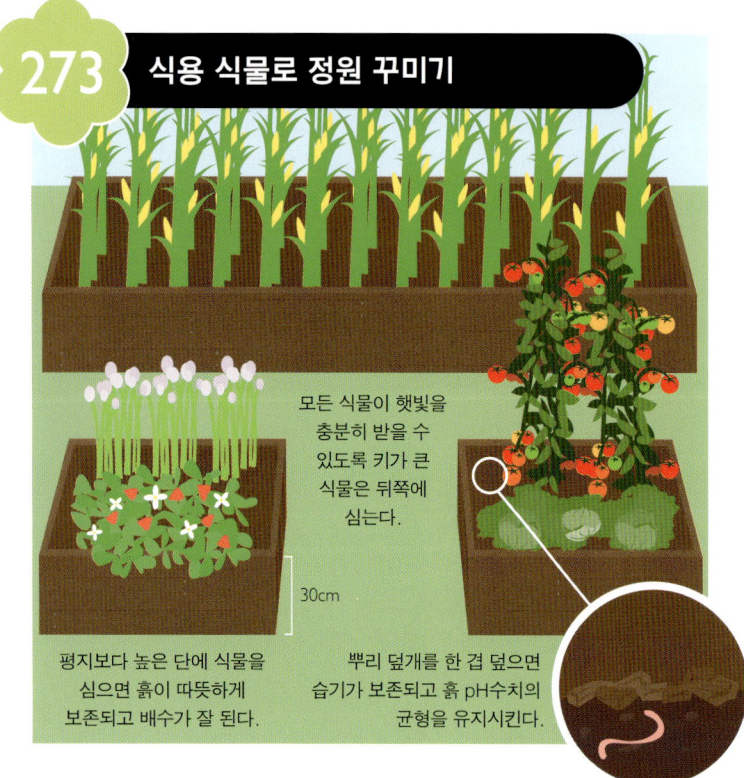

모든 식물이 햇빛을 충분히 받을 수 있도록 키가 큰 식물은 뒤쪽에 심는다.

30cm

평지보다 높은 단에 식물을 심으면 흙이 따뜻하게 보존되고 배수가 잘 된다.

뿌리 덮개를 한 겹 덮으면 습기가 보존되고 흙 pH수치의 균형을 유지시킨다.

274 다육 식물로 정원 조성하기

물이 잘 흘러내리도록 다육 식물을 경사진 곳에 심는다.

다양성과 시각적인 즐거움을 위해 특이한 색깔과 모양의 식물을 나란히 배치한다.

배수가 잘 되도록 흙, 모래, 부석(浮石)을 같은 비율로 섞는다.

뒤뜰에 침입하는 유해 짐승과 곤충 쫓기 — 275

칠리 고추 깍둑 썰기 66

매운 고추로 토끼와 다람쥐를 쫓아낸다.

벌레를 쫓으려면 바질이나 로즈마리 같은 허브를 심는다.

비누, 로즈마리, 그 밖의 향으로 동물의 예민한 후각을 무력화한다.

파인트 잔에 맥주 따르기 134

달팽이는 우리 생각과 달리 맥주를 싫어하지 않는다. 사실은 맥주를 아주 좋아해서 그 속에 퐁당 빠져버린다.

개미 언덕 때문에 골치를 썩고 있는가? 한 언덕에 있는 개미를 다른 언덕으로 옮겨 놓아라. 그러면 서로 쫓아낼 것이다.

이로운 생물 끌어들이기 — 276

벌새 · 붉은색 꽃 · 나비 · 부들레아 · 꿀벌 · 라벤더 · 무당벌레 · 서양가새풀 · 너구리 · 쓰레기

새에게 간식 만들어주기 — 277

땅콩버터 260g

옥수수 가루 320g
귀리 180g

동그랗게 빚는다.
딱딱해질 때까지 식힌다.

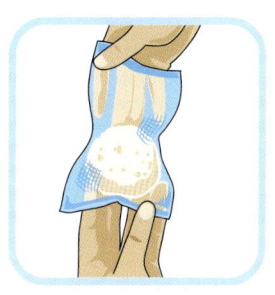
그물망으로 된 주머니에 넣는다.

걸어 놓는다. 그리고 찾아오는 새를 즐겁게 맞이한다.

278 양봉 벌통 설치하기

꿀벌은 나무 그늘 사이로 비치는 햇빛에서 가장 번창한다. 양봉장을 나무 밑에 설치한다.

- 겉 뚜껑
- 속 뚜껑
- 얕은 벌통
- 격왕판(隔王板)
- 깊은 벌통
- 밑판
- 벌통 받침대

여왕벌

일벌

수벌

연기로 벌을 진정시키고 그 틈에 꿀이 얼마나 모였는지 살펴볼 수 있다.

큰 나무나 담장이 있으면 이웃집에 벌이 날아가는 것을 막을 수 있다.

333 벌에 쏘인 상처 처치하기

훈연기

양봉 도구

279 개미 사육 상자 만들기

작은 유리병을 같은 높이의 폭넓은 유리병에 집어넣는다. 넓은 유리병 뚜껑에 구멍을 낸다.

개미 언덕을 찾아서 일개미들, 여왕개미, 개미 알을 채집한다. 그러나 불개미는 피한다.

흙과 일개미들을 병 안쪽의 가장자리로 조심스럽게 쏟아 넣는다.

여왕개미와 알은 가장 마지막에 넣는다.

꿀벌은 해가 뜨면 꿀을 모으기 시작하므로 양봉 벌통을 동향으로 설치한다.

투펠로 (미국 니사나무)

오렌지 꽃

라벤더

클로버

꿀벌도 물을 마셔야 한다. 근처에 물가가 없으면 양동이나 접시 등에 물을 떠 놓는다.

야생화

약솜을 물에 담가두고 빵 조각을 꿀에 흠뻑 적신다.

솜과 빵조각을 유리병에 담는다.

개미들이 굴을 더 빨리 뚫을 수 있게 하려면 지하처럼 느껴지도록 병을 종이로 감싼다.

종이를 가끔씩 치우고 진행 과정을 확인한다.

280 염소 젖 짜기

잘 달래서 채유장으로 데려간다.

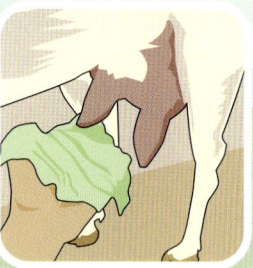
따뜻한 물로 씻는다.

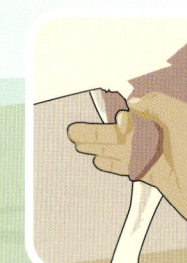

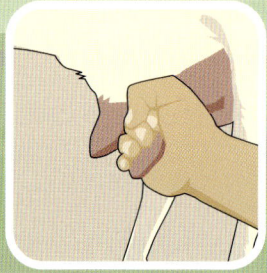
한쪽 방향으로 꽉 쥔다.

첫 번째로 나온 젖은 옆으로 흘려버린다.

젖꼭지가 줄어들면 멈춘다.

281 젖병으로 새끼 양 우유 먹이기

 +

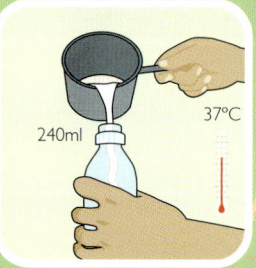

새끼양을 안고 달래준다.

목을 쓰다듬는다.

배가 너무 불러오기 전에 멈춘다.

말 빗겨서 손질하기 282

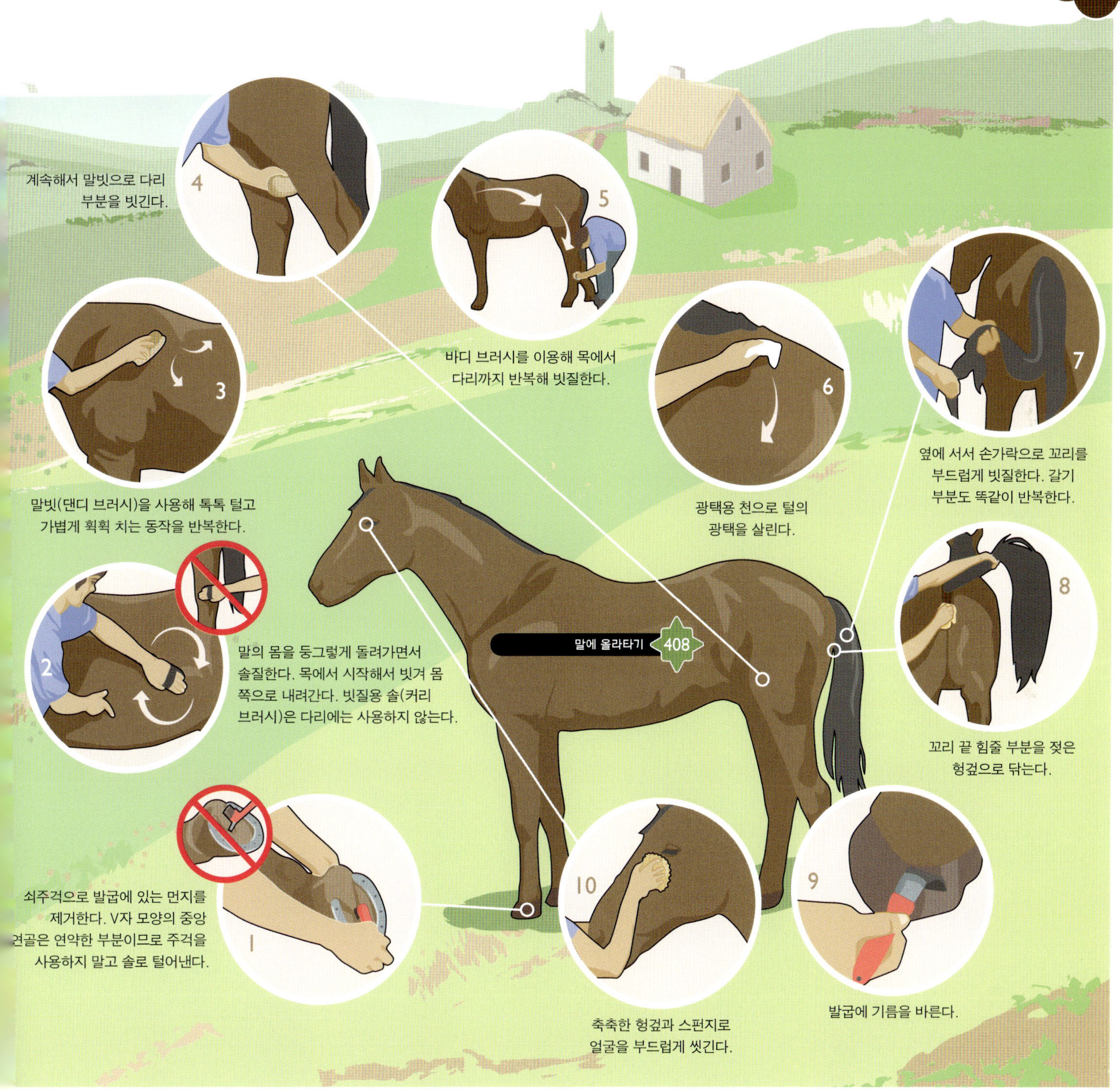

- 계속해서 말빗으로 다리 부분을 빗긴다. (4)
- 바디 브러시를 이용해 목에서 다리까지 반복해 빗질한다. (5)
- 말빗(댄디 브러시)을 사용해 톡톡 털고 가볍게 휙휙 치는 동작을 반복한다. (3)
- 광택용 천으로 털의 광택을 살린다. (6)
- 옆에 서서 손가락으로 꼬리를 부드럽게 빗질한다. 갈기 부분도 똑같이 반복한다. (7)
- 말의 몸을 둥그렇게 돌려가면서 솔질한다. 목에서 시작해서 빗겨 몸 쪽으로 내려간다. 빗질용 솔(커리 브러시)은 다리에는 사용하지 않는다. (2)
- 꼬리 끝 힘줄 부분을 젖은 헝겊으로 닦는다. (8)
- 쇠주걱으로 발굽에 있는 먼지를 제거한다. V자 모양의 중앙 견골은 연약한 부분이므로 주걱을 사용하지 말고 솔로 털어낸다. (1)
- 축축한 헝겊과 스펀지로 얼굴을 부드럽게 씻긴다. (10)
- 발굽에 기름을 바른다. (9)

말에 올라타기 408

283 칠리언 로즈 타란툴라에게 먹이주기

 +

귀뚜라미에게 먹이를 준다.

거미의 위치를 확인한다.

428 타란툴라 불에 굽기
한 번에 귀뚜라미 한 마리씩만 준다.

먹지 않은 귀뚜라미는 꺼낸다.

 혹시 타란툴라가 뒤로 뒤집혀서 거미줄을 치지는 않았는가? 만일 그렇다면 허물을 벗고 있는 것이므로 허물벗기가 끝날 때까지는 건드리거나 먹이를 주면 안 된다.(그렇게 하면 자기 껍질에 베일 수도 있다.) 타란툴라 거미는 보기에는 사나워 보여도 굉장히 민감한 동물이다.

284 상자 거북의 성별 구분하기

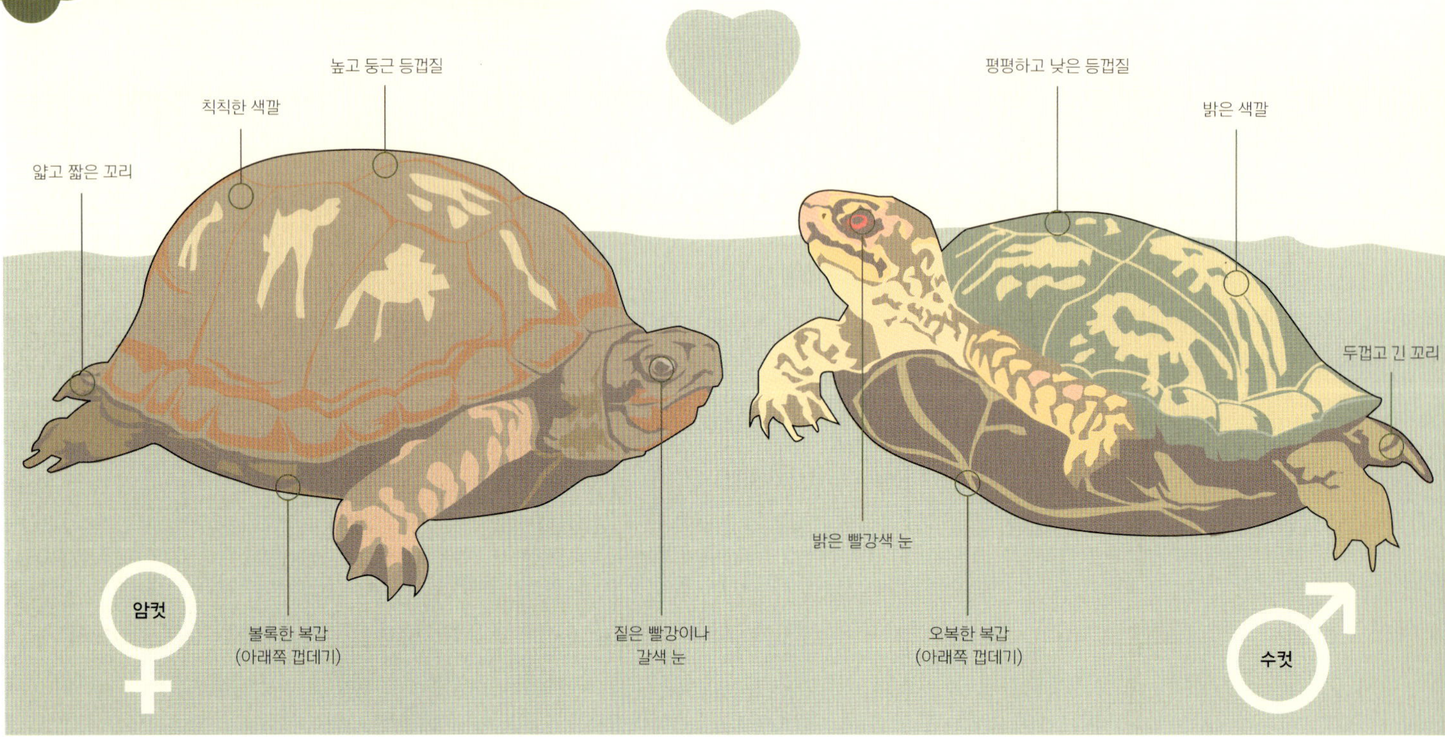

암컷
- 얇고 짧은 꼬리
- 칙칙한 색깔
- 높고 둥근 등껍질
- 볼록한 복갑 (아래쪽 껍데기)
- 짙은 빨강이나 갈색 눈

수컷
- 평평하고 낮은 등껍질
- 밝은 색깔
- 두껍고 긴 꼬리
- 오복한 복갑 (아래쪽 껍데기)
- 밝은 빨강색 눈

앵무새 목욕시키기 285

따뜻하고 밝은 시간대를 고른다.

앵무새 위로 분무를 한다.

날개를 퍼덕이면 좋아하는 것이다.

자연으로 마르고 스스로 단장하도록 놔둔다.

코이 연못 조성하기 286

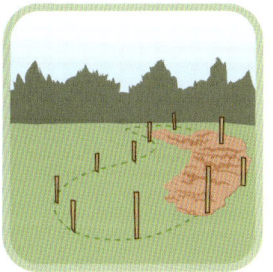
원하는 모양대로 표시한다.

단(壇)이 있는 구덩이를 판다.

모래와 종이를 깐다.

방수포를 씌운다. 물을 채운다.

가장자리에 바위를 두른다. 물고기를 넣는다!

고슴도치 안기 287

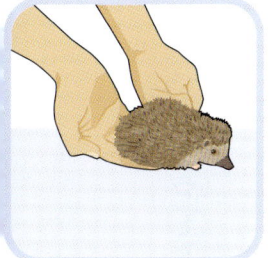
뒤쪽에서 재빨리 들어 올린다.

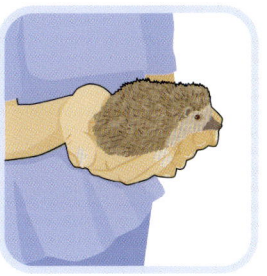
손에 동그랗게 모아 쥔다.

토끼 잡기 288

토끼 덫 놓기 429

엉덩이 쪽을 잡는다.

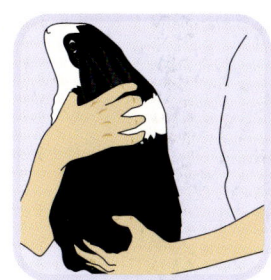
가슴에 가까이 붙여서 든다.

289 개 이빨 닦기

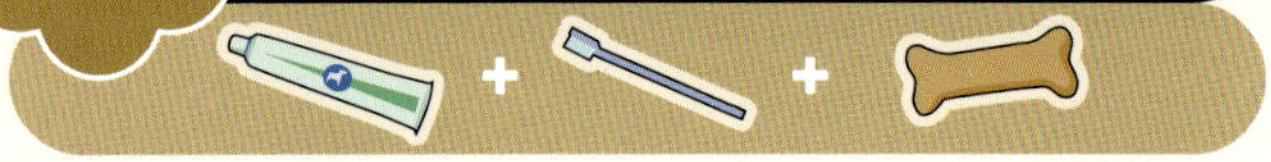

1. 편히 있을 때 접근한다.

2. 강아지 전용 치약을 사용한다.

3. 맛을 보게 한다.

4. 입을 들어 벌린다.

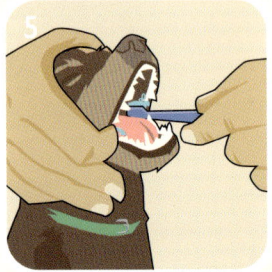
5. 위쪽 어금니를 닦는다.

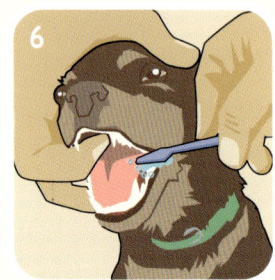
6. 아래쪽 어금니를 닦는다.

7. 이상이 없는지 확인한다.

8. 맛있는 것을 주고 칭찬하여 보상한다.

290 개의 보디랭귀지 이해하기

- 쭈뼛 선 털
- 밖으로 드러난 이빨
- 접어 넣은 꼬리

공격적임

- 구부정한 자세

겁먹음

- 핥기와 냄새 맡기
- 아래로 내린 꼬리

반가움

462 요요 기술 '땅강아지' 배우기

- 벌린 입
- 밑으로 낮춘 앞발

장난하고 싶음

291 낯선 개와 인사 나누기

1. 개를 만져 봐도 될까요?

2. 앞쪽에서 천천히 접근한다.

3. 개가 먼저 냄새를 맡도록 한다.

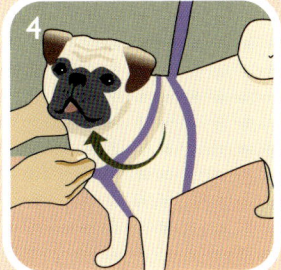
4. 턱 밑을 우선 쓰다듬는다.

- 옆으로 돌린 머리
- 드러낸 배
- 편안함

292 개에게 알약 먹이기

 +

1. 개의 기분이 좋아질 때를 기다린다.

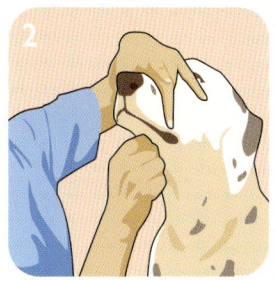
2. 코와 주둥이 부분을 잡는다.

3. 입을 비집어 연다.

4.

5. 입을 닫는다. 목을 문지른다.

6. 잊지 않고 보상한다.

293 개에게 목걸이 제대로 채우기

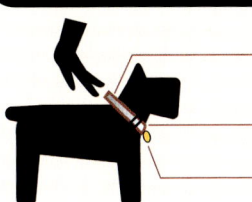
- 개 목걸이와 피부 사이에 손가락 두 개가 들어가야 한다.
- 분리 걸쇠는 목 졸림을 방지한다.
- 빛이 반사되는 태그에 개 이름과 주인 연락처를 적는다.

겁먹은 고양이와 친구 되기 296

손가락에 이유식을 묻힌다.

맛을 보게 한다.

일단 자기편으로 만들었으면 쓰다듬어준다.

고양이에게 약 먹이기 297

할퀴지 못하도록 수건을 덮는다.

입을 눌러서 벌리고 약을 집어넣는다.

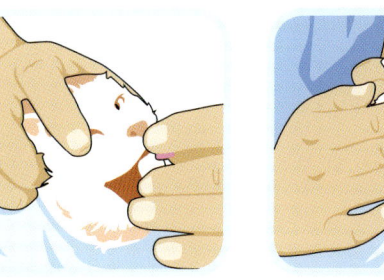
삼킬 때까지 문지른다.

보상으로 맛있는 것을 준다.

고양이 발톱 깎이기 298

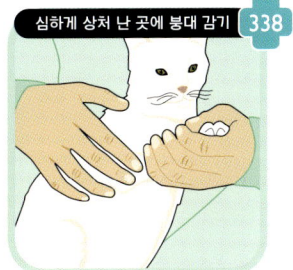

심하게 상처 난 곳에 붕대 감기 338

고양이가 편안하고 안정된 상태에서 시작한다.

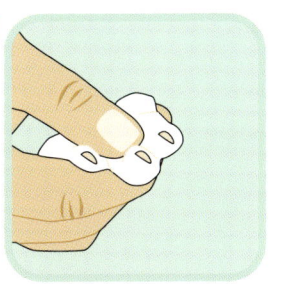
살짝 눌러서 발톱을 드러낸다.

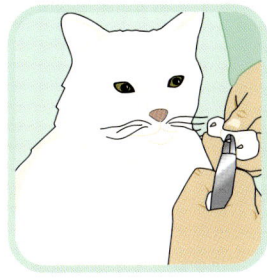
손톱깎이를 수직으로 잡는다.

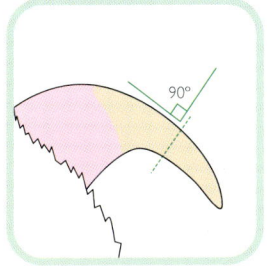
발톱 밑의 속살에 닿지 않게 자른다.

잘 참아준 고양이에게 먹을 것으로 보상한다.

299 아기 목욕시키기

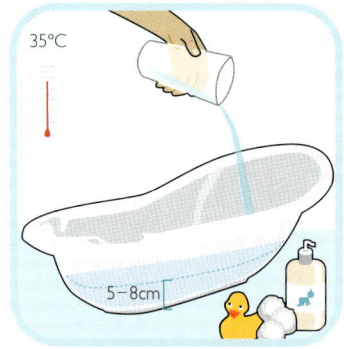

머리 뒤를 잘 받친다.

춥지 않게 따뜻한 물을 보충한다.

약솜으로 얼굴을 닦는다.

위에서 아래까지 앞쪽을 씻는다.

위에서 아래까지 뒤쪽을 씻는다.

두피를 조심스럽게 비누로 씻는다.

톡톡 두드려서 물기를 닦는다. 타월로 감싼다.

 아기가 물장구를 치며 앉아 있는 동안 아기에게서 절대 손을 떼어서는 안 된다. 그렇게 해야 아이를 물속에 빠뜨리는 사고를 방지할 수 있으며, 아기가 안정감을 느낀다. 또한 욕조에 아기를 혼자 놓아두고 자리를 떠서는 안 된다. 필요한 모든 용품은 손에 닿는 곳에 미리 준비해 둔다.

300 맛있는 이유식 만들기

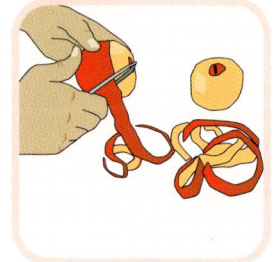
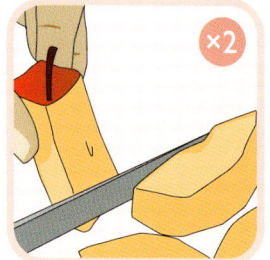

사과와 물을 넣고 끓인다.

부드러워질 때까지 으깬다. 그리고 식힌다.

초점 모빌 만들기 301

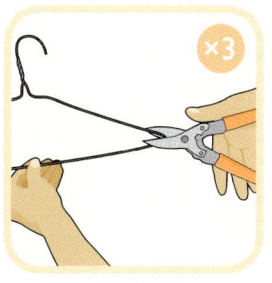
가로대를 잘라낸다.

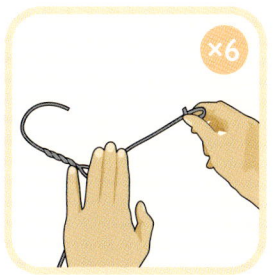

필요 이상으로 긴 부분은 잘라낸다.

옷걸이 세 개를 연결한다.

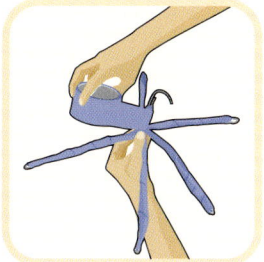
다 같이 테이프로 감는다.

판지에 풀로 붙인다. 쇠줄에 묶는다.

손에 닿지 않는 곳에 매단다.

밝은 색과 모양으로 바꾼다.

 모빌은 대단히 흥미롭다. 그래서 아기들은 어떻게라도 한번 만져보려고 애를 쓴다. 아기가 모빌 조각을 삼키는 위험을 방지하려면 케이블 타이(cable tie)나 길이 45cm 이하의 단단한 잠금장치를 사용하고 등을 이용해 꽉 조이고, 아기의 손이 전혀 닿지 않는 높이에 설치한다. 아기가 조금 더 크고 색깔을 구분할 수 있게 되면 흑백 모빌 조각을 알록달록하고 신기한 장식으로 바꾼다. 하지만 손이나 발을 스스로 밀어 올리게 되면 바로 모빌을 걷어낸다.

기저귀 가방 꾸리기 302

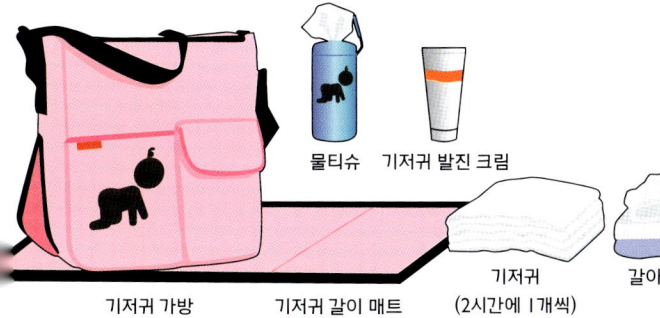

기저귀 가방 · 기저귀 갈이 매트 · 물티슈 · 기저귀 발진 크림 · 기저귀 (2시간에 1개씩) · 갈아입힐 옷

비닐봉지 (쓰레기 담는 용도)

젖병 2-3개

수첩

아기 간식

이불, 거즈 수건, 턱받이

치발기

공갈젖꼭지

303 갓난아기 속싸개로 폭 감싸기

아기 트림시키기 304

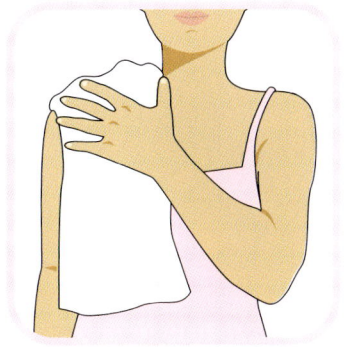 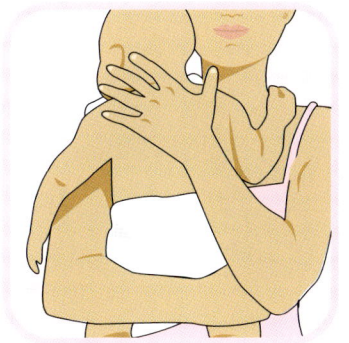 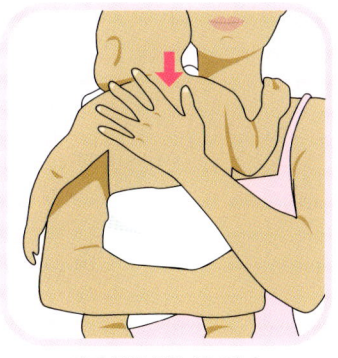 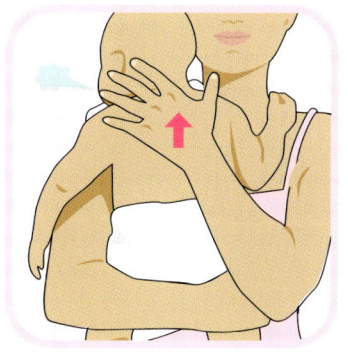

| | | 아기 등을 톡톡 두드린다. | 아기가 트림을 할 때까지 계속한다. |

영아 산통을 앓는 아기 마사지하기 305

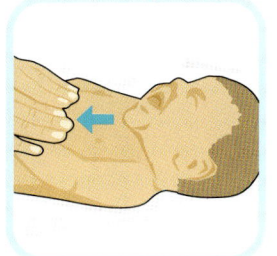 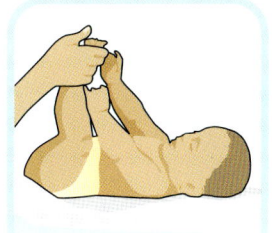 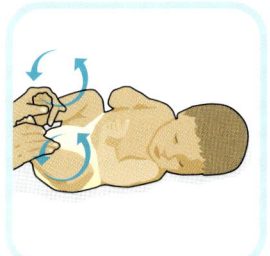  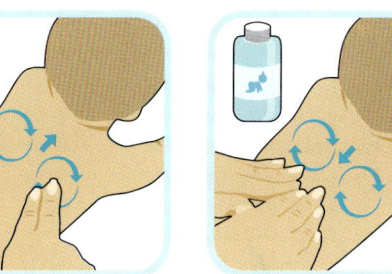

아기 배를 쓰다듬는다.   다리를 하나씩 들어 옆으로 움직여준다.   다리를 빙글빙글 돌린다.

천 기저귀 채우기 306

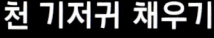

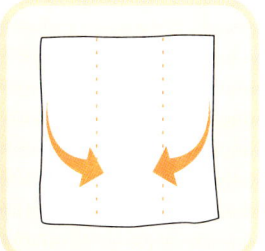 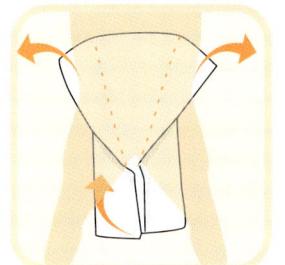 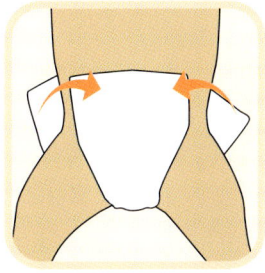 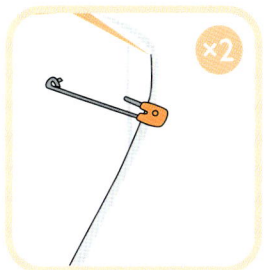 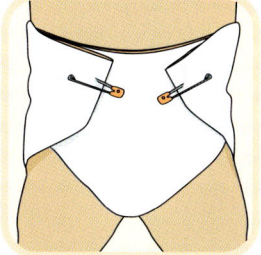

아기를 올려놓고 접는다.

307 아이에게 두발 자전거 가르치기

보호 장구를 착용시킨다.

보조바퀴를 매주 조금씩 올려 단다.

준비가 되면 보조바퀴를 뗀다.

발이 땅에 닿도록 높이를 조절한다.

384 펑크 난 자전거 타이어 때우기

탁 트인 경사가 있는 풀밭을 찾는다.

안장에 앉아 균형을 잡으면서 걷는다.

어깨를 잡아준다.

308 상상속의 괴물 퇴치하기

아이가 무엇을 무서워하는지 듣는다.

아이를 침대에 눕힌다.

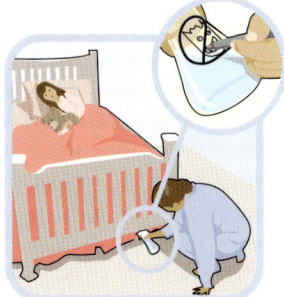
'괴물 퇴치제'를 뿌린다.

덫을 설치한다.

취침등을 켜놓는다.

309 아이 머리카락에 붙은 껌 떼어내기

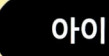

껌을 분리한다.

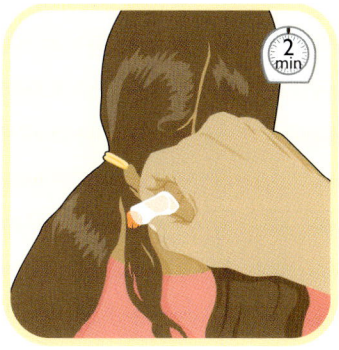
얼음을 대고 껌이 깨질 때까지 기다린다.

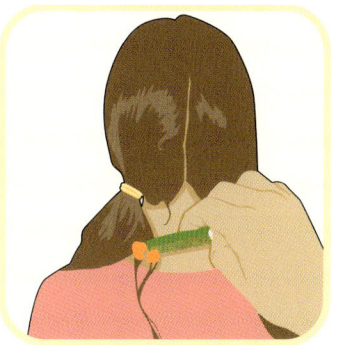
껌 조각을 빗어낸다.

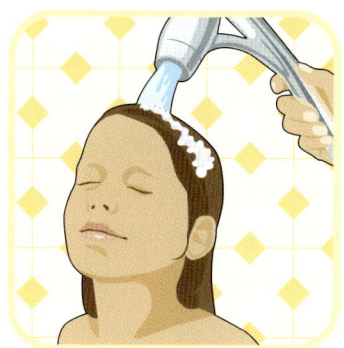

310 아이가 야채를 잘 먹게 만들기

식용 식물로 정원 꾸미기 273
야채를 함께 고른다.

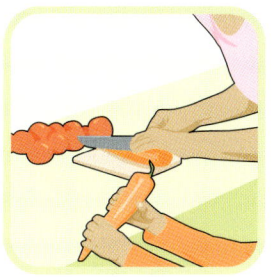
함께 야채를 다듬는다.

야채를 제일 먼저 차려 놓는다.

어른이 먹는 모습을 보인다.

야채로 재밌는 모양을 만든다.

311 문어모양 바나나 간식 만들기

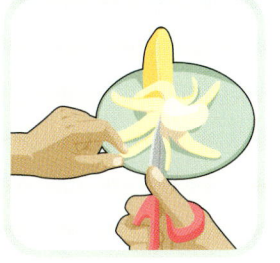
'다리' 여덟 개를 자른다.

눈을 만들 구멍을 낸다.

구멍에 건포도를 넣는다.

312 적당한 골프채 고르기

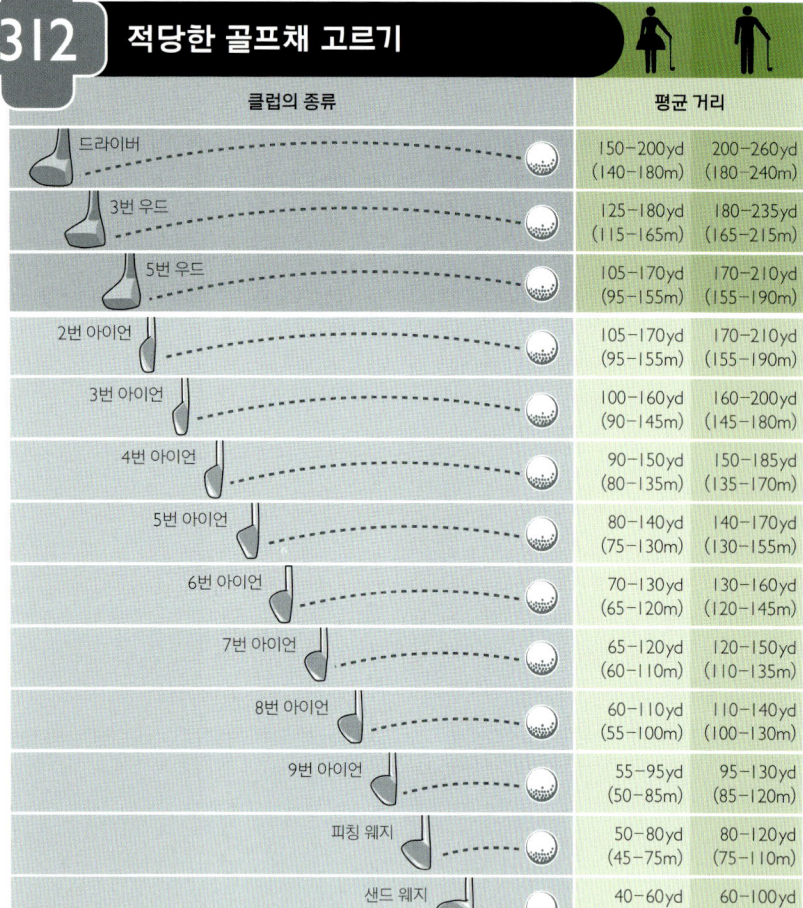

클럽의 종류	평균 거리	
드라이버	150–200yd (140–180m)	200–260yd (180–240m)
3번 우드	125–180yd (115–165m)	180–235yd (165–215m)
5번 우드	105–170yd (95–155m)	170–210yd (155–190m)
2번 아이언	105–170yd (95–155m)	170–210yd (155–190m)
3번 아이언	100–160yd (90–145m)	160–200yd (145–180m)
4번 아이언	90–150yd (80–135m)	150–185yd (135–170m)
5번 아이언	80–140yd (75–130m)	140–170yd (130–155m)
6번 아이언	70–130yd (65–120m)	130–160yd (120–145m)
7번 아이언	65–120yd (60–110m)	120–150yd (110–135m)
8번 아이언	60–110yd (55–100m)	110–140yd (100–130m)
9번 아이언	55–95yd (50–85m)	95–130yd (85–120m)
피칭 웨지	50–80yd (45–75m)	80–120yd (75–110m)
샌드 웨지	40–60yd (35–55m)	60–100yd (55–90m)

가장 일반적인 그립은 바든 그립이다. 바든 그립은 보조하는 손의 새끼손가락과 주가 되어 힘을 쓰는 손의 두 번째 손가락을 끼우는 형태이다.

티잉 존

그립을 너무 꽉 쥐어서는 안 된다. 연약한 아기 새를 감싸 쥐는 기분으로 잡는다.

차례를 기다려라. 다른 사람이 스윙을 마치고 그린에서 완전히 내려오기 전에는 시작하면 안 된다.

다른 사람이 스윙할 때 옆에서 연습 스윙을 하면 안 된다.

313 완벽한 스윙 자세 갖추기

공이 날아가는 방향과 수평이 되도록 선다.

몸을 앞으로 숙이고 무릎을 굽힌다.

양 다리는 어깨 너비 정도로 벌린다.

왼쪽 어깨를 들어 올리고 발의 각도를 맞춘다.

 골프 코스에 나가기 **314**

벙커에서 빠져 나올 때는 공 뒤쪽 구역을 쳐서 공을 모래더미 위에 올린 채 날려 보낸다.

샌드 트랩

골프공에 원래부터 고유 번호가 인쇄되어 있는 경우가 많기는 하지만, 자기 공에 따로 표시를 해 두면 잃어버리거나 다른 사람의 거짓말에 휘둘리는 상황을 피할 수 있다.

러프

유사(流沙)에서 빠져 나오기 **446**

페어웨이

카트를 타고 돌아다니는 것은 상관없다. 다만 반드시 그린에서 떨어져 있어야 한다.

황금률은? 있는 그대로 정정당당히 치는 것. 공을 옮기는 행위는 반칙이다.

공중으로 날아가야 할 것은 공이지 골프채가 아니다. 분노에 사로잡혀 골프채를 날리는 일이 없도록 주의한다.

퍼팅 그린

퍼팅을 할 때는 클럽을 몸 쪽으로 똑바로 당겨서 친다. 천천히 그리고 변동 없는 속도를 유지한다.

공 위쪽으로 연습 스윙을 몇 번 해본다.

엉덩이 쪽에서 스윙을 시작한다. 공에 시선을 둔다.

공을 친다. 엉덩이와 발을 튼다.

공을 따라가듯 팔을 쭉 들어올린다. 타깃 지점을 바라본 채로 끝맺는다.

315 직구 던지기

검지와 중지를 실밥 위에 놓는다.

공을 잡은 손이 보이지 않게 숨긴다.

오른발로 이동한다. 왼발을 비스듬히 놓는다.

손가락을 공 위에 둔 채로 날린다.

316 프리 스로 성공시키기

프리 스로 라인에 선다.

백보드를 쳐다본다. 몸을 쭉 펴고 손목을 획 움직인다.

획!

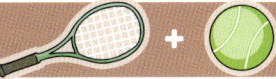

강력한 테니스 서브 넣기 · 317

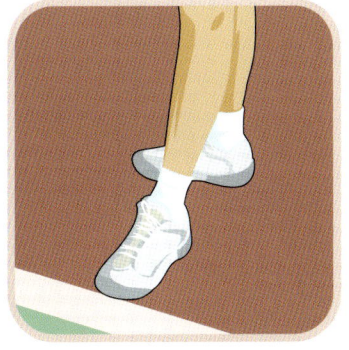

베이스 라인 뒤에 선다.

콘티넨털 그립을 잡는다.

라켓은 타깃을 겨냥한다.

무게 중심을 뒤로 옮기고 공을 던진다.

라켓을 등 뒤로 가져간다.

쭉 편다. 가장 높은 지점에서 공을 친다.

페탕크* 던지기 · 318

*목제 공을 던져두고 쇠공을 목제 공 가까이로 던져 우열을 가리는 프랑스의 전통놀이.

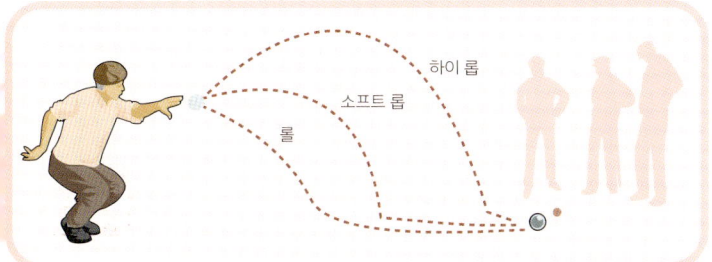

적당한 로빙 기술을 선택한다. 원 안에 머무른 채로 불(boule)을 던져 목표물 공에 가깝게 보낸다.

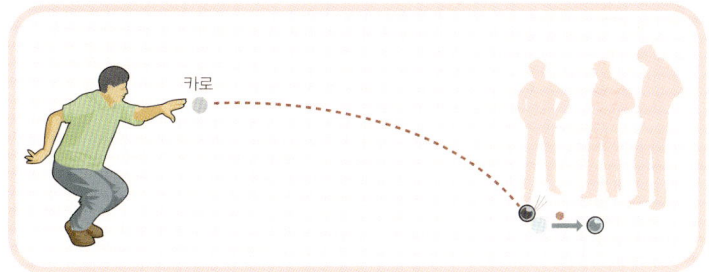

경쟁자의 불을 목표물 공에서 멀어지게 하려면 던지기 기술의 하나인 카로(carreau)를 던진다.

319 기본 4-4-2 택하기

확실히 믿을 수 있는 4-4-2 포메이션으로 게임을 시작한다. 공격수 두 명을 보내 득점 기회를 만들면서 골문과 미드필드를 지킨다.

320 4-3-3 포메이션으로 득점하기

점수를 올려야 하는가? 이 균형 잡힌 포메이션을 도입하면 골문 수비를 위태롭게 하지 않으면서 공격에 덤벼들 수 있다.

321 3-5-2 포메이션으로 미드필드 장악하기

요즈음의 경기는 미드필드에서 승부가 난다. 게임을 주도하려면 미드필드를 두텁게 만든다.

322 4-5-1 포메이션으로 수비에 치중하기

4-5-1 시스템으로 선두 득점을 지키거나 동점 상황을 유지할 수 있다. 기회가 생기면 골을 넣을 수 있도록 공격수는 발이 빠른 선수여야 한다.

축구경기 페널티 이해하기 323

박치기는 악명 높은 레드카드 반칙이다.

입 조심하라! 욕을 하거나 무례한 행동을 하면 옐로카드를 받는다.

심판의 승인 없이 필드를 떠나거나 필드에 들어오면 옐로카드를 받는다.

주의하라! 옐로카드를 두 장 받으면 레드카드와 마찬가지로 퇴장을 당하게 된다.

남에게 침을 뱉으면 결국에는 레드카드를 받아 벤치 신세가 된다.

축구공 헤딩하기 324

정면으로 친다.

밑으로 내려보내려면 공의 위쪽을 친다.

허리부터 뒤로 젖힌다. 입은 꼭 다문다.

위로 올리려면 공의 아래쪽을 친다.

축구에서 골 막기 325

기본 골키퍼 자세를 취한다.

손으로 다이아몬드 모양을 만든다.

잡기 위해서 질주해 덤벼든다.

가슴으로 끌어당긴다.

가슴으로 안는다.

공을 감싼다.

326 비타민에 대해 알기

'비타민 챙겨 먹어라'는 엄마의 잔소리를 기억하는가? 다음 그림을 통해 몸에 필요한 비타민이 풍부하게 들어 있는 음식은 무엇이며 일일 비타민 권장 섭취량이 얼마나 되는지 확인해보자.

A
면역 체계
- 명시되지 않음
- 300–600mcg
- 700–900mcg

B1
- 0.2–0.3mg
- 0.5–0.9mg
- 1.1–1.2mg

B2
- 0.3–0.4mg
- 0.5–0.9mg
- 1.1–1.3mg

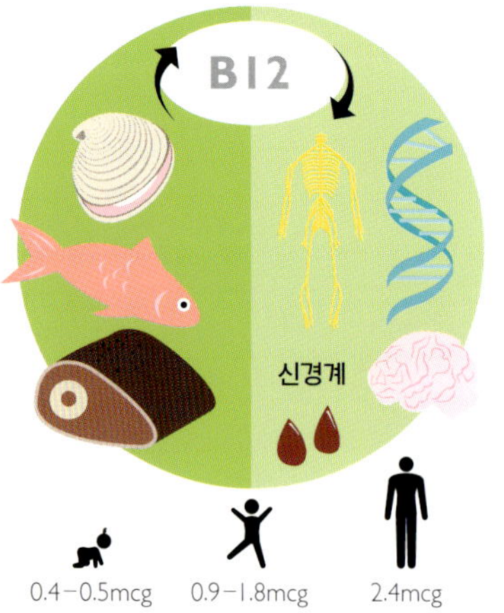

B12
신경계
- 0.4–0.5mcg
- 0.9–1.8mcg
- 2.4mcg

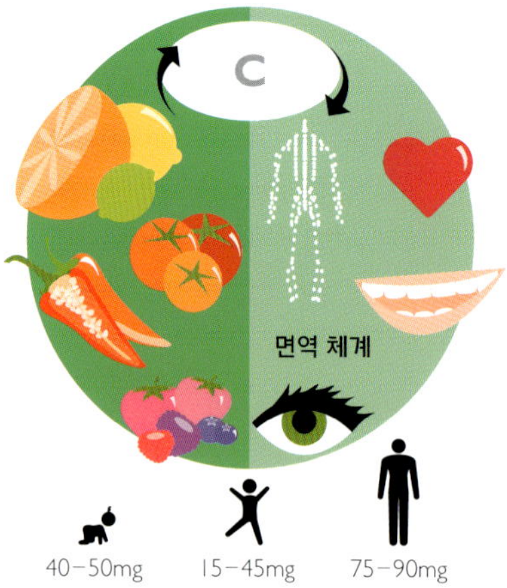

C
면역 체계
- 40–50mg
- 15–45mg
- 75–90mg

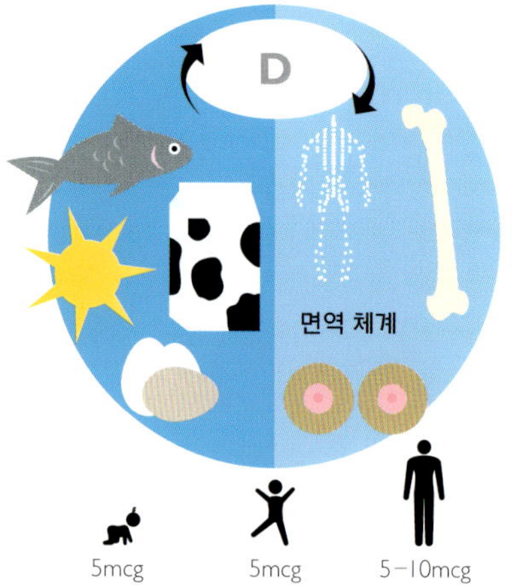

D
면역 체계
- 5mcg
- 5mcg
- 5–10mcg

327 칼로리를 소비시키는 활동 선택하기

심지어 잘 때에도 우리는 끊임없이 칼로리를 소비한다는 사실을 알고 있었는가? 보통 체격(체중이 80kg)인 사람이 다음 활동을 수행할 때 한 시간에 얼마나 많은 칼로리를 소모하는지 확인하라.

- 75
- 335
- 400 — 390 뒤집힌 카약 바로잡기
- 775
- 470
- 485
- 485
- 640
- 695
- 800
- 800

B3
명시되지 않음 | 12mg | 16-18mg

B6
0.1-0.3mg | 0.5-1mg | 1.3-1.7mg

엽산
65-80mcg | 150-300mcg | 400mcg

E
4-5mg | 6-11mg | 15mg

K
2-2.5mcg | 30-60mcg | 75-120mcg

케르세틴
명시되지 않음 | 명시되지 않음 | 명시되지 않음

1회 제공량이 정확하게 어느 정도일까? 스테이크를 트럼프 한 벌, 감자를 컴퓨터 마우스 정도의 부피로 머릿속에 그려보라. 영양 정보란에 적혀 있는 1회 제공량을 바로 그런 식으로 그려볼 수 있다. 아래 그림과 하루 권장 섭취량 정보를 참고해 균형 있는 식단을 유지하자.

1회 제공량 머릿속에 그리기 | 328

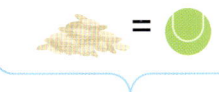
일일 곡류 제공량 6-11회

일일 채소 제공량 3-5회

일일 과일 제공량 2-4회

트럼프로 지갑 만들기 | 24

일일 단백질 제공량 2-3회

일일 유제품 제공량 2-3회

329 지압으로 치료하기

중국 전통 치료법으로 일상생활의 소소한 아픔이나 통증을 가라앉혀보자. 우선 불편한 곳에 해당하는 지압점을 찾은 다음 엄지나 팔꿈치를 이용해 눌러준다. 압박을 가하면 몸의 각 기관이 자극을 받고 몸의 에너지와 혈액의 흐름이 원활해져서 결과적으로 통증이 줄어든다.

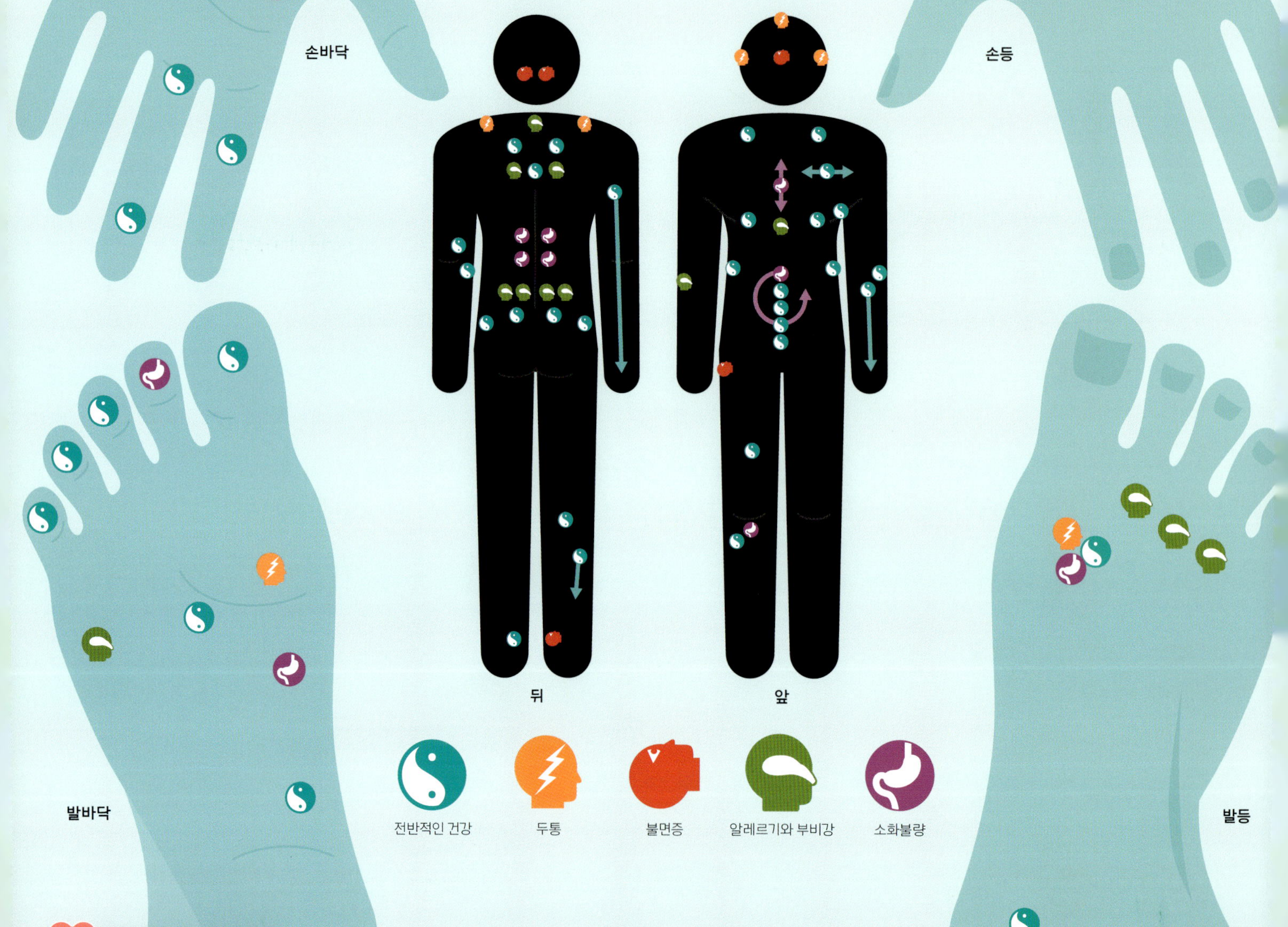

손바닥

손등

뒤   앞

발바닥

발등

전반적인 건강   두통   불면증   알레르기와 부비강   소화불량

195 애인에게 발 마사지 해주기

책상을 인체공학적으로 만들기 330

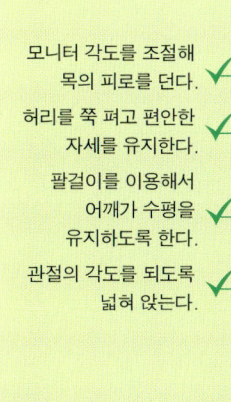

모니터 각도를 조절해 목의 피로를 던다.

허리를 쭉 펴고 편안한 자세를 유지한다.

팔걸이를 이용해서 어깨가 수평을 유지하도록 한다.

관절의 각도를 되도록 넓혀 앉는다.

편안한 거리를 두고 앉는다.

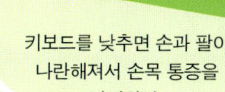

키보드를 낮추면 손과 팔이 나란해져서 손목 통증을 방지한다.

너무 가까이 앉거나 멀리 앉지 마라.

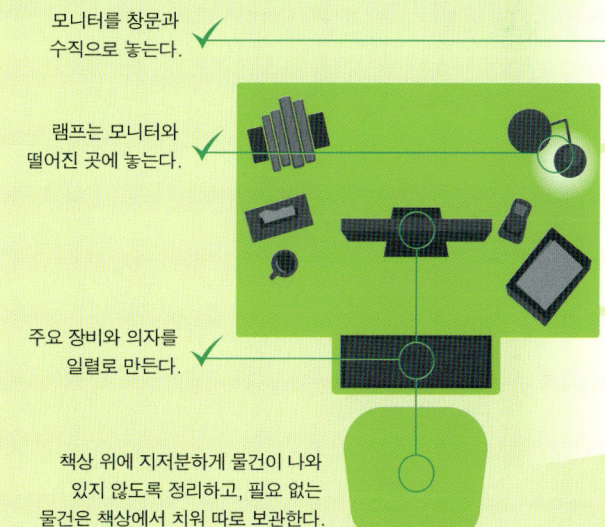

모니터를 창문과 수직으로 놓는다.

램프는 모니터와 떨어진 곳에 놓는다.

주요 장비와 의자를 일렬로 만든다.

책상 위에 지저분하게 물건이 나와 있지 않도록 정리하고, 필요 없는 물건은 책상에서 치워 따로 보관한다.

풍수(風水) 활용하기 250

331 | 1도 화상 처치하기

 +  + 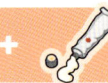 +

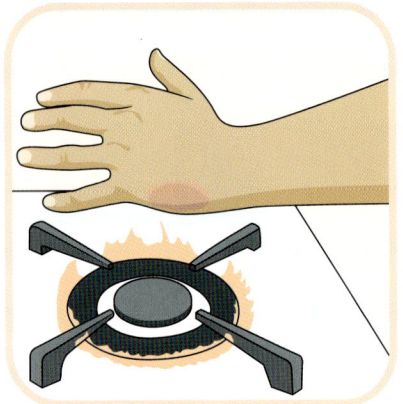
화상 원인이 된 화기에서 물러선다.

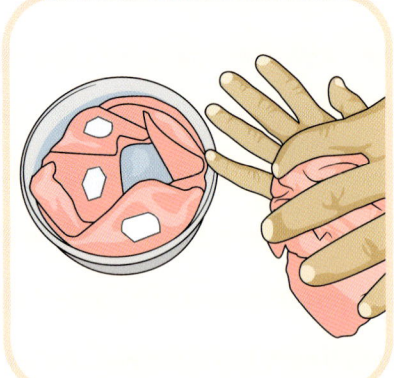
천을 얼음물에 적셔서 상처 위에 올려놓는다.

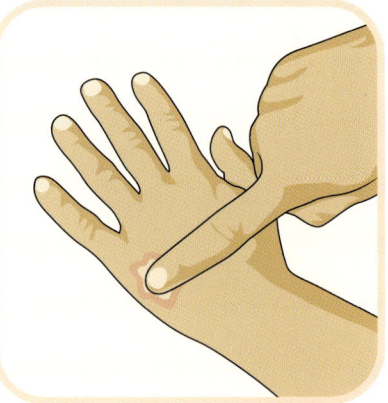
상처가 하얗게 변하면 1도 화상이다.

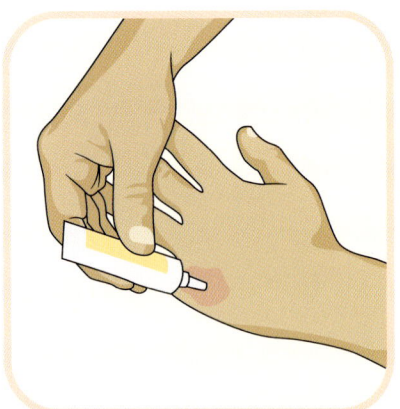
항생제 연고를 바른다.

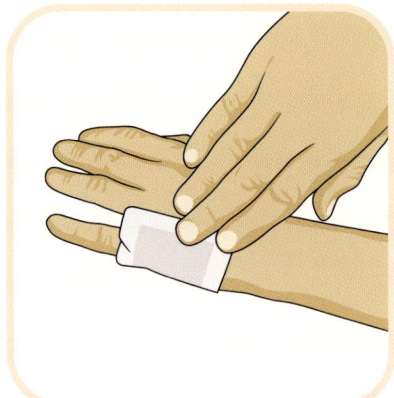
붕대를 덮는다.

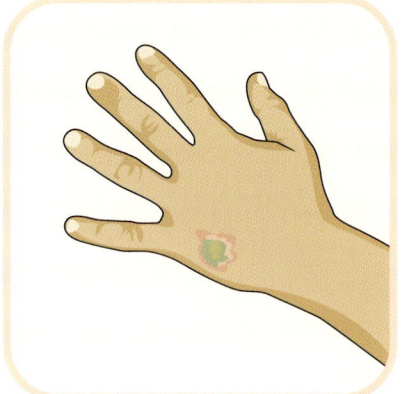
변색되는지 살펴본다.

332 | 코피 멎게 하기

 +

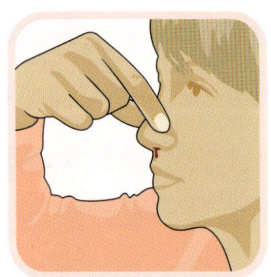
간헐적으로 압박을 가한다.

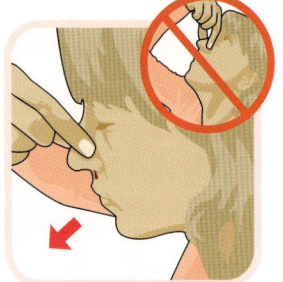
고개를 앞으로 숙인다.

피가 바닥에 떨어지지 않도록 수건을 댄다.

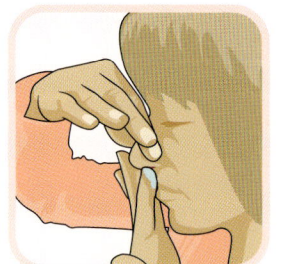
로션을 발라 콧구멍을 촉촉하게 한다.

코피가 계속되면 도움을 요청한다.

벌에 쏘인 상처 처치하기 — 333

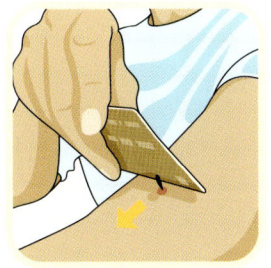 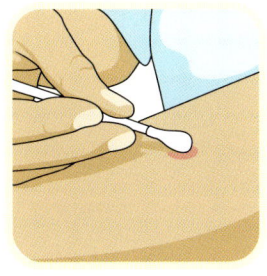   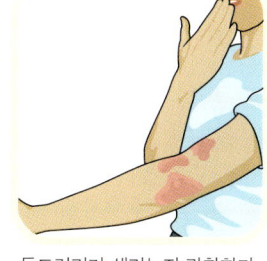

재빨리 벌침을 제거한다. | 소독용 알코올로 닦는다. | 베이킹소다와 물을 섞어 바른다. | | 두드러기가 생기는지 관찰한다.

살에 박힌 가시 빼내기 — 334

 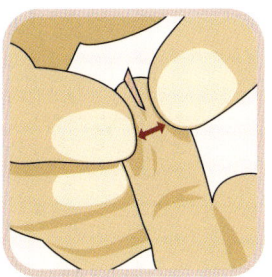 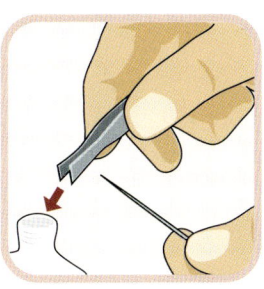 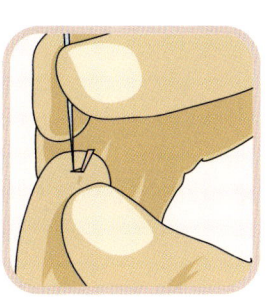 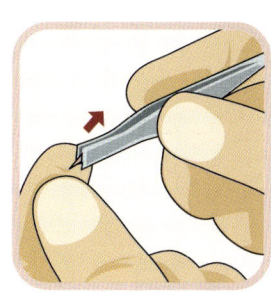

해당 부위를 조심스럽게 씻는다. | 가시 박힌 부위를 꾹 누른다. | 소독용 알코올로 살균한다. | 구멍을 넓힌다. |

눈에 들어간 이물질 제거하기 — 335

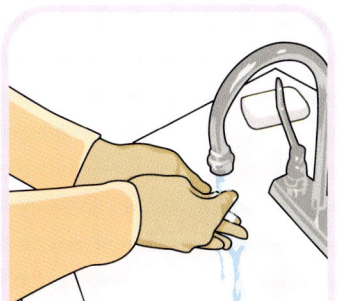  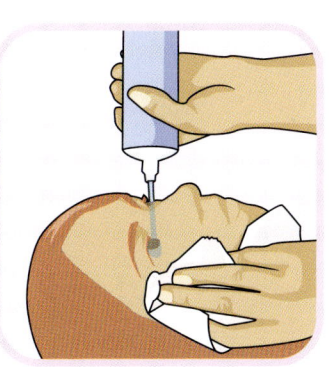 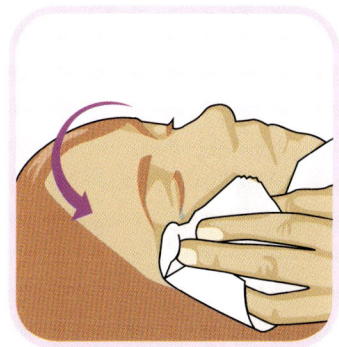

우선 손을 씻는다. | 면봉을 이용해 이물질을 제거한다. | 눕는다. 식염수를 붓는다. | 고개를 옆으로 돌려서 넘치는 식염수를 흘려보낸다.

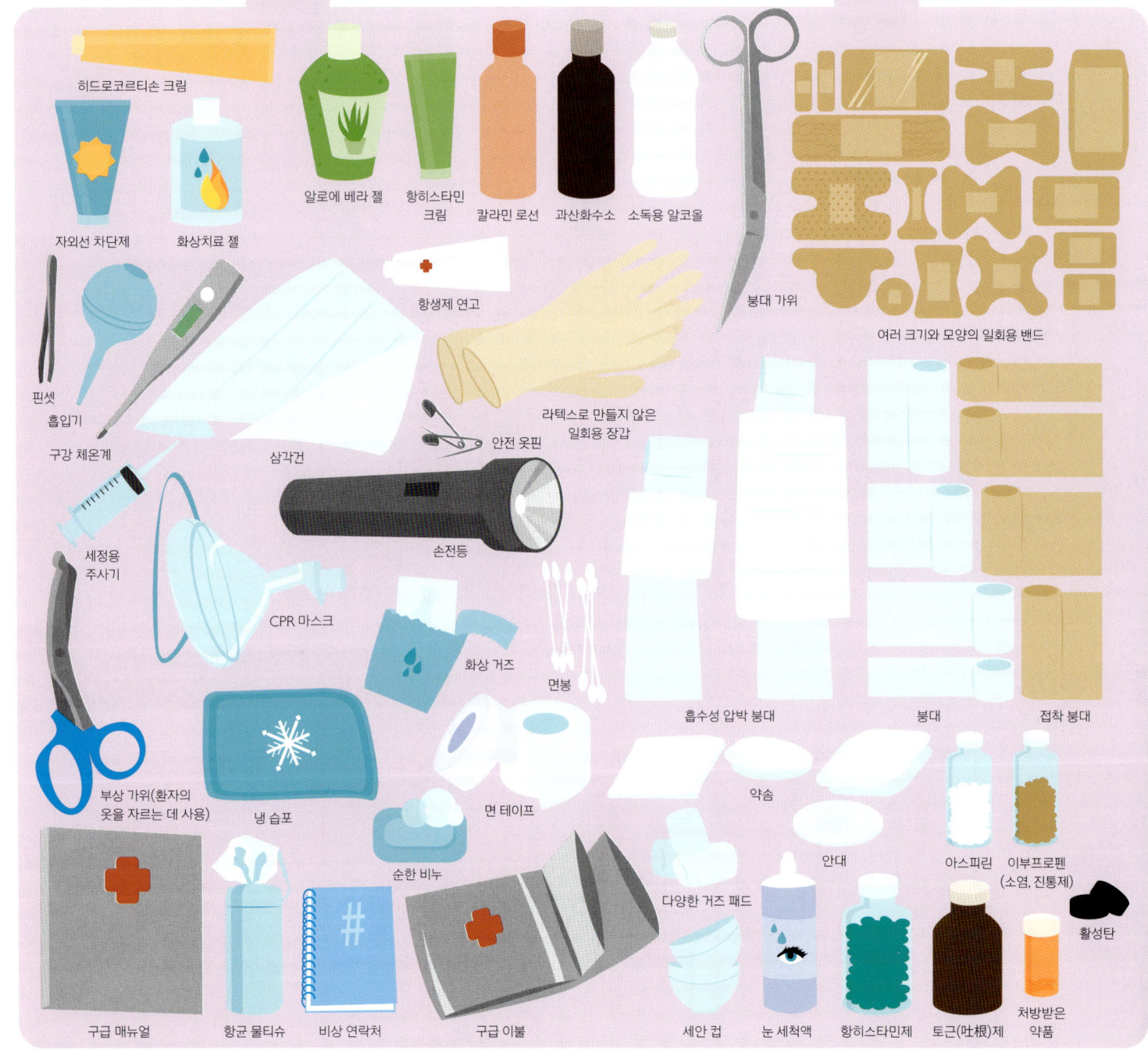

 ## 지혈하기 337

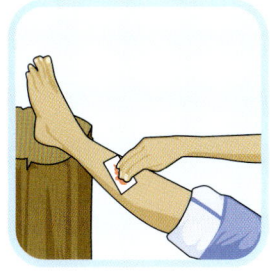
위로 올린다. 꾹 누른다.

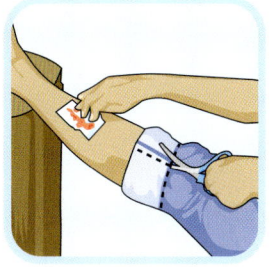
몸을 조이는 옷과 장신구는 제거한다.

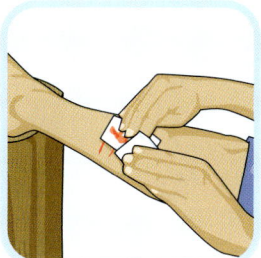
거즈를 한 겹 더 댄다.

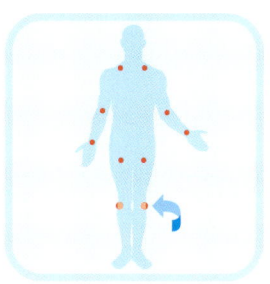
지혈점을 찾는다.

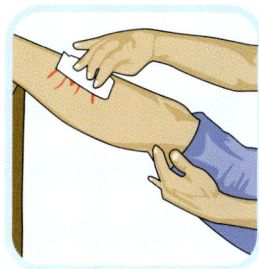
지혈점을 압박하면 출혈이 줄어든다.

 상처가 아주 깊어서 노란색 지방 조직이 드러나 보이거나 상처가 잘 다물어지지 않을 때는 바늘로 꿰매야 한다.

 ## 심하게 상처 난 곳에 붕대 감기 338

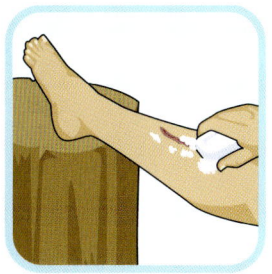
위로 올린다. 상처 부위를 씻는다.

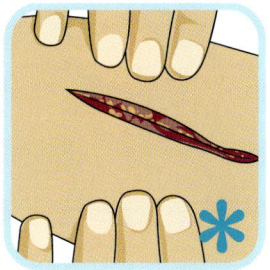
봉합해야 할 정도인지 확인한다.

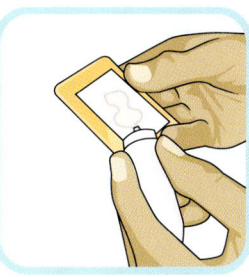
항생제 연고를 바른다.

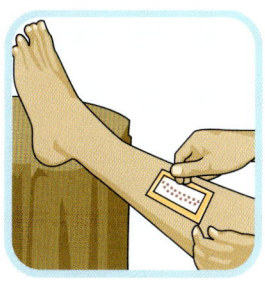
붕대로 감싼다.

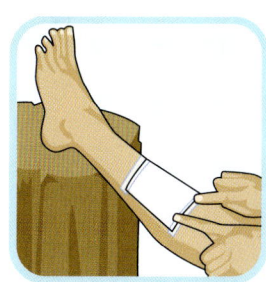
방수 덮개를 붙인다.

 지혈대는 출혈이 심각할 때에만 사용한다. 상처가 관절 밑이라면 그 위나 관절에서 가까운 부분을 묶는다.

 ## 지혈대 묶기 339

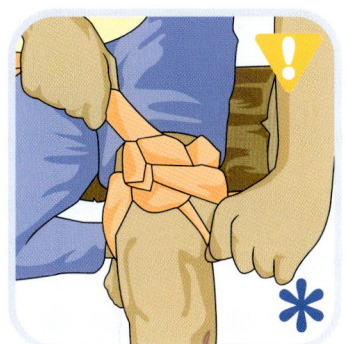
상처 위를 묶는다.

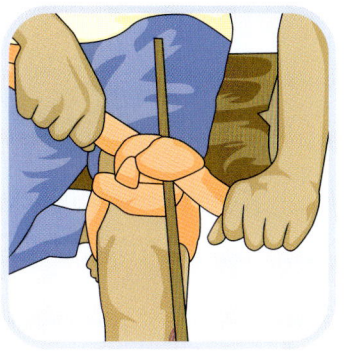
막대를 끼운다.

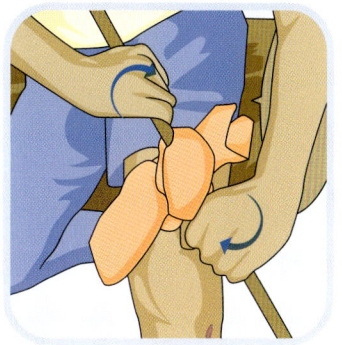
비틀어서 피가 멈출 때까지 꽉 조인다.

340 심폐소생술 실시하기

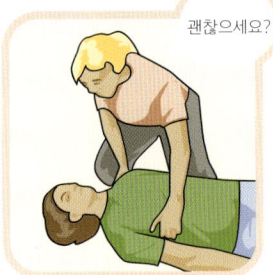
괜찮으세요?

숨소리를 들어본다.

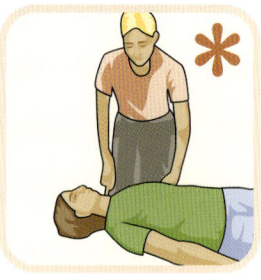
잠시 맥박을 만져본다.

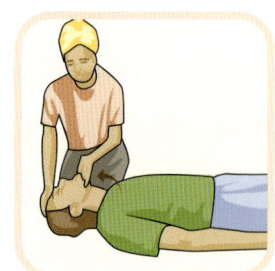
턱을 뒤로 젖힌다.

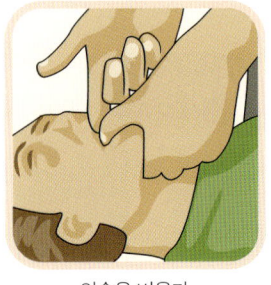
입속을 비운다.

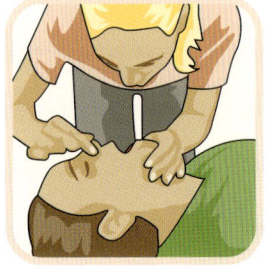
코를 집는다.

숨을 불어 넣는다.

가슴뼈 위를 압박한다.

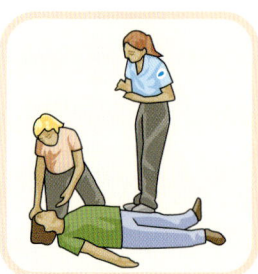
구조대가 올 때까지 계속한다.

 상황에 맞는 방편을 따른다. 맥박을 확인하느라 시간을 너무 지체해서는 안 된다. 숨 불어 넣기가 핵심이기는 하지만, 전문가에 따라서는 가슴 압박이 심폐소생술에서 가장 중요하다고 말하는 사람도 있다. 그러므로 환자에게 심장마비가 왔거나 숨 불어넣기를 시행하기 어려운 상황일 경우에는 가슴 압박을 시작한다.

341 기도 폐쇄 증상을 보이는 사람 구하기

숨이 막혔나요?

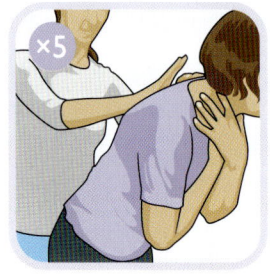
등을 친다.

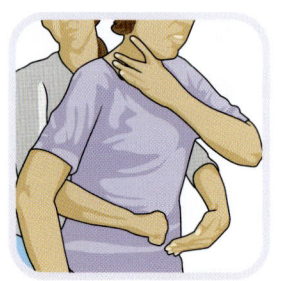
주먹을 갈비뼈 밑에 놓는다.

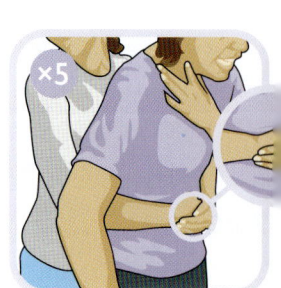
복부 밀치기(하임리히 요법)를 실시한다.

부상당한 하퇴에 부목 대기 — 342

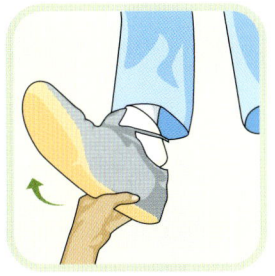
신발과 양말을 벗긴다.

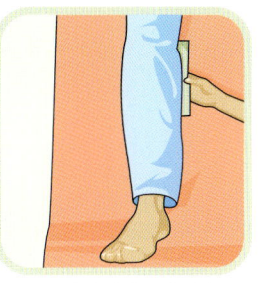
매트를 접어 다리 밑에 넣는다.

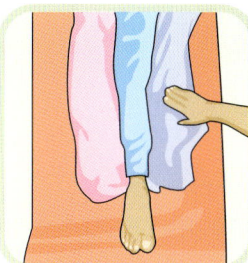
무릎 뒤에 받침을 덧댄다.

양쪽에 패드를 댄다.

다리 주위를 감싸 모은다.

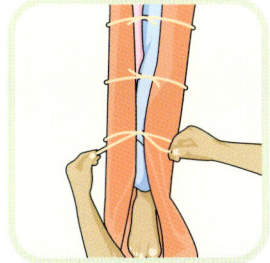
매듭을 여러 개 묶어 꽉 조인다.

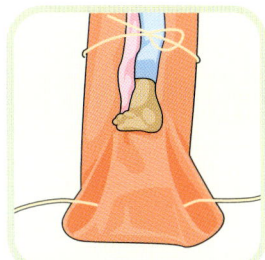
접은 부분 사이로 끈을 집어넣는다.

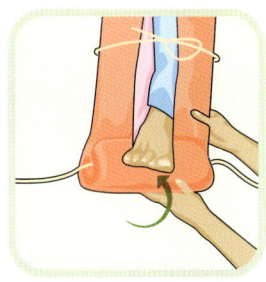
남는 부분을 접어 올린다.

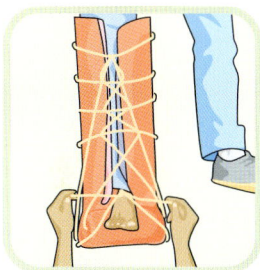
X자로 교차해서 묶는다.

 주위에 도와줄 사람이 아무도 없어서 매듭을 묶기 어렵다면, 그냥 슬링을 빼내서 묶는다. 그 다음 머리 위로 잡아 당겨 다시 끼우고 팔을 천천히 제 위치에 놓으면 된다.

슬링* 둘러메기 — 343
*삼각건

접은 천을 팔 아래 끼운다.

천으로 목 주위를 둥글게 감는다.

매듭을 짓는다. 남는 천은 슬링 안으로 접어 넣는다.

움직이지 않도록 묶는다.

344 차에서 아기 낳기

차를 멈춘다.

191 미니스커트 차림으로 차에서 내리기
쭈그리고 앉는다. 중력의 힘을 빌린다.

조심스럽게 아기를 잡는다.

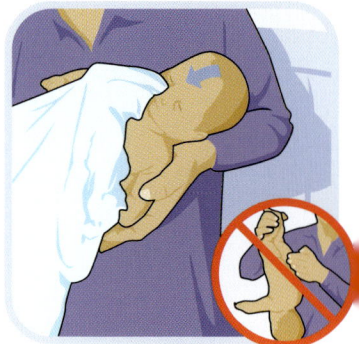
아기 얼굴을 닦는다.

 아기 머리가 나오면 탯줄이 아기 머리를 감아 질식의 위험에 처하지는 않았는지 확인한다. 만일 그렇다면 검지를 탯줄과 아기 목 사이에 끼운 다음 아기 머리 위로 탯줄을 잡아당겨 뺀다. 태반이 떨어져 나오면 타월로 감싸서 병원으로 같이 가져간다.

345 유방암 자가진단하기

 유방암 자가진단에 가장 좋은 시기는 생리가 끝나고 며칠 지난 다음이며, 샤워나 목욕 중에 하면 편리하다. 어떤 감촉이 느껴지는가? 진지하게 생각해보라. 유방의 모양이나 감촉에 조금이라도 변화가 있으면 병원을 찾는다. '지나고 후회하는 것보다 조심하는 편이 낫다.'는 속담도 있지 않은가!

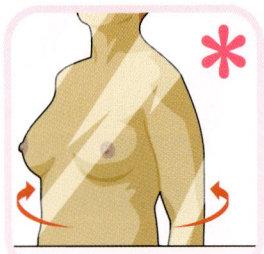
이쪽저쪽 돌려보고 변화가 있는지 확인한다.

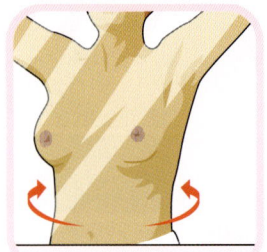
팔을 들고 다시 살펴본다.

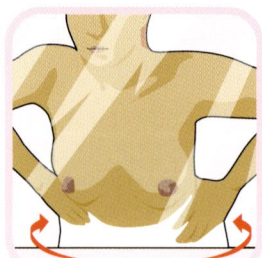
앞으로 숙이고 다시 살펴본다.

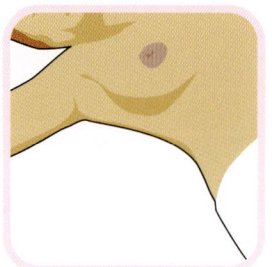
눕는다. 팔을 든다.

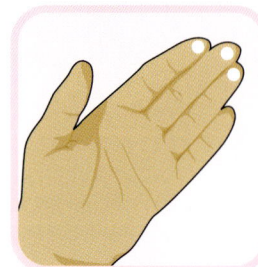
손가락 세 개를 모아 사용한다.

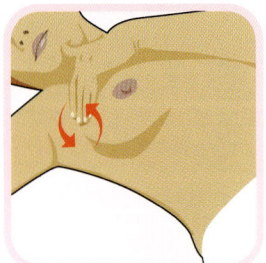
만져 가면서 누르는 힘을 달리 해본다.

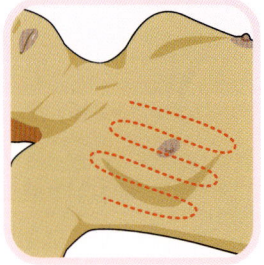
가슴 전체를 감싼다.

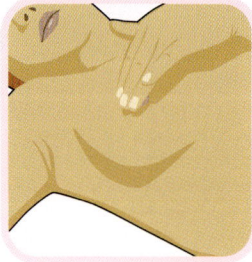
유두를 확인한다.

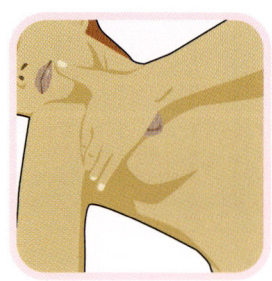
임파선을 만져본다.

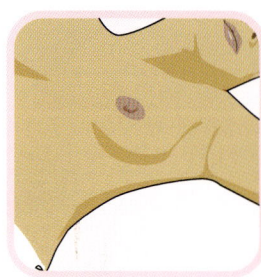
다른 쪽 가슴도 똑같이 반복한다.

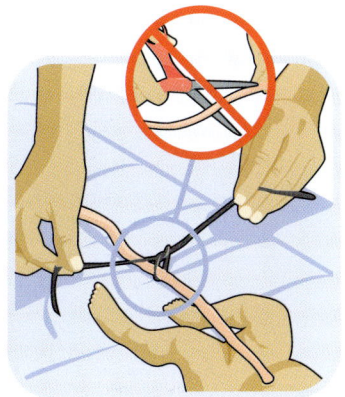
탯줄을 묶는다.

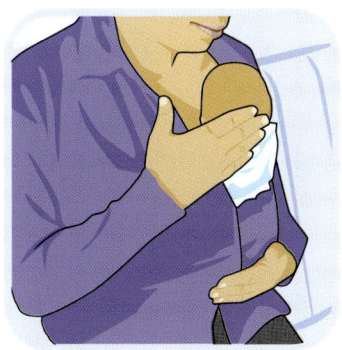
체온을 유지하도록 아기를 품 안에 안는다.

할 수 있다면 아기에게 젖을 물린다.

병원으로 서둘러 간다.

모유 수유하기 346

젖병으로 새끼양 우유 먹이기 281
배끼리 마주 닿도록 아기를 안는다.

가슴을 살짝 누른다.

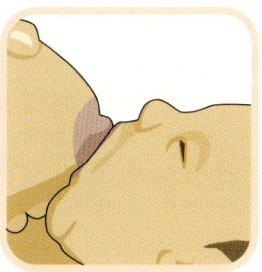
젖꼭지를 입술에 가져다 댄다.

아래턱을 미끄러뜨리듯 밑으로 내린다.

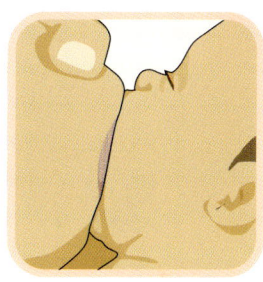
아기 머리를 앞으로 기울인다.

기도가 막힌 아기 구하기 347

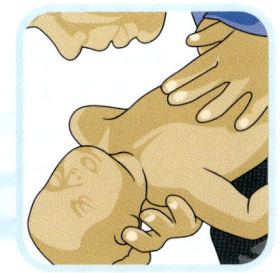
숨소리를 듣는다.

119

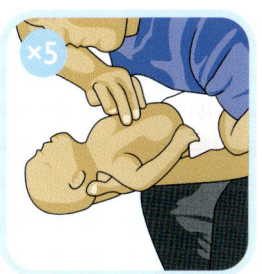
등을 친다.

×5

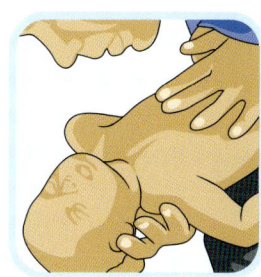
흉골을 누른다.

숨을 쉬는지 확인하고 반복한다.

348 명상으로 마음의 평안 찾기

명상 주발과 막대  아름다운 경치가 담긴 사진  만다라 화초

주위에 마음을 진정시키는 영적인 물건들을 배치하고 편하게 앉는다. 긴장을 풀고 들숨과 날숨이 자유로이 들고나게 한다. 머릿속에 생각이 떠오르면 그저 생각이 들었다는 사실을 인식하고 다시 호흡에 집중한다.

주위 소음이 집중을 방해하면, '소음'이라고 마음속에 분류해놓고 다시 호흡에 집중한다.

걱정이나 좌절 혹은 다른 감정이 들면(설사 긍정적인 감정일지라도), '감정'이라고 생각하고 다시 호흡으로 돌아간다.

무언가를 계획하거나 깊은 생각에 빠져든 상태를 자각하면 스스로에게 '생각'이라고 말하고 다시 호흡으로 돌아간다.

어딘가가 가렵거나, 쥐가 나거나, 얼얼해지면 '육체적인 감각'이라고 생각하고 다시 호흡으로 돌아간다.

연습에 익숙해지면 점차적으로 명상 시간을 늘린다.

| 초보자 | 정기적으로 수련하는 사람 | 중급 | 고급 | 능숙한 사람 | 통달한 사람 | 열반에 가까운 사람 |

핀란드식 사우나에서 느긋하게 쉬기 — 349

사우나에 들어가기 전에 우선 샤워를 한다.

뜨겁게 달구어진 석탄에 물을 붓는다.

편히 앉아 열기를 쬔다.

젖은 솔로 피부를 문지른다.

저체온증에 빠진 사람 구하기 441
상쾌하게 물속에 몸을 푹 담근다.

몸의 수분을 보충한다.

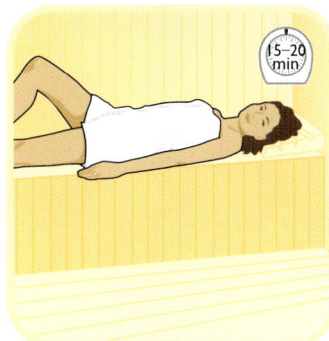
같은 과정을 원하는 만큼 반복한다.

다 마친 후에는 샤워를 한다.

 핀란드 사람들은 본래 사우나에서 아무것도 걸치지 않은 채로 전신의 땀구멍을 이완시키는 전신 목욕을 편하게 즐긴다. 혹시라도 맨몸을 그대로 드러내고 있기가 민망하다면 수건을 몸에 둘러도 좋다. 두른 수건은 자작나무 솔로 몸을 가볍게 두드려 씻기 전에만 풀어 놓으면 된다. '비타'라는 이름의 나뭇잎 솔은 피부에 활력을 주며 상쾌한 냄새로 쾌적한 기분까지 선사한다.

뜨거운 돌 마사지 즐기기 — 350

물수제비뜨기 461

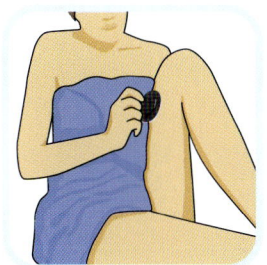
팔다리를 마사지한다.

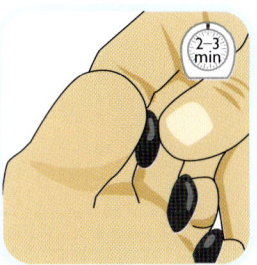

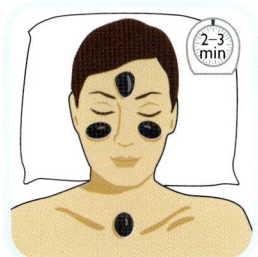

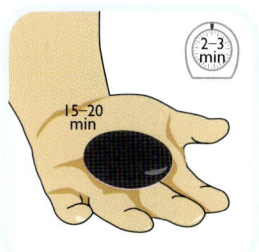
돌을 양손 손바닥에 가만히 올려놓는다.

351 기(氣) 치료

*인간 신체의 여러 곳에 있는 정신적 힘의 중심점.

자아(自我)에게 한 발짝 물러서 있어 달라고 요청한다.

우주와 교신한다.

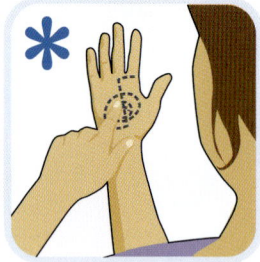
적절한 기호를 그린다.

네, 저는 기치료를 받을 준비가 되었습니다!

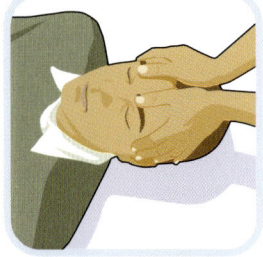
위치를 잡는다.

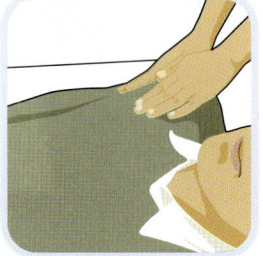
차크라*를 살펴서 문제가 되는 부위를 찾는다.

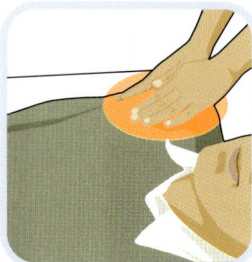
목표 부위에 집중한다.

완화된 부위는 열기로 얼얼해진다.

필요한 곳을 전부 치료한다.

안정을 취한다. 효과에 대해 이야기를 나눈다.

 에너지를 한 사람에게서 다른 사람으로 전송하는 이 일본식 치료 기술로 통증을 없애보자. 치료를 시작하기 전에 기 치료사는 자신의 손바닥이나 환자의 손바닥에 다음과 같은 기호를 그린다.

 **초쿠레이**
이 기호는 에너지를 증폭시키고 집중시킨다.

 **세이헤이키**
이 부호는 감정적인 부조화를 치료한다.

 **혼샤제쇼넨**
이 기호는 에너지를 멀리 있는 사람들에게 보낸다.

352 간단한 태극권 동작 따라 하기

 '구름처럼 손 흔들기'라고 불리는 이 태극권 자세로 우아하고 흐르는 듯한 구름의 모습을 흉내내보자. 손을 원 모양으로 돌리면서 지금 에너지가 가득한 공을 돌리고 있는 것이라고 상상하라. 세 번째에서 다섯 번째 단계는 세 번을 반복해야 한다.

팔을 오른쪽으로 움직인다.

방향을 튼다. 오른쪽 팔을 벌린다.

팔을 둥글게 돌린다. 오른쪽을 바라본다.

계속해서 원을 그린다. 왼쪽으로 돌린다.

발을 일렬로 놓는다.

기본 요가 동작 취하기 353

 수카사나 (편안한 자세)

 우파비스타 코나사나 (양쪽으로 다리를 벌리고 앉은 자세)

 아르다 마첸드라아사나 (반비틀기 자세)

● 초보자 ● 초보자와 임산부 ● 초보자와 어린이 ● 중급자와 정기적으로 수련을 하는 사람들

 스바나사나 (테이블 자세)

 마르자리아사나 (고양이 자세)

 비틸라사나 (소 자세)

 차크라바카사나 (태양새 자세)

 가르바사나 (태아 자세)

 팔라하카사나 (널빤지 자세)

 아스탕 프라남 (애벌레 자세)

 부장가사나 (변형된 코브라 자세)

 아도 무카 스바나사나 (아래로 향한 강아지 자세)

 아르다 아도 무카 스바나사나 (반만 아래로 향한 강아지 자세)

 우타나사나 (서서 앞으로 몸을 굽힌 자세)

 우트히나 아시와 산찰라사나 (높이 돌진하는 자세)

 아르다 비라바드라사나 (낮은 전사 자세)

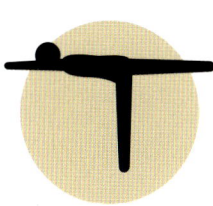 비라바드라사나 3 (전사 3)

 비라바드라사나 2 (전사 2)

 파르스바코나아사나 (비튼 측면 자세)

 트리코나사나 (삼각 자세)

 브릭사사나 (나무 자세)

 푸르보타나사나 (경사면 자세)

 다누라사나 (활 자세)

 우스트라사나 (낙타 자세)

 아르다 사르반가사나 (반 어깨로 서기 자서)

 할라사나 (쟁기 자세)

 샤바사나 (변형된 송장 자세)

354 장거리를 뛸 수 있도록 훈련하기

걷기 뛰기

조깅화 끈을 꽉 묶어라! 지구력을 키우기 위해서는 몇 분 단위로 조깅과 워킹을 번갈아 가면서 하고, 한 주 지날 때마다 달리는 거리를 조금씩 늘린다. 한번 운동을 하면 며칠 휴식을 취한 후에 또 운동을 한다.

	1일째	2일째	3일째
1주	1분 / 1분 30초 ×8 총 = 20분	1분 / 1분 30초 ×8 총 = 20분	1분 / 1분 30초 ×8 총 = 20분
2주	1½ / 2 ×6 총 = 21분	1½ / 2 ×6 총 = 21분	1½ / 2 ×6 총 = 21분
3주	1½ 3 / 1½ 3 ×2 총 = 18분	1½ 3 / 1½ 3 ×2 총 = 18분	1½ 3 / 1½ 3 ×2 총 = 18분
4주	3 5 3 5 1½ 2½ 1½ 총 = 21.5분	3 5 3 5 1½ 2½ 1½ 총 = 21.5분	3 5 3 5 1½ 2½ 1½ 총 = 21.5분
5주	5 5 5 3 3 총 = 21분	8 8 5 총 = 21분	21 총 = 21분
6주	5 8 5 3 3 총 = 24분	10 10 3 총 = 23분	25 총 = 25분
7주	25 총 = 25분	25 총 = 25분	28 총 = 28분
8주	28 총 = 28분	28 총 = 28분	30 총 = 30분
9주	30 총 = 30분	30 총 = 30분	30 총 = 30분

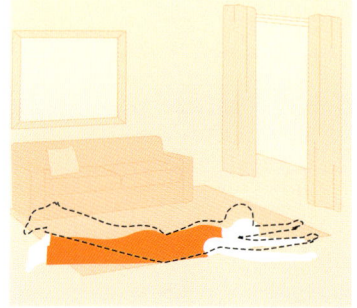
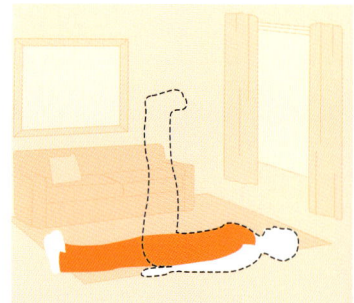

척추가 바닥에 계속 닿아 있도록 한다.

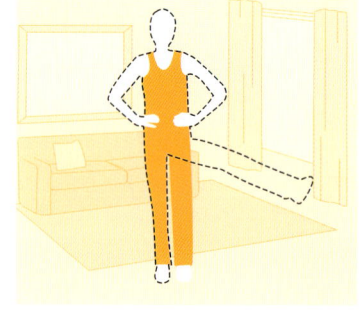
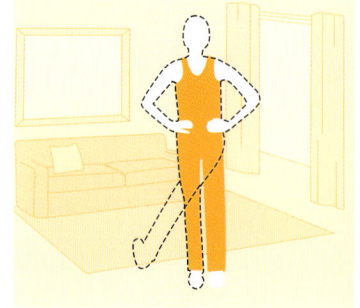

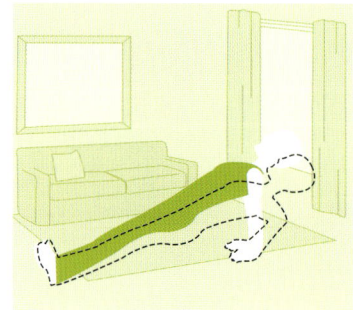

발에 타월을 감고 잡아당긴다.

운동하기 전에 스트레칭 하기 355

주요 부위를 강화하고 탄력 있게 만들기 356

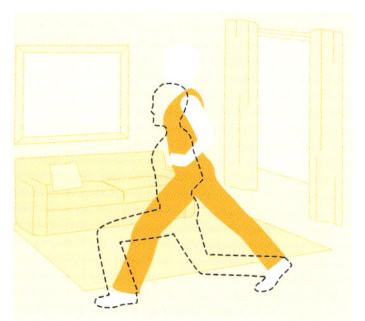  

하체를 단단하게 단련하기 357

둔근(臀筋)을 꽉 죄고 엉덩이를 들어올린다.

상체 운동하기 358

359 자유형 수영하기

팔을 들어 올리면서 고개를 옆으로 돌리고 숨을 쉰다.

360 배영 수영하기

361 평영 수영하기

수면 위로 머리가 올라왔을 때 숨을 쉰다.

올림픽 선수처럼 다이빙하기 362

안쪽으로
새우 모양으로
구부리기

뒤로 공중제비
돌아 3바퀴
1/2회전하기

손을 평평하게 만들어
입수하기

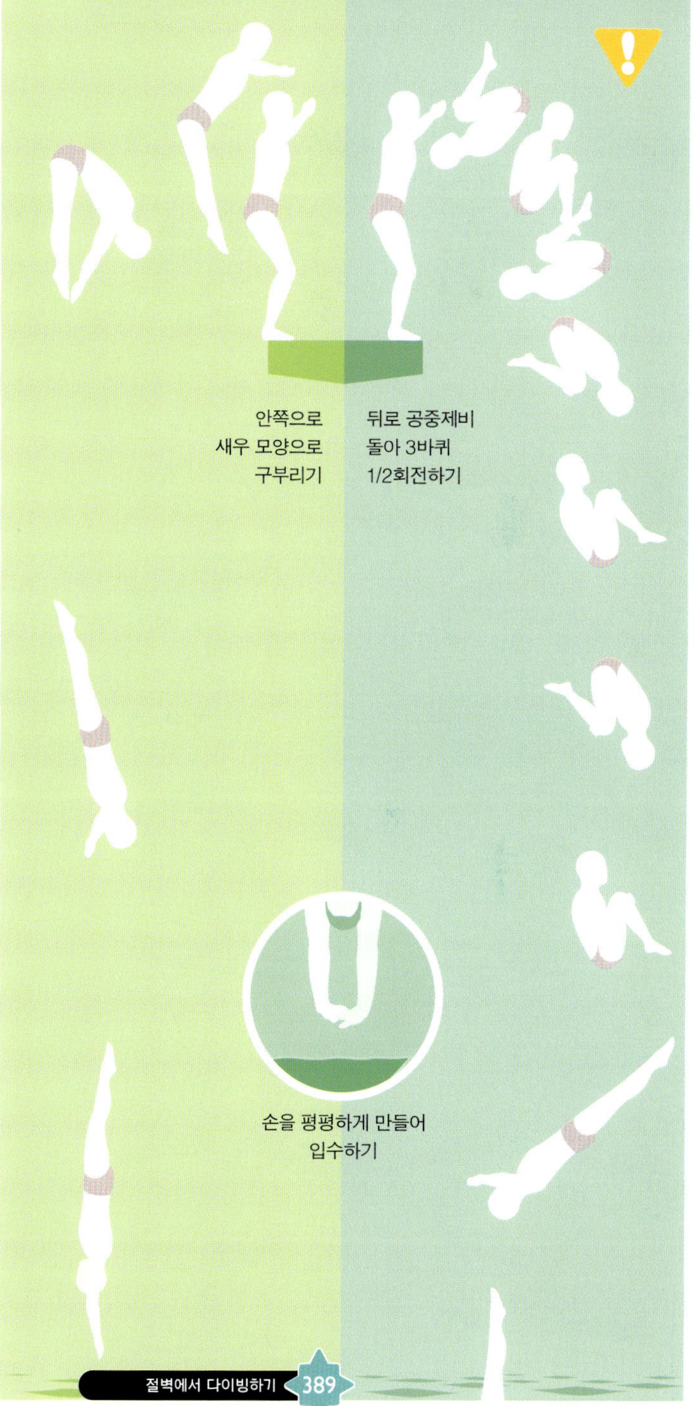

절벽에서 다이빙하기 389

363 스키를 신고 넘어졌다가 일어서기

위치를 파악한다.

폴을 손에서 놓고 옆으로 치워 둔다.

옆으로 벌어진 무릎을 제 위치에 놓는다.

위쪽에 있는 다리를 빙 돌린다.

두 다리를 평행하게 놓는다.

폴을 집어 든다.

폴을 밀면서 일어선다.

다시 스키를 탄다.

364 스키 슬로프 내려오기

낙엽
내려가기 시작하려면 앞발을 앞쪽으로 기울여 누른다. 멈추려면 누르기를 멈춘다. 앞발이 액셀러레이터와 같은 작용을 하는 것이다.

연속 턴
1 무게중심을 앞으로 이동하고 스키가 비탈 아래쪽을 향하게 한다.
2 비탈 위쪽을 향하도록 스키의 방향을 획 틀어서 돌린다.

트래버싱(traversing)
슬로프 반대쪽으로 보이는 아늑한 오두막으로 건너가고 싶을 때는? 어퍼 에지(upper edge)로 탈 수 있도록 스키를 비스듬히 기울인 채로 슬로프의 아래쪽 방향에 비스듬하게 횡단해간다. 체중은 비탈 아래쪽에 놓인 스키에 싣는다.

스노플라우(snowplow)
초보자들은 발을 어깨 너비로 벌리고 무릎을 살짝 구부린 채로 발가락을 안쪽으로 향하게 하면 중력의 힘을 이용해 가볍게 미끄러져 내려올 수 있다.

스노보드로 언덕을 가르기 365

사이드슬립(sideslip)
슬로프의 경사가 너무 가파른가? 눈밭으로 파고들어 속도를 줄인다. 속도를 빠르게 하려면 토 에지(toe edge) 쪽으로 몸을 기울인다.

방향을 바꾸려면 반대쪽 발의 앞을 힘 있게 누른다.

타다 보면 넘어질 때도 있다. 몸을 뒤로 젖히고, 절대 손목에 체중이 실리지 않도록 한다.

갈런드(garland)
1 속도를 늦추려면 체중을 뒤로 옮긴다.

2 점차적으로 보드 끝 쪽을 기울인다.

3 완전히 멈춰 서려면 보드의 방향을 언덕 쪽으로 돌린다.

길이가 긴 보드는 상급자나 마운티니어링 스노보더들을 위한 것이다.

중간 길이의 보드는 다양한 지형에서 타기에 적합하다.

초급자들은 길이가 짧은 보드가 다루기 편하다. 게다가 멋진 기술을 시도하기에도 좋다.

서핑보드에서 일어서기 396

스키 메고 가기 366

부츠 끈을 서로 연결한다.

어깨에 걸쳐 멘다.

스키와 폴을 든다. 일어선다.

스키를 어깨에 걸치고 간다.

장비를 든 채 슬로프 걸어 올라가기 367

헤링본   사이드스텝   걷기

370 여행가방 싸기(여성의류)

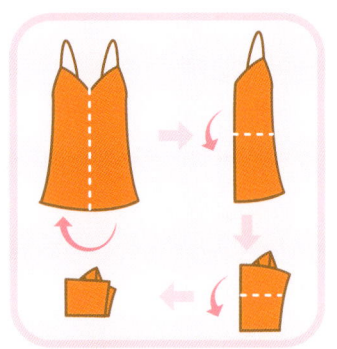
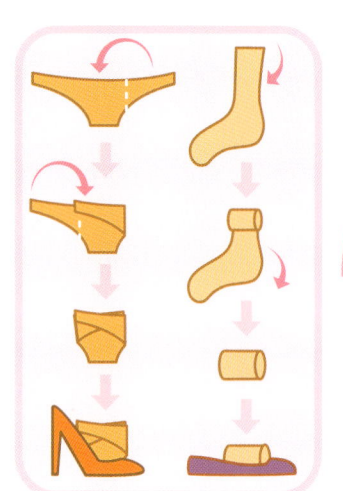

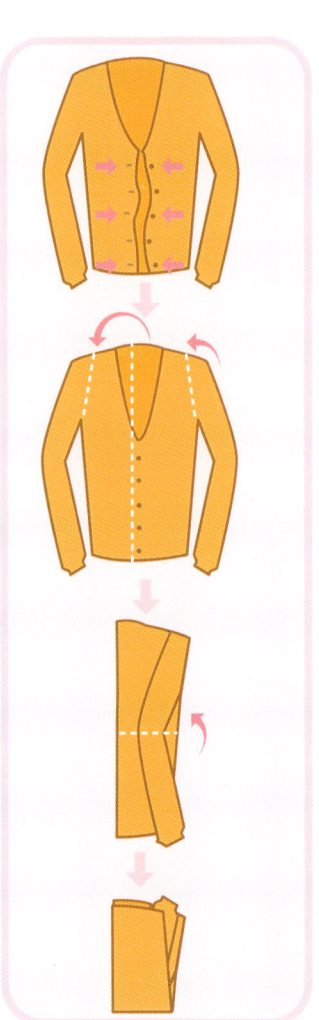
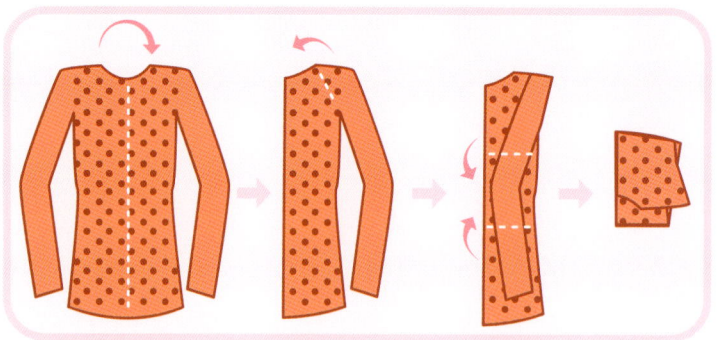
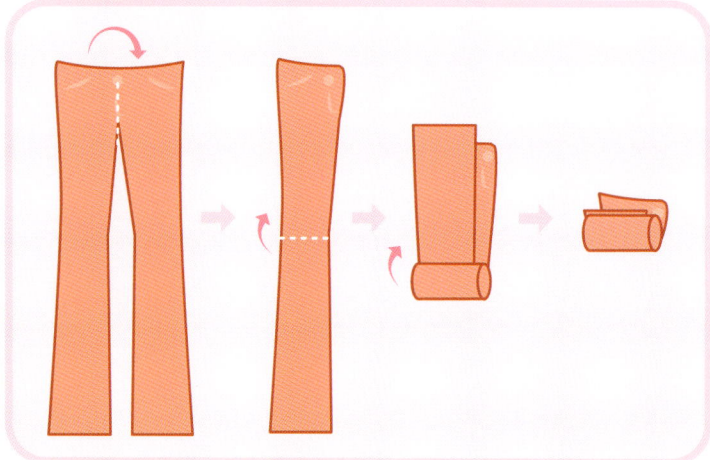
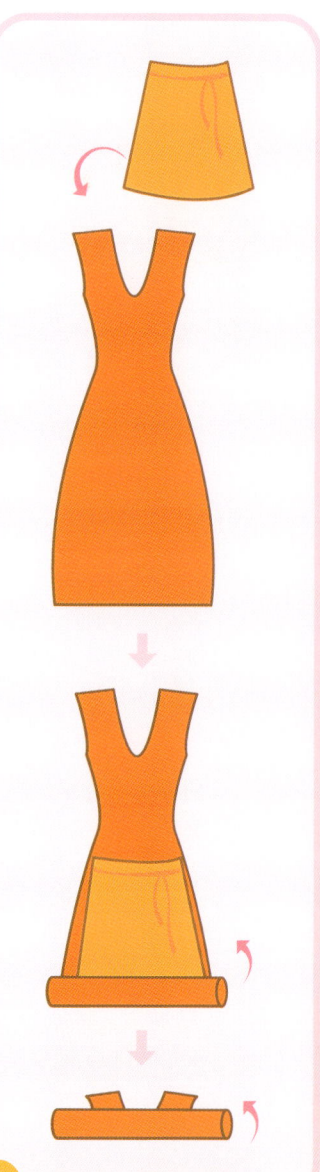

173 드레스와 스커트 모양 구별하기

여행가방 싸기(남성의류) 371

비행기에서 스트레칭하기 373

옆으로 돌려 뻗는다.

등을 둥글게 구부린다.

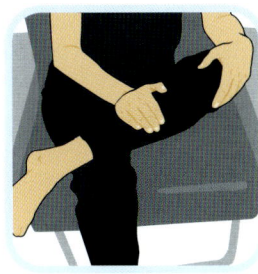
다리를 주무른다.

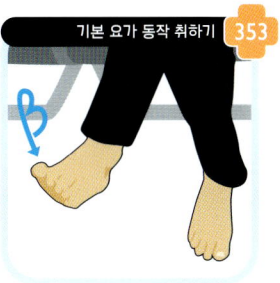
기본 요가 동작 취하기 353
알파벳을 그린다.

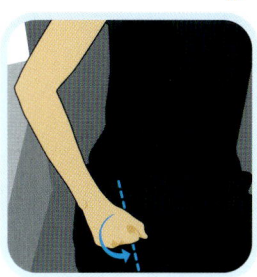
주먹을 쥐고 넓적다리를 문지른다.

시차 극복하기 374

도착지 시각으로 바꾼다.

수분을 충분히 공급한다.

스트레칭을 해서 혈액 순환을 원활히 한다.

밤샘 비행이라면 잠을 자둔다.

목적지에 도착하면 햇빛이 비치는 곳에 머무른다.

도착지의 식사 시간에 맞춰 식사를 한다.

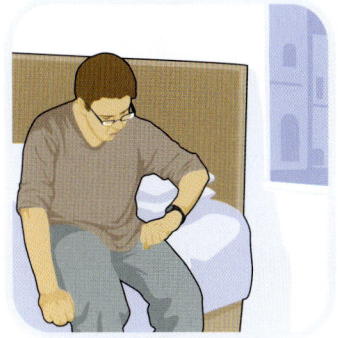
도착지의 밤 시간에 잠자리에 든다.

필요하다면 수면보조제의 도움을 받아도 괜찮다.

375 세계 각지의 변기에 대해 알아보기

- 기본 양변기
- 기본 재래식 변기 
- 태국 재래식 변기 
- 일본식 특제품 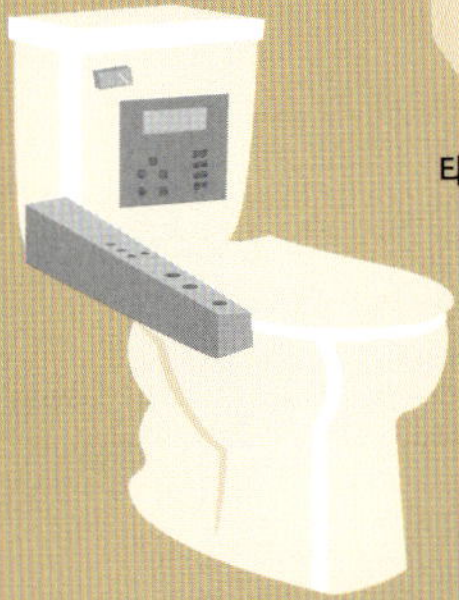
- 퇴비화처리 
- 이동식 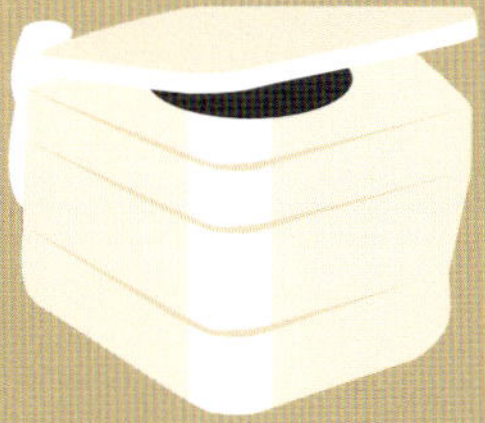
- 구덩이
- 야영장
- 변소 

376 여자 화장실 푯말 찾기

- 女性 — 중국
- MNÁ — 아일랜드
- PEREMPUAN — 말레이시아
- נשים — 이스라엘
- 女性 — 일본
- γυναίκες — 그리스
- ela — 브라질
- wahine — 하와이
- توالت بانوان — 이란
- dàn bà dàn bà — 베트남
- ཨ — 티베트
- 여자 — 한국
- ЖЕНЩИНЫ — 러시아

377 남자 화장실 푯말 찾기

378 재래식 화장실 사용하기

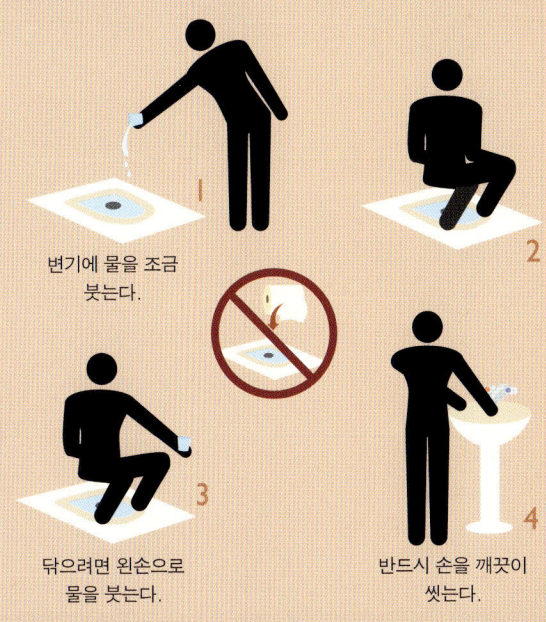

1. 변기에 물을 조금 붓는다.
2. (앉는 자세)
3. 닦으려면 왼손으로 물을 붓는다.
4. 반드시 손을 깨끗이 씻는다.

379 비데로 상쾌하게 마무리하기

1. 바지와 속옷을 벗는다. (물에 젖지 않도록)
2. 온도와 수압을 조절한다.
3. 제어 장치 쪽을 바라보고 다리를 벌려 앉는다.
4. 물을 살짝 뿜어 도기를 씻어낸다.

380 한국의 공기놀이

바닥에 던진다.

하나를 집는다. 공중으로 던진다.

다른 하나를 집는다.

공중에 던졌던 돌을 잡는다.

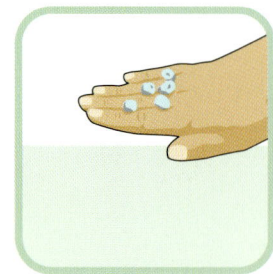
한꺼번에 던져서 잡는다.

 다섯 개를 다 모을 때까지 공깃돌을 하나씩 차례로 던지고 집은 다음 잡는다. 그 다음에는 한 번에 두 개, 그리고 세 개, 다음번에는 네 개를 집으면서 같은 과정을 반복한다. 최종적으로 다섯 개를 전부 허공으로 던져 손등에 올린 다음 다시 던져서 잡는다. 마지막에 손등에 올려서 잡은 공깃돌의 개수가 자신의 점수가 된다.

381 물담배(후카)에 흠뻑 취해보기

얼음물을 채운다.

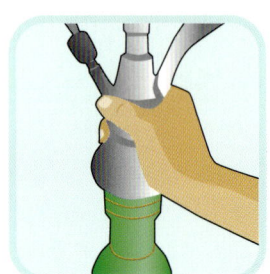
파이프를 병에 꽉 끼워 봉한다.

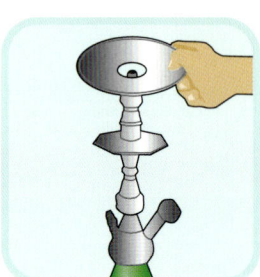
받침 접시를 놓는다.

호스를 끼운다.

우묵한 작은 그릇을 끼우고 담배를 다져 넣는다.

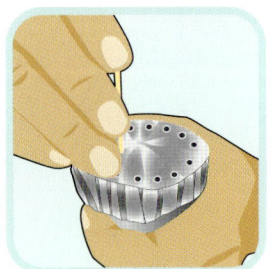
포일로 감싸고 구멍을 낸다.

석탄에 불을 붙인다.

우묵한 그릇 위에 놓는다.

재가 생기면 털어낸다.

382 해먹에 누워 쉬기

그물망을 편다.

비스듬히 누워 잠을 잔다.

383 마테* 차 마시기

*마테나무 잎으로 만든 남미의 녹차.

물을 끓인다.

조롱박으로 만든 용기에 4분의 3 정도 차를 채운다.

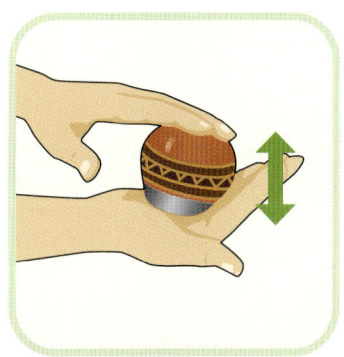
손으로 막고 잘 흔든다.

옆으로 기울여서 안의 차가 경사지도록 만든다.

경사진 면의 아래쪽에 찬물을 붓는다.

빨대 모양의 봄비야(bombilla)를 꽂는다.

뜨거운 물을 꽉 차도록 붓는다.

봄비야로 마신다. 돌아가면서 같이 마신다.

384 자전거 타이어 때우기

타이어에 박힌 물질을 제거한다.

바람을 약간 뺀다.

타이어 레버를 받쳐둔다.

손상된 튜브를 잡아당긴다.

구멍 난 부분을 간다.

풀을 바른다.

덧대기 조각을 붙이고 꽉 누른다.

튜브를 다시 잘 집어넣는다.

타이어 레버를 뺀다.

타이어에 공기를 주입한다.

385 지폐로 구멍 난 자전거 타이어 고치기

구멍을 찾는다. 타이어를 가장자리로 빼낸다.

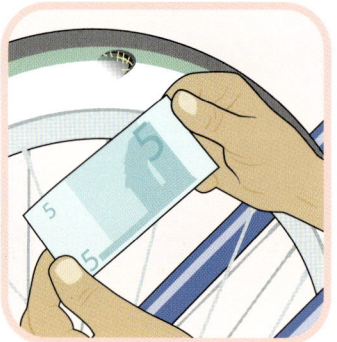
지폐를 잘 편다.

구멍과 테두리 사이에 넣는다.

타고 빨리 집으로 가서 제대로 다시 때운다.

안전을 위한 자전거 수신호 386

좌회전 | 우회전 | 우회전(정식은 아니지만 사용 가능한 방식) | 왼쪽에 차량 있음 | 오른쪽에 차량 있음 | 철도 건널목 | 서행 또는 정지 | 왼쪽에 움푹 팬 곳 있음 | 오른쪽에 움푹 팬 곳 있음

7 오른 다리를 몸에 바싹 붙여 구부린다.

8 계속 진행한다. 손으로 잡을 만한 곳을 이용한다.

5 왼 다리를 몸에 바싹 붙여 구부린다.

6 오른 다리 위로 디딘다.

3 다리 하나를 위로 올린다. 정신을 바짝 차린다.

4 손으로 잡을 수 있는 곳을 찾는다.

1 초크 가루를 묻힌다.

2 침니 안으로 들어선다.

387 침니* 오르기

*암벽 지대에서 타고 올라 갈 수 있게 세로로 갈라진 곳.

388 깎아지른 듯한 암벽 현수하강하기

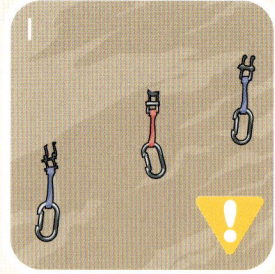
1 앵커는 무게를 분산시킨다.

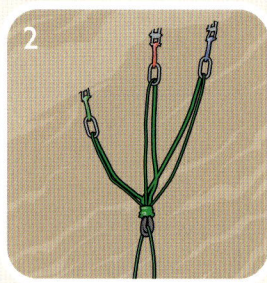
2 앵커에 로프를 묶어 연결한다.

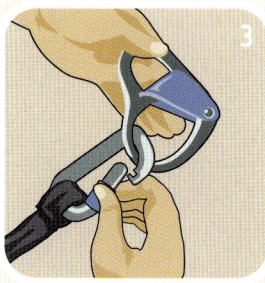
3 라펠 장치에 건다.

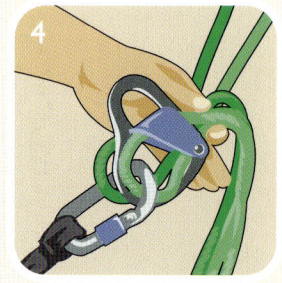
4 로프 두 줄을 고리에 연결하고 채운다.

5 로프를 쥔다.

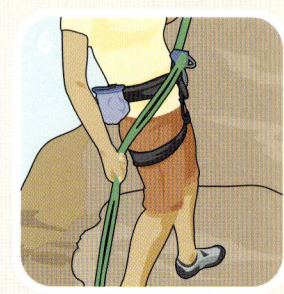
6 로프의 여분을 잡는다.

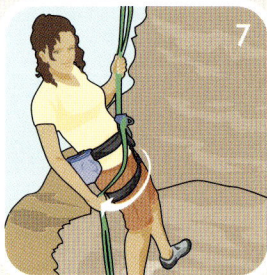
7 엉덩이 주위를 가볍게 돌려 감는다.

8 암벽을 걸어 내려온다.

절벽에서 다이빙하기 389

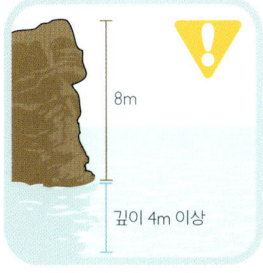
안전한 입수 장소를 찾는다.

바위를 확인한다.

장애물은 없는지 확인한다.

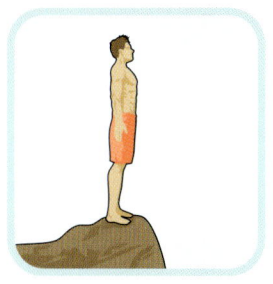
꼿꼿하게 선다.

뒤집힌 카약 바로잡기 390

배 앞쪽으로 몸을 구부린다.

노를 위로 불쑥 내보낸다.

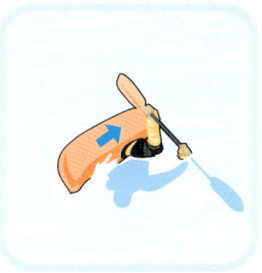
배 앞에서 뒤쪽으로 젓는다.

몸이 돌아 나오는 순간 엉덩이를 휙 돌린다.

허리를 쭉 편다. 중심을 잡는다.

스쿠버 마스크에 들어간 물 빼기 391

마스크 안에 물이 들어간 것을 인식한다.

눌러서 흡착된 부분을 살짝 뗀다.

고개를 뒤로 젖힌다.

코로 천천히 숨을 내쉰다.

마스크를 다시 단단히 눌러쓴다.

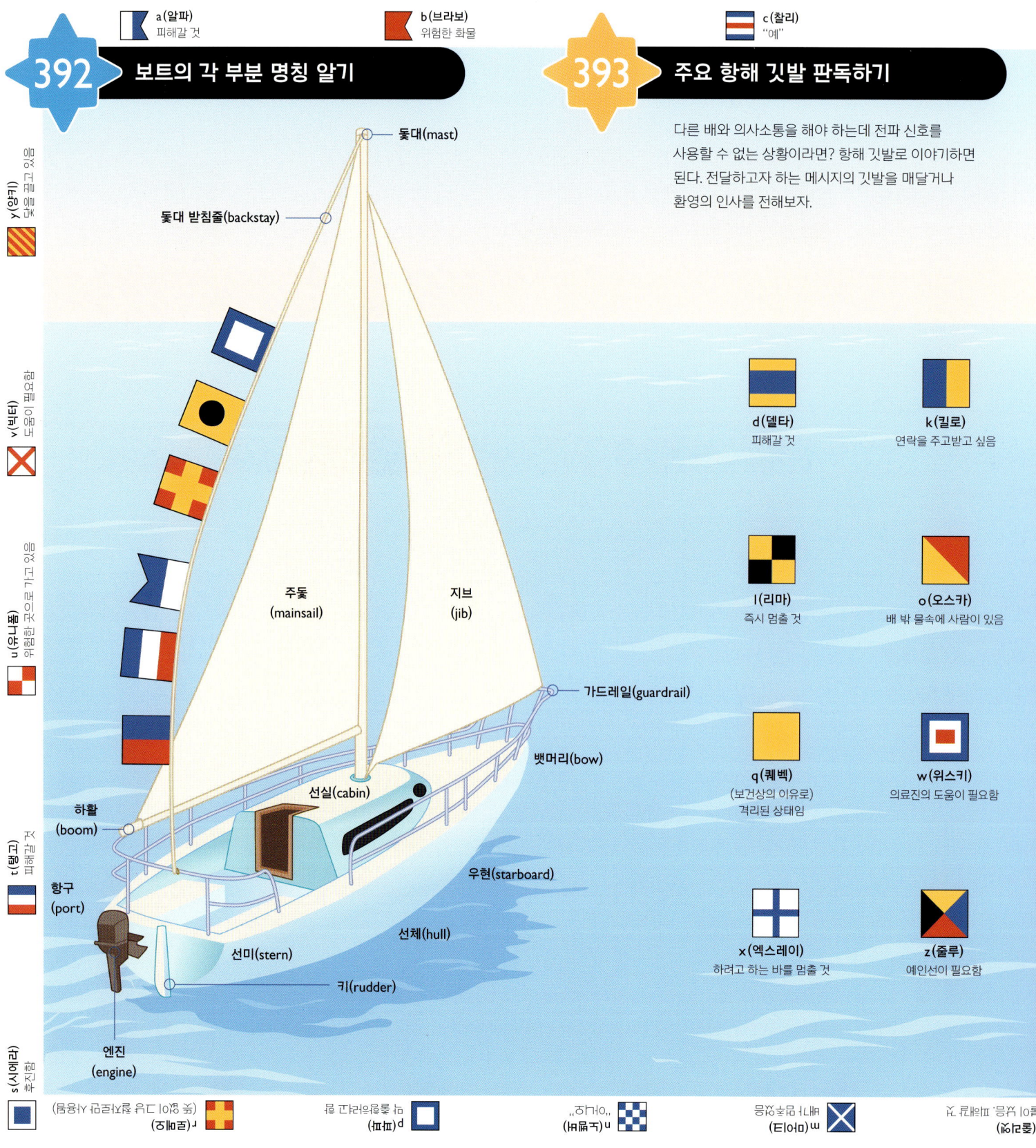

뱃멀미 극복하기 394

멀미약을 먹는다.

신선한 공기를 쐰다.

451 조난 사고에서 살아남기

뱃머리 쪽을 바라본다.

위를 가라앉힌다.

기본적인 항해 매듭 묶기 395

8자(figure eight) : 줄의 끝을 단단히 잡아매는 매듭

투 하프 히치(two half-hitches) : 보트를 항구에 단단히 묶어두는 매듭

보라인(bowline) : 줄 맨 끝에 고정된 고리를 만드는 매듭

원숭이 주먹(monkey's fist) : 가는 밧줄을 무게로 누르는 매듭

클리트 히치(cleat hitch) : 줄을 갑판의 밧줄걸이에 꽉 묶는 매듭

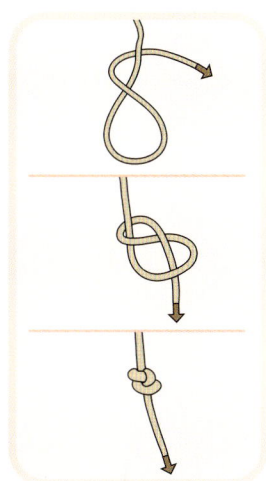

8자

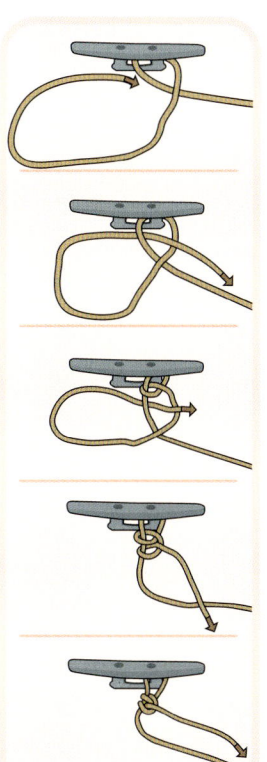

투 하프 히치

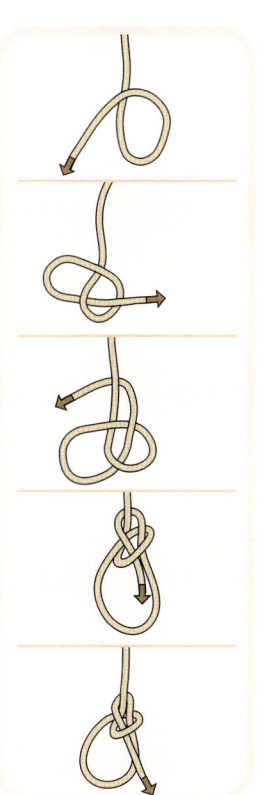

보라인

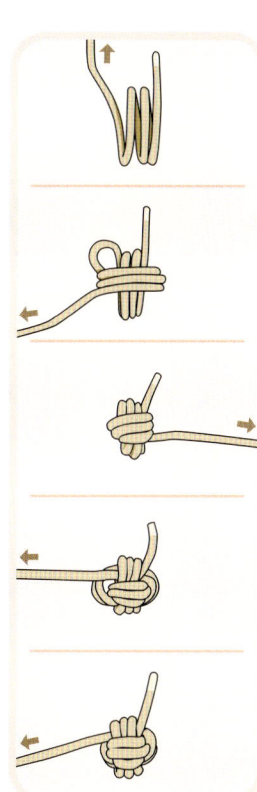

원숭이 주먹

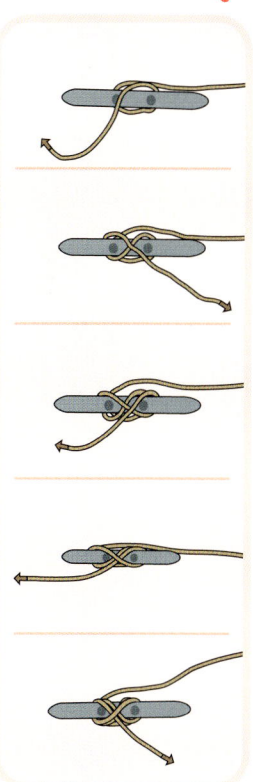

클리트 히치

396 서핑보드에서 일어서기

1. 데크(윗면)와 레일(옆면)에 왁스를 바른다.

2. 팔로 저어 나간다.

3. 차례를 기다려 자리를 잡고 적당한 파도를 고른다.(다른 서퍼가 타고 있는 곳에 비집고 들어가면 안 된다.)

4. 좋은 파도를 발견했는가? 뒤로 덮쳐오는 파도를 확인해가면서 재빨리 앞으로 저어서 나간다.

5. 파도가 보드를 들어 올리면 보드 양 옆을 잡는다.

6. 발가락(무릎이 아니라 발가락이다.)을 획 움직여 뛰어올라 불쑥 일어난다.

497 프로처럼 알리(ollie)하기

사람들은 대부분 왼발을 앞에 놓고 탄다. 오른발을 앞에 놓고 타는 서퍼는 '구피 풋(goofy-foot)'이라고 부른다.

397 스릴 넘치는 덕 다이브* 해보기

*파도가 부서지기 직전이나 부서진 파도의 거품 밑으로 통과하는 기술.

잡는다. 앞부분을 누른다.

몸을 숙인다. 무릎을 밑으로 누른다.

파도 밑으로 들어간다.

보드를 위쪽으로 기울인다.

7 쭈그린 자세로 재빨리 바꾼다. 앞발은 보드의 중앙에 놓고 뒷발은 살짝 바깥쪽을 향한 채로 뒤쪽에 놓는다.

8 파도의 측면을 깎아내린다. 무게 중심을 낮춘다.

9 보드를 파도가 부서지는 쪽으로 비스듬히 놓는다. 그래도 잘 안 된다면? 몸을 보드 쪽으로 낮추고 손으로 저어 빠져 나와서 다음 파도를 기다린다.

끝내주는 서핑 기술 배우기 398

행 파이브(hang five) · 행 텐(hang ten) · 슬래시(slash) · 플로터(floater) · 컷백(cutback)

399 다른 차의 배터리에 연결해 시동 걸기

  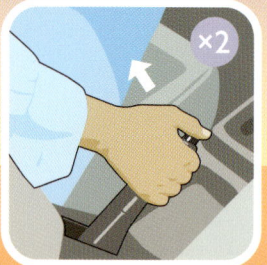 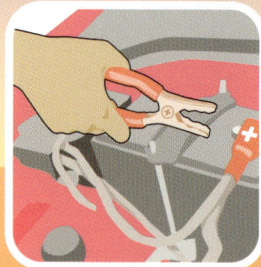 

양쪽 차 모두 시동을 끈다.   핸드 브레이크를 각각 채운다.   방전된 배터리에 꽂는다.   도움을 주는 차의 배터리에 연결한다.

179 그레이스 켈리처럼 우아하게 스카프 매기

400 타이어 갈아 끼우기

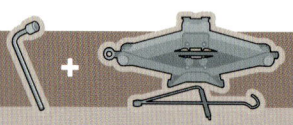 

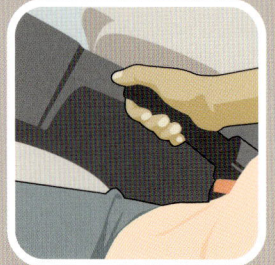    

핸드 브레이크를 채운다.   휠캡을 떼어낸다.   러그(lug)를 푼다.   차를 들어 올린다.   러그와 타이어를 빼낸다.

도움을 주는 차의 배터리에 연결한다.

엔진 블록에 접지한다.

도움을 주는 차의 시동을 건다.

방전된 차의 시동을 건다.

정반대 순서대로 떼어낸다.

스터드(stud)에 스페어타이어를 끼운다.

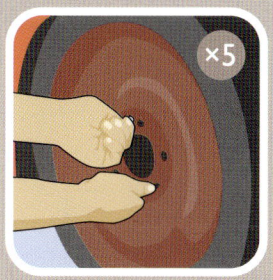

러그에 나사를 돌려 고정한다.

차를 내리고 잭을 빼낸다.

러그를 단단히 고정한다.

정비소로 간다.

401 낚싯바늘에 미끼 달아서 던지기

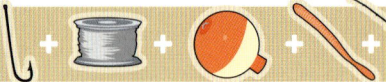

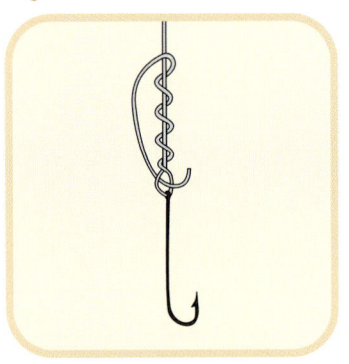
감은 코일 끝을 조금 남긴다.

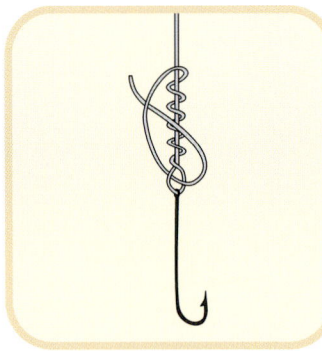
고리 사이로 통과시킨다.

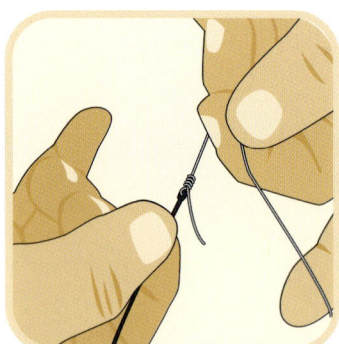
매듭이 만들어졌으면 세게 잡아당긴다.

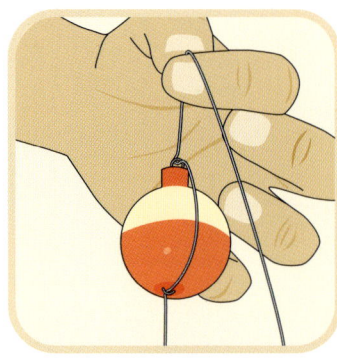
찌를 단다.

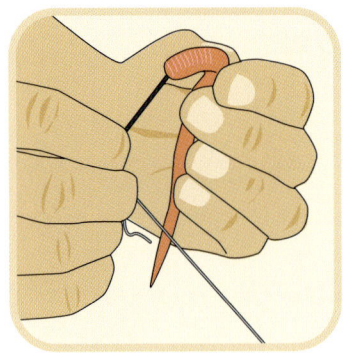
후크에 미끼를 단다.

줄을 던진다. 미끼 물기를 기다린다.

물고기를 낚아채도록 휙 잡아당긴다.

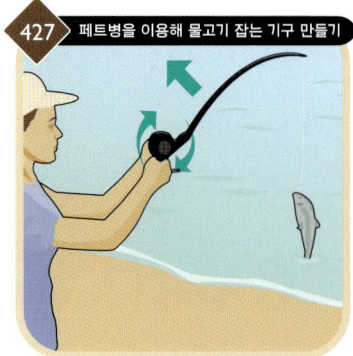
릴을 감아 끌어당긴다.

427 페트병을 이용해 물고기 잡는 기구 만들기

402 활활 타오르는 캠프파이어 만들기

부싯깃을 불구덩이에 넣는다.

그 주위에 잔가지를 세운다.

그보다 큰 나뭇가지를 여러 겹 쌓는다.

나뭇가지로 둘러싼다.

안에 있는 부싯깃에 불을 지핀다.

꼬치에 꽂아서 구운 치즈 토스트 만들기 — 403

나뭇가지의 껍질을 벗긴다.

빵에 버터를 바른다.

치즈를 올린다. 불 위로 든다.

불가에서 빼낸 다음 뒤집는다.

반대쪽 면을 굽는다.

맛있는 스모어* 만들기 — 404

*구운 마시멜로를 초콜릿과 함께 크래커 사이에 끼워 먹는 캠프용 간식.

따끈해질 때까지 익힌다.

불가에서 빼낸 다음 뒤집는다.

와인 따개 없이 병 따기 — 405

포일을 벗긴다.

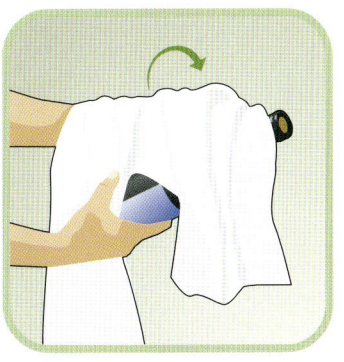
타월로 감싼다.

바닥을 여러 번 친다.

코르크가 튀어 나오면 잡아당긴다.

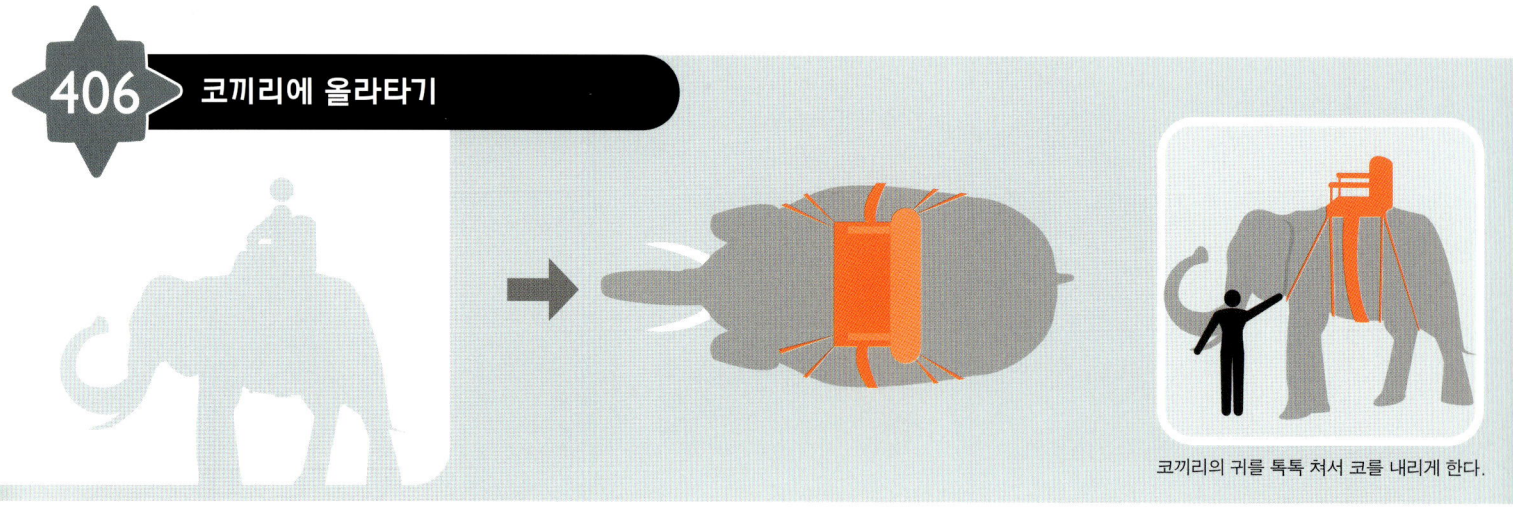

406 코끼리에 올라타기

코끼리의 귀를 톡톡 쳐서 코를 내리게 한다.

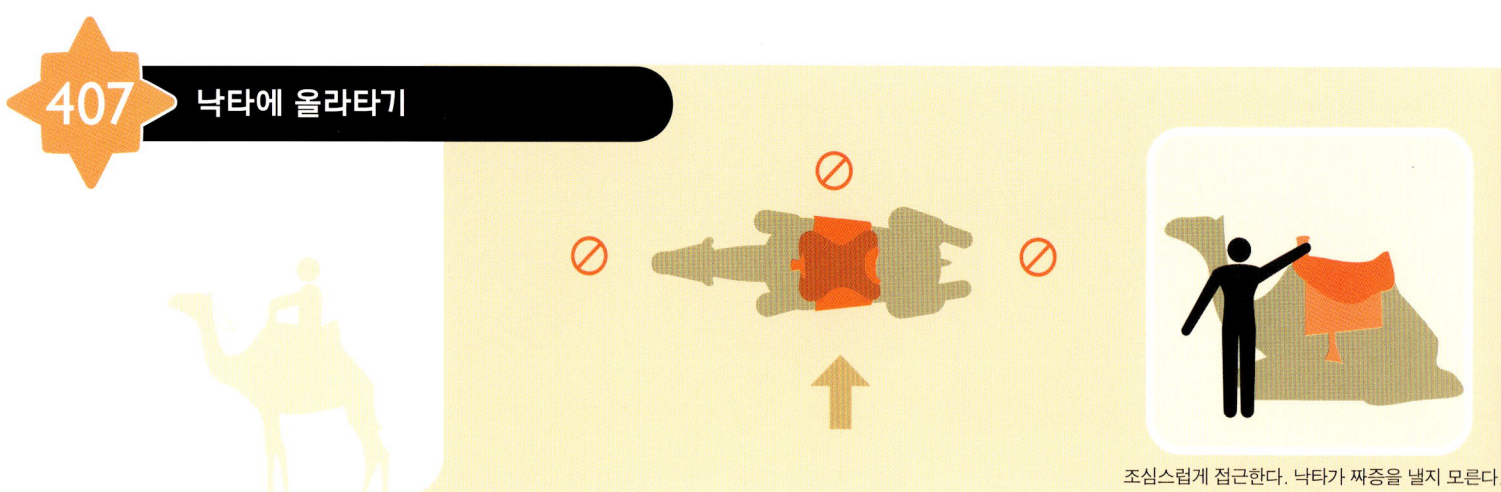

407 낙타에 올라타기

조심스럽게 접근한다. 낙타가 짜증을 낼지 모른다.

408 말에 올라타기

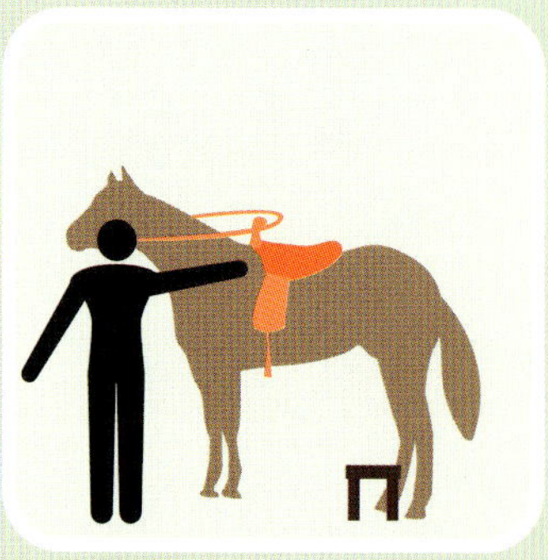

부드럽게 이야기를 건네서 말을 안심시킨다.

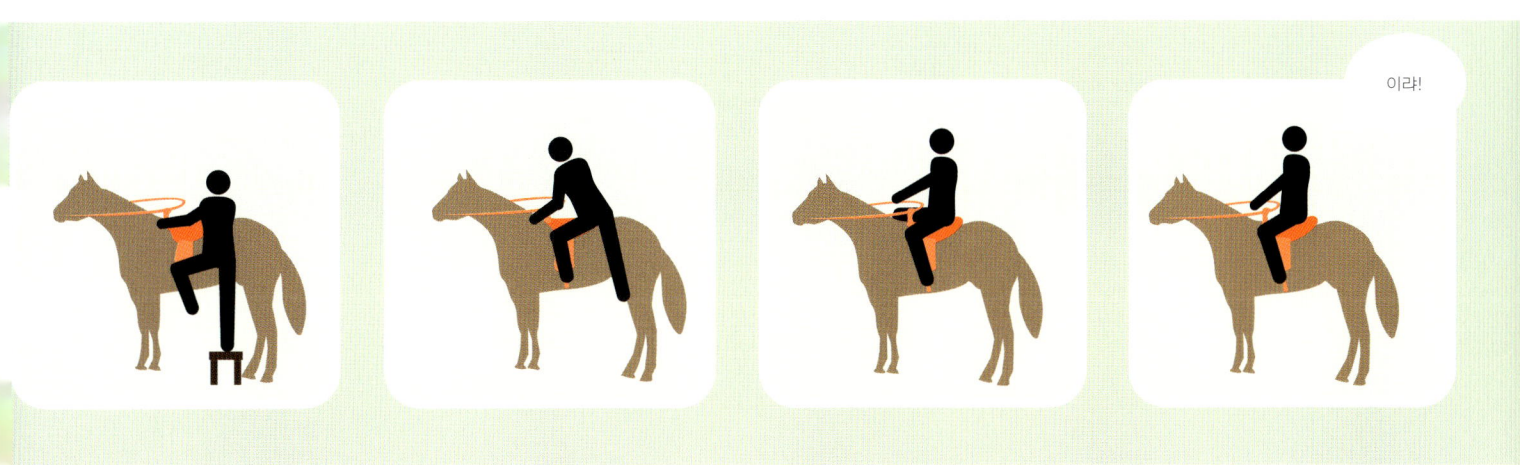

409 기억에 남을 만한 사진 찍기

최적의 조명 효과를 내려면 해를 등진 채 약간 옆으로 돌려 선다.

그곳의 중요한 특징을 잘 내포하는 핵심 요소를 고른다.

눈길은 밝은 곳으로 향한다. 그러므로 음영의 대비가 뚜렷한 장면을 찾는다.

시선을 주제로 이끌고 가는 선을 찾는다.

색깔, 모양, 질감이 반복되는 흥미로운 장면을 찾는다.

410 흔들리지 않게 사진 찍기

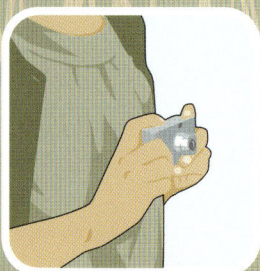
양 옆을 잡는다.

얼굴에 대고 잡는다.

팔꿈치를 접는다.

흔들리지 않도록 기댄다.

숨을 내쉬면서 셔터를 누른다.

사진의 구도를 잡을 때는 '룰 오브 서드(rule of third)' 규칙을 활용하라. 지평선은 가로 3분의 1 지점에 두고, 촬영 대상은 세로 3분의 1 지점에 둔다.

가로로 찍을지 세로로 찍을지는 어떻게 결정할까? 대상 본연의 모습에 어울리도록 자연스럽게 결정하면 된다.

귀 옆으로 나뭇가지가 나온 것처럼 찍힌다든지 하는 식으로, 의도하지 않은 사물이 배경에 찍히는 실수를 주의한다.

촬영 대상의 눈높이에서 찍는다.(늘 조심스럽고 안전하게 행동한다.)

단순히 포즈를 잡고 서 있는 것보다는 사람들이 자연과 교감하는 장면이 가장 좋은 사진이다.

전문 사진가 같은 효과 내기

411

*카메라가 선명한 상을 찍을 수 있는 가장 가까운 피사체와 가장 먼 피사체 사이의 거리.

움직이는 물체가 정지한 것처럼 보이려면 셔터 스피드를 1/500(500분의 1초)로 설정한다.

생동감이 넘치면서 흐릿해 보이는 장면을 담으려면 셔터 스피드를 1/15(15분의 1초)로 설정한다.

부드럽고 초점이 흐린 배경에 서 있는 대상을 담으려면 f2.8을 사용한다.

피사계심도*를 극대화하려면 f11을 사용한다.

땅거미 지는 장면을 담으려면 삼각대를 설치하고 원하는 만큼 셔터를 길게 열어둘 수 있도록 벌브(bulb) 모드를 사용한다.

412 리오 카니발 퍼레이드에 참여하기

브라질 리우데자네이루에서는 매년 1월 말이나 2월 초가 되면 놀랍도록 멋진 퍼레이드가 펼쳐지는 카니발이 열린다. 그런데 가만히 앉아서 보고만 있어서야 되겠는가!

1. 삼바 춤 강좌에 등록하고 의상을 주문한다.
2. 수업에서 배운 삼바를 연습한다.
3. 마다하지 말고 카챠카(cachaca)도 마셔보자.
4. 의상을 갖춰 입고 시간에 맞게 도착한다. 강좌에서 배운 춤과 '한 발로 깡충깡충 뛰는' 기본 삼바 스타일 춤으로 워밍업을 한다.
5. 파티를 즐겨라! 심사위원들은 열정적인 참여도에 점수를 준다.
6.

413 홀리 축제에서 색에 푹 젖어보기

인도에서는 3월경에 홀리(Holi) 축제가 열린다. 드훌헨디(Dhulhendi)라고 불리는 이튿째에 가장 색채가 화려해진다.

1. 가루로 된 염료를 산다.
2. 탄다이(thandai)를 마신다.
3. 색 가루를 던진다.
4.
5. 색 가루를 물에 섞어 양동이에 가득 담고 뿌린다.
6. 총으로 무장하라! 피크카리스(pichkaris)라는 이름의 물총에 담아 쏜다.

414 팜플로나에서 황소와 함께 달리기

매년 7월 아드레날린 중독자들은 소몰이 행사에 참여하려고 스페인 팜플로나를 찾는다. 산페르민 축제는 그 도시의 수호성인을 기리는 축제이다.

1. 복장을 갖춘다.
2. 완전히 정신이 나간 사람이라면? 산토도밍고 플라자에서 출발하고, 파차란*으로 건배를 한다.
3. 그보다는 살짝 덜 미친 사람은? '죽은 사람들의 모퉁이'를 지나서 출발하고, 건배는 나중에 든다.(살아남은 것을 축하하는 의미로)
4. 모퉁이에 바짝 붙어 있어라.(황소는 표적을 잘 맞추지 못할 때가 많다.)
5. 넘어졌으면 그대로 있으면서 머리를 보호한다.
6. 투우장이 결승선이다.

*아니스가 들어간 증류주에 자두를 담근 술.

11월 초가 되면 멕시코에서는 세상을 떠난 영혼들이 사랑하는 사람들의 축복을 받기 위해 (좋은 시간을 보내기 위해) 돌아오는 '죽은 자의 날'을 기념한다.

'죽은 자의 날' 제단 만들기 415

대나무 아치는 영혼이 들어오는 입구 역할을 한다. 아치에는 마리골드 꽃과 과일 화환이 항상 놓여 있다.

설탕으로 만든 해골과 뼈 장식물은 죽은 사람과 살아 있는 사람들 모두에게 즐거운 볼거리가 된다.

죽은 사람이 가장 좋아하던 음식으로 상을 차린다. 용설란을 발효시킨 증류주 메스칼과 팡 데 무에트로라는 이름의 '죽은 자들의 빵'도 빼놓지 않고 놓는다.

향료로 쓰이는 특별한 수지(樹脂)인 코펄은 영혼을 제단의 아치 너머로 불러들인다.

다육 식물로 정원 조성하기 274

죽은 영혼을 기리기 위해 봉헌 양초를 켠다.

416 북극성으로 현재 위치 확인하기

북극성은 금세 찾을 수 있다. 우선 큰곰자리에서 잘 알려진 별자리인 북두칠성을 찾는다. 그 다음 마음속으로 북두칠성의 국자처럼 우묵한 부분 끝에서부터 이어지는 선을 그린다. 그 선을 다섯 배만큼 이어 가면, 큰곰자리 혹은 소곰자리에서 가장 밝은 별인 북극성에 닿게 된다.

- 큰곰자리 (ursa major)
- 북극성 (polaris)
- 북두칠성 (big dipper)
- 작은곰자리 (little major)

417 태양 컴퍼스 만들기

그림자 끝에 표시하고 기다린다.

 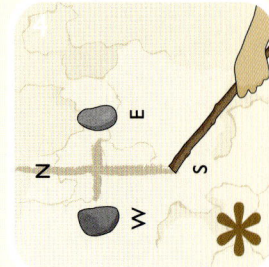

그림자 끝에 또 표시한다.

 참고사항 : 이 나침반은 적도에 가까울수록, 시기적으로 춘분과 추분에 가까울수록 정확도가 높아진다.

418 시계를 이용해 위치 파악하기

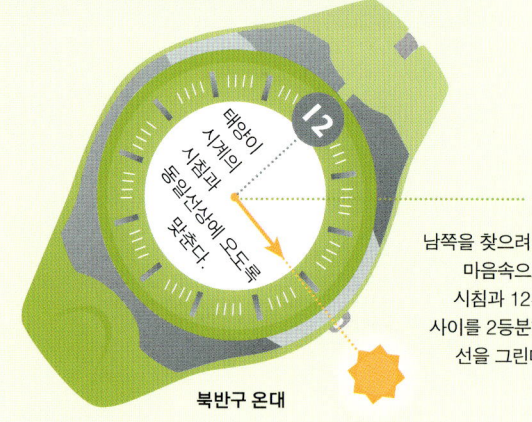

태양이 시계의 시침과 동일선상에 오도록 맞춘다.

S — 남쪽을 찾으려면 마음속으로 시침과 12시 사이를 2등분한 선을 그린다.

북반구 온대

419 간단한 자기 컴퍼스 만들기

1. 방풍 물웅덩이를 만든다.

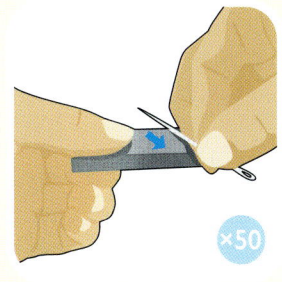
2. 바늘에 자기가 형성되도록 만든다. ×50

3. 물웅덩이에 나뭇잎을 띄운다.

4. 잎이 스스로 방향을 잡도록 놔둔다.

 바늘은 항상 북쪽과 남쪽 방향을 향한다. 다른 수단(예를 들면 하늘에 떠있는 태양의 위치)을 이용해서 동쪽과 서쪽을 찾은 다음 북쪽을 찾아 확인해보자.

북쪽을 찾으려면 마음속으로 시침과 12시 사이를 2등분한 선을 그린다.

태양이 12시와 동일선상에 오도록 맞춘다.

남반구 온대

420 남십자성으로 위치 파악하기

남극을 찾으려면? 우선 남십자성의 긴 축선을 찾고 그 축을 4.5배 만큼 길게 연결한다. 한편 남십자성 왼쪽에서 밝게 빛나는 별 라이겔켄트와 하다르를 찾는다. 그 두 별 사이의 한가운데 지점에서 마음속으로 선을 그어 남십자성의 축에서 연결한 선과 만나는 지점을 찾는다. 그 지점이 바로 남극점이다.

라이겔켄트 (Rigil Kent)
하다르 (Hadar)
남십자성
남극

421 남은 일광시간 예측하기

가던 길을 멈추고 머물 곳을 찾아야 할까, 아니면 계속 전진해 산행하는 게 나을까? 이 간단한 방법을 이용하면 일광시간이 얼마나 남았는지 헤아릴 수 있다. 적어도 해가 지기 전에 두 시간은 남겨야 텐트를 설치할 수 있다는 점을 기억해두라.

태양과 지평선 사이에 손가락을 넣으면 몇 개나 들어가는지 세어본다. 손가락 하나가 15분, 한 손은 한 시간에 해당한다. 태양과 지평선 사이의 길이가 손 두 개 들어갈 틈 밖에 안 된다면 적당한 캠핑장을 찾고 텐트를 설치해야 할 때이다. (경고 : 극지방 근처에 있다면 태양은 지평선 위로 더 오래 떠있을 것이므로 실제와 다른 값이 나올지도 모른다.)

정확히 측정하려면 팔을 앞으로 쭉 뻗는다.

207 데이트 상대의 손금보기—사랑

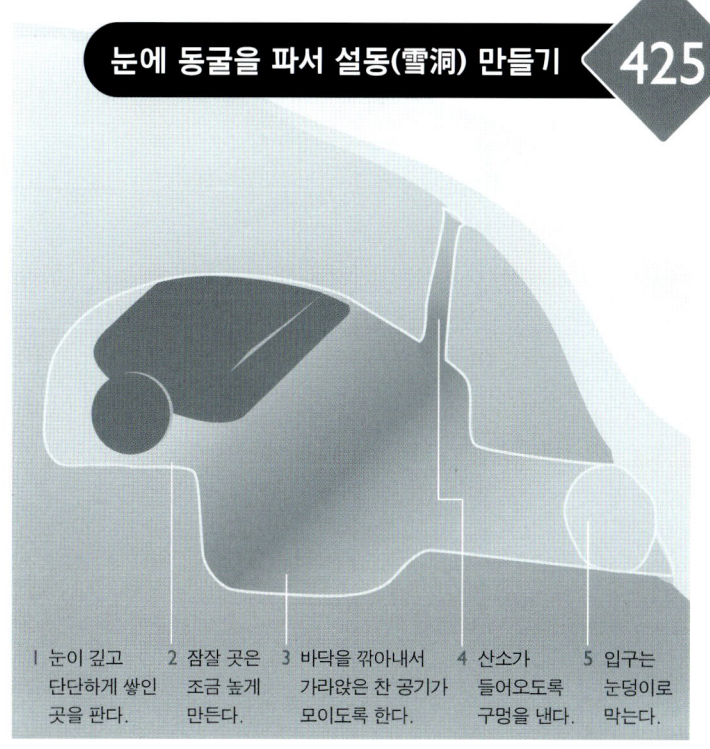

426 맨손으로 물고기 잡기

한 손을 물에 넣고 옆으로 눕는다.

손가락을 꼼지락거린다.

땅으로 내던진다.

427 페트병을 이용해 물고기 잡는 기구 만들기

페트병 두 개를 자른다.

병에 구멍을 뚫는다.

묶어 연결한다.

미끼를 넣는다. 흘러가지 않게 실을 묶고 물속에 빠뜨린다.

428 타란툴라 불에 굽기

거미를 뒤집어서 지그시 누른다.

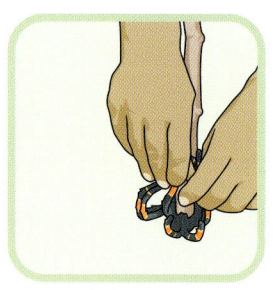
다리를 모은다.

다리를 묶는다.

잎사귀에 싼다.

불타는 석탄 속에 넣는다.

토끼 덫 놓기 429

토끼가 다니는 길목을 찾는다.

나뭇가지 두 개를 같은 길이로 잘라서 깎는다.

칼 번쩍번쩍하게 갈기 75

길 양쪽에 꽂는다.

튼튼한 나뭇가지에 철사를 감는다.

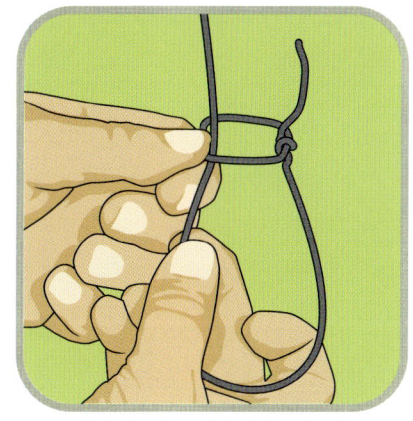
철사 다른 쪽 끝에 올가미를 만든다.

나뭇가지가 갈라진 곳에 올가미를 씌운다.

맛좋은 뱀 손질하기 430

뱀 머리를 잘라낸다.

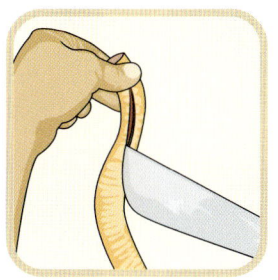
배에 칼집을 낸다.

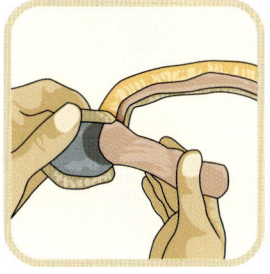
껍질을 벗긴다.

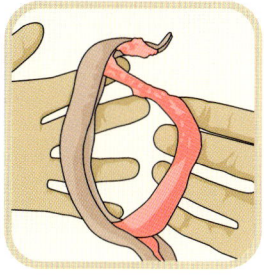
내장을 제거한다.

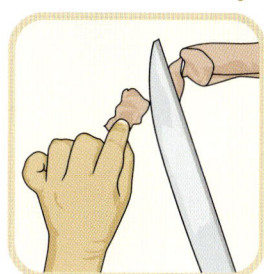
고기를 자른다.

주효한 한방 날리기 436

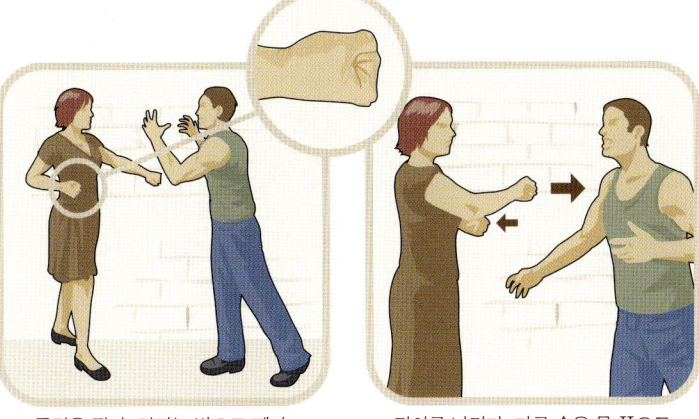

주먹을 쥔다. 엄지는 밖으로 뺀다. | 펀치를 날린다. 다른 손은 몸 쪽으로 끌어당긴다. | 주먹에서 손가락 관절 첫 두 마디가 있는 부분으로 가격한다. | 손을 제자리에 놓고 방어 자세를 취한다.

멱살 잡힌 상태에서 벗어나기 437

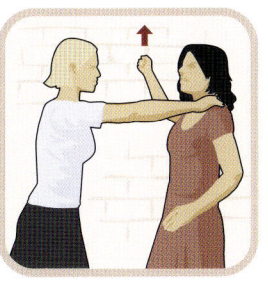

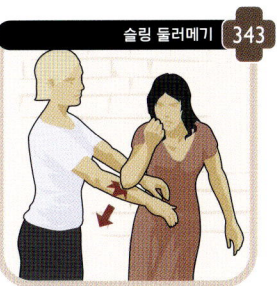
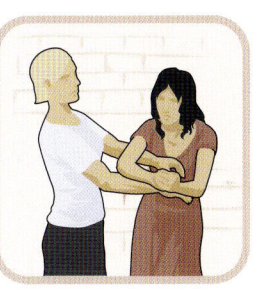
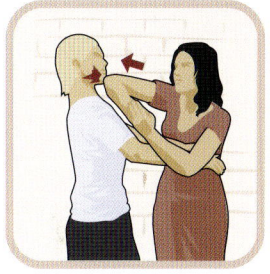

팔을 든다. | 몸을 돌린다. 팔꿈치를 굽힌다. | 잡은 팔을 떼어낸다. | 팔을 상대방 팔에 끼운다. | 팔꿈치로 민다.

슬링 둘러메기 343

꽉 껴안은 자세에서 풀려나기 438

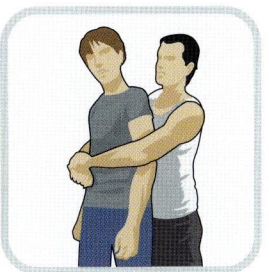
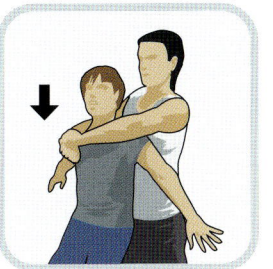
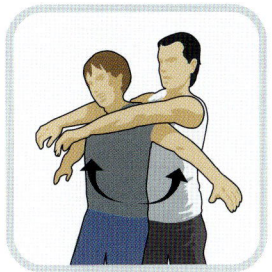
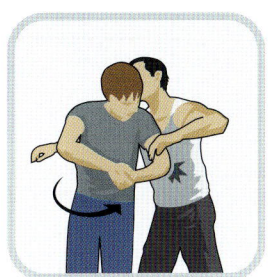

냉정을 잃지 않는다. | 무릎을 굽힌다. | 양팔을 든다. | 빙 돌아 공격자를 친다. | 도망간다.

439 얼음 구멍에서 기어오르기

침착하게 있으면서 정신을 집중한다.

무거운 물건이 있으면 전부 떨어뜨린다.

*튼튼한 얼음 쪽으로 돌아간다.

발을 차서 수평을 잡는다.

팔꿈치를 들어올린다.

발을 차서 헤엄쳐 나온다.

몸을 굴려서 얼음 구멍에서 벗어난다.

견고한 땅까지 기어간다.

 일반적으로 물의 깊이가 얕고 맨 처음에 얼음이 얼기 시작하는 기슭이 가장 단단하게 언다. 호수를 건너고 있다고 가정할 때, 걸어왔던 쪽의 얼음이 더 단단할 것이므로 기어 나오기 전에 우선 그 방향으로 간다.

몸을 따뜻하게 하고 말린다.

440 얼음 호수에서 물고기 잡기

얼음이 두껍게 언 곳을 깨서 구멍을 낸다.

401 낚싯바늘에 미끼 달아서 던지기
나뭇가지에 줄을 묶는다.

미끼를 달고 구멍에 넣는다.

나뭇가지를 걸쳐서 줄을 지탱한다.

얼지 않도록 감싼다.

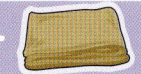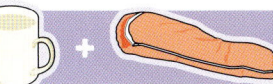

저체온증에 빠진 사람 구하기 441

체온을 점검한다.

몸이 덜덜 떨리는지 살핀다.

추위에 직접 노출되지 않는 곳으로 데려간다.

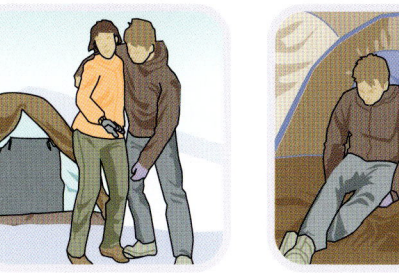
환자를 조심스럽게 다룬다.

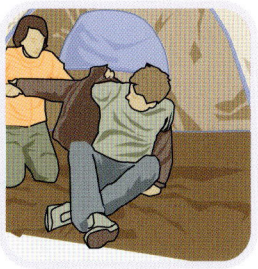
젖은 옷은 모두 벗긴다.

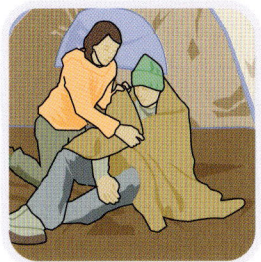
보온한다.

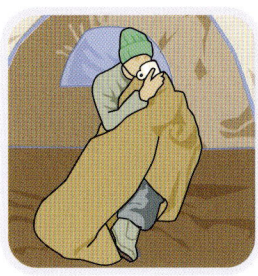
따뜻한 음료를 가져다준다.

잠시 체온을 나눈다.

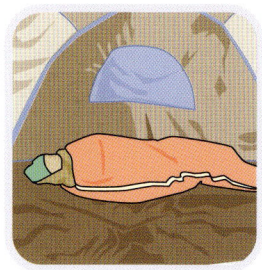
구조대가 올 때까지 똑바로 뉘어 둔다.

 움직임이 둔해지거나 방향감각을 잃거나, 전신이 피로해지는 등의 저체온증 징후가 보이지 않는지 살핀다. 심하게 덜덜 떨다가 떨림이 갑자기 멈추면 상당히 심각한 상황에 처한 것이므로 가능한 빨리 구조대에 도움을 요청한다.

동상 처치하기 442

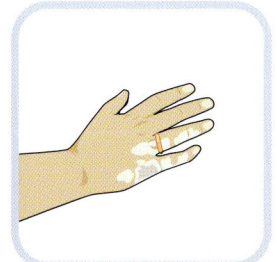
밀랍 같은 질감이 나거나 창백해진 피부가 있는지 살핀다.

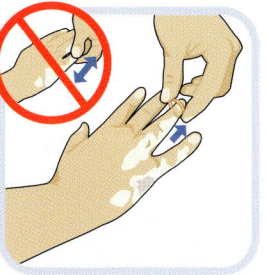
꽉 조이는 장신구를 빼낸다.

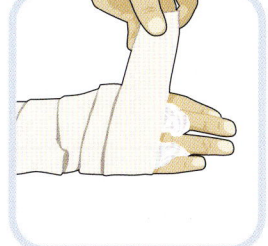
손가락(혹은 발가락)을 분리해서 감싼다.

443 먹을 수 있는 식물인지 확인하기

1. 종류별로 나누고 각각 테스트한다.

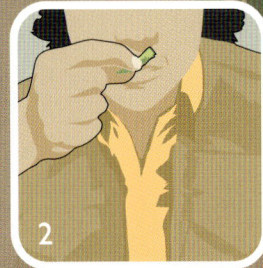
2. 이상한 냄새가 나지 않는지 확인한다.

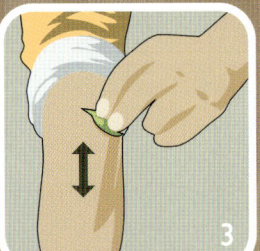
3. 문지르고 어떤 반응이 나타나는지 지켜본다.

4. 입술에 문지른다.

5. 혀에 대본다.

6. 씹어보고 입에 잠시 물고 있어본다.

7. 삼킨다. 기다리며 반응을 지켜본다.

8. 이제 한 움큼 먹어도 된다.

444 습지에서 안전하게 걷기

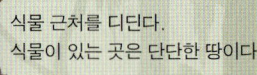

식물 근처를 디딘다.
식물이 있는 곳은 단단한 땅이다.

의심이 가는 곳은 나뭇가지로 확인한다.

두 발을 서로 가까이 둔다.

445 음료수 캔으로 불 지피기

 +  +

초콜릿으로 문질러 광을 낸다.

캔에 햇빛을 반사시켜 부싯깃 역할을 하는 버섯인 틴더 펑거스에 불을 붙인다.

402 활활 타오르는 캠프파이어 만들기

446 유사(流沙)에서 빠져 나오기

손에 닿는 곳에 지팡이가 있는가?
그렇다면 엉덩이 밑에 끼운다.

탈출하려면 물가로 천천히
헤엄치듯 움직인다.

손과 발을 넓게 벌리면
표면적이 늘어나 위로 뜬다.

등에 대고
교묘히 잘 움직인다.

몸을 더 밑으로
가라앉힐 수 있는 무거운
물건은 떨어뜨린다.

마구 흔들면
안 된다.

447 악어와 몸싸움하기

지그재그로 달린다.

도망치기 어려운가? 목을 눌러라.

눈을 가린다.

물면 주둥이를 때린다.

448 바지를 튜브처럼 활용해 물에 떠있기

바지를 벗는다.

바짓단을 각각 묶는다.

밑으로 잡아내려 공기를 넣는다.

공기가 빠져나가지 않도록 벨트를 꽉 조인다.

껴안고 구조를 기다린다.

449 죽은 사람처럼 엎어진 자세로 살아남기

배에서 떨어져 물에 빠졌다면? 유효성이 이미 검증된 이 자세를 취하라. 간간히 숨을 쉬면서 힘을 빼고 엎드린 자세를 취하면 에너지를 아껴서 구조될 때까지 버틸 수 있다.

머리와 어깨가 물 위로 살짝 올라가게 한다.

숨을 쉬어야 하면 양 팔을 위아래로 움직이고 발을 가볍게 차서 물을 딛고 올라간다.

팔과 다리를 편하게 흔들흔들한다.

450 모스 부호 이해하기

a ·—	n —·	l ·—··	6 —····
b —···	o ———	2 ··———	7 ——···
c —·—·	p ·——·	3 ···——	8 ———··
d —··	q ——·—	4 ····—	9 ————·
e ·	r ·—·	5 ·····	0 —————
f ··—·	s ···		
g ——·	t —		
h ····	u ··—	이해했음 ···—·	
i ··	v ···—	오류(에러) ········	
j ·———	w ·——	전파를 발신하도록 초대함 —·—	
k —·—	x —··—	기다림 ·—···	
l ·—··	y —·——	업무 완료 ···—·—	
m ——	z ——··	시작 신호 —·—·—	

451 조난 사고에서 살아남기

몸을 따뜻하고 물기 없게 한다.

태양으로부터 보호한다.

단추 새로 달기 182

갈증을 덜기 위해 단추를 빤다.

방수포에 빗물을 받는다.

육지가 보이는가? 그럼 어서 헤엄쳐 간다.

452 상어의 공격 막기

상어가 등을 공격하지 못하도록 방어한다.

옆을 공격한다.

코끝을 친다.

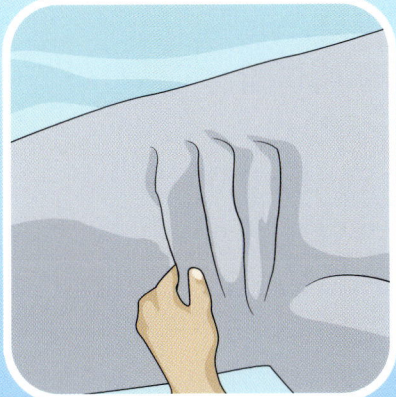
아가미에 손을 넣는다.

상어 눈을 찌른다.

도망친다. 상처가 있으면 즉시 치료한다.

453 사막에서 물 구하기

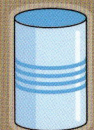
방수가 되는 용기면 아무것이나 괜찮다.

관은 길이가 최소한 90cm는 되어야 한다.

비닐 덮개는 깨끗한 것이어야 한다.

중간 정도 크기의 돌멩이가 가장 좋다.

고운 모래일수록 공기가 더 잘 밀폐된다.

삽이나 평평한 큰 돌로 구덩이를 판다.

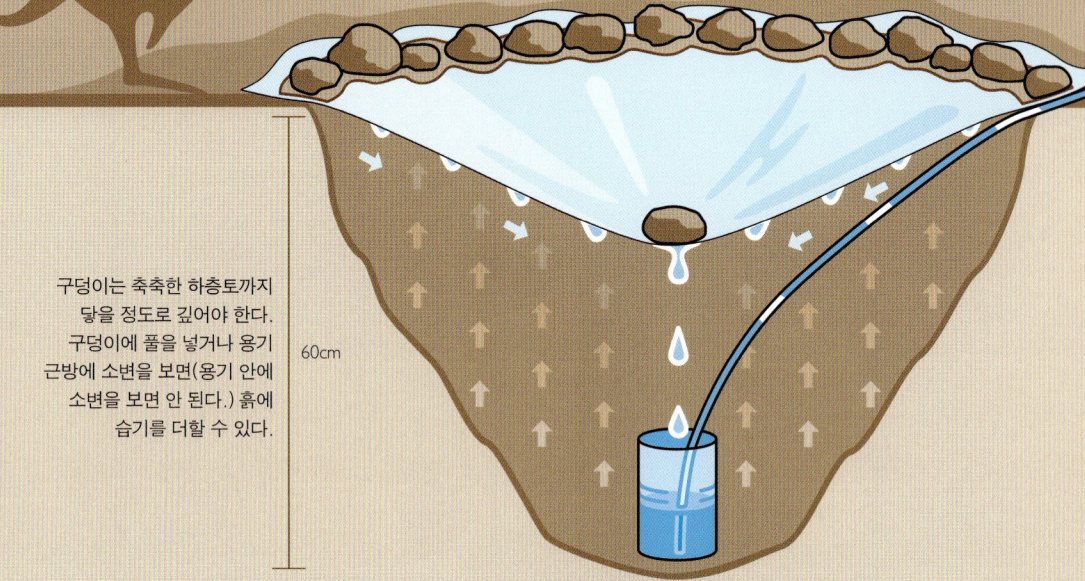

구덩이는 축축한 하층토까지 닿을 정도로 깊어야 한다. 구덩이에 풀을 넣거나 용기 근방에 소변을 보면(용기 안에 소변을 보면 안 된다.) 흙에 습기를 더할 수 있다.

60cm

1

구덩이 너비가 비닐 덮개보다 크지 않도록 주의한다.

42 빈 캔으로 조명 밝히기

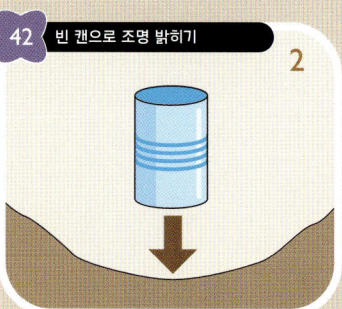

2

물을 받을 수 있도록 용기를 넣는다.

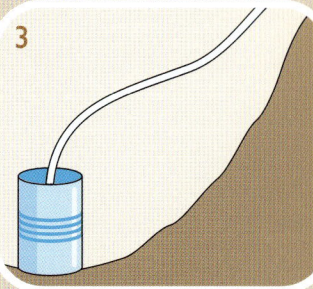

3

빨대로 사용하도록 관을 주입한다.

비행기에 신호 보내기

네, 도움이 필요해요!   아니요, 도움은 필요 없습니다.

위에서도 보일 만큼 넓은 땅에 기호를 만든다.

심각한 부상   모두 잘 있음

나침반과 지도가 필요함   여기 착륙해도 안전함

진행 방향을 알려줄 것   이쪽 방향으로 감

음식과 물이 필요함   나뭇가지나 발자국 또는 쉽게 구할 수 있는 물체로 기호를 그린다.

9

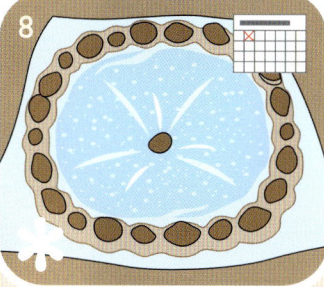

8 물이 응축되기를 기다린다.

7 물방울이 흘러 떨어지도록 한가운데 돌멩이를 놓는다.

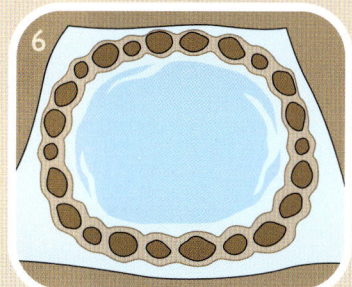

6 모래를 덮어 공기구멍을 차단한다.

* 해가 비치는 동안에는 수증기가 자연적으로 응축되어 비닐 덮개 아래의 낮은 곳으로 흘러 떨어진다. 공기 온도와 흙의 습도에 따라 다르긴 하지만 보통 물 0.5리터에서 1리터를 모으려면 꼬박 24시간이 걸린다. 하루 수분 섭취량을 충족시키려면 구덩이를 세 개 파는 것이 좋다.

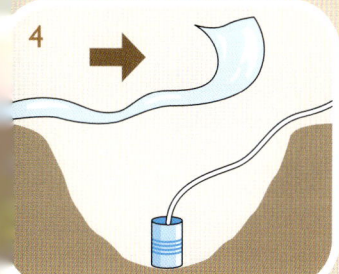

4 구덩이에 비닐 덮개를 덮는다.

5 덮개가 움직이지 않게 돌멩이를 놓아 고정한다.

455 밧줄로 올가미 묶기

왼쪽 고리를 당겨서 묶는다.

올가미를 만든다.

84 나라별 쇠고기 부위와 명칭 알기

456 올가미로 송아지 잡기

매듭 위를 잡는다. 여분은 돌돌 감는다.

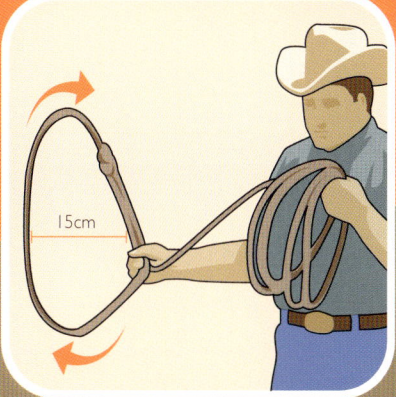

올가미를 시계 방향으로 돌린다.

머리 위로 던진다.

올가미가 평평하게 펴진다.

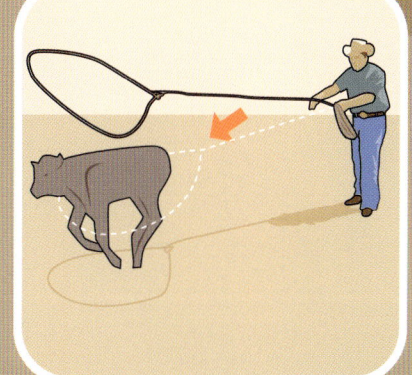

앞으로 나가 던진다.

밧줄을 꽉 쥔다.

457 로프로 큰 원 만들기

✱ 뛰어넘을 만큼 큰 원을 만들지 못하는가? 금속으로 된 혼다 매듭(Honda knot)을 구입해서 로프에 연결한다. 무게가 더해져서 로프가 밑으로 끌어당겨지기 때문에 더 큰 원을 그릴 수 있게 될 것이다.

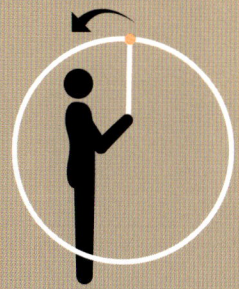

매듭이 12시 위치에 오면 팔을 가슴 앞으로 가로질러 움직인다.

458 전화번호부 반으로 찢기

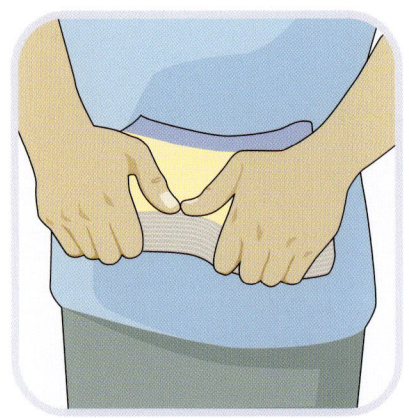
끝을 쥔다. 몸에 꽉 붙인다.

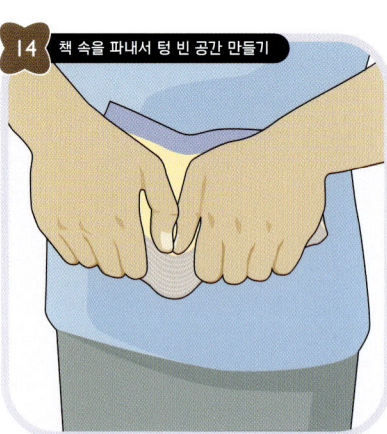
가운데를 집고 반으로 접는다.

14 책 속을 파내서 텅 빈 공간 만들기

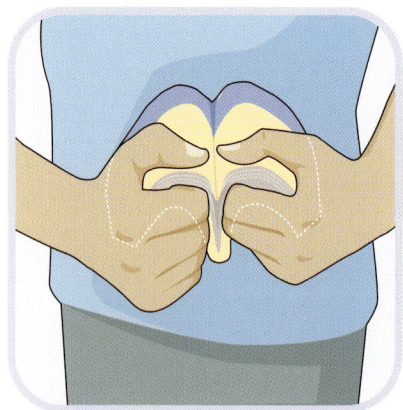
계속 쥐고 있는 상태로 가장자리를 잡아당긴다.

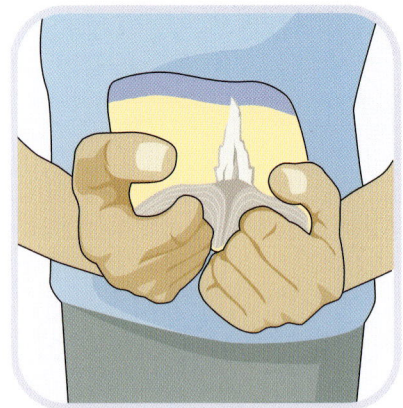
찢기 시작한다.

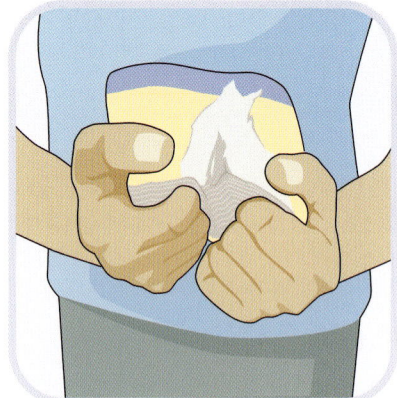
더 찢는다.

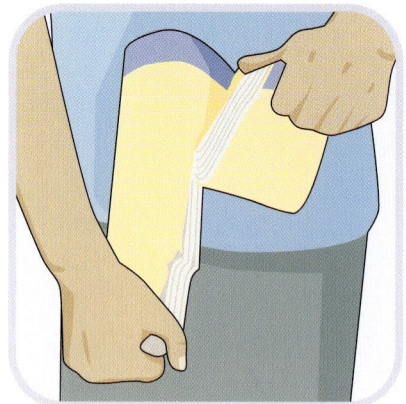
있는 힘껏 힘주어 반으로 찢는다.

459 종이를 뭉쳐 몰래 발사하기

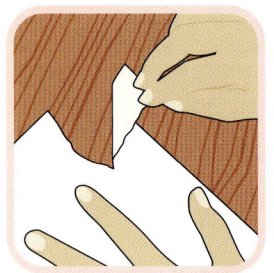

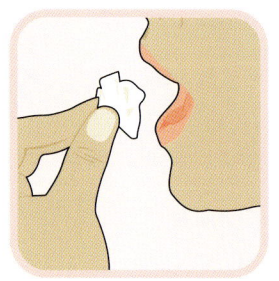

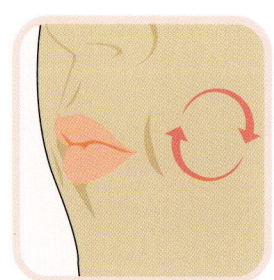

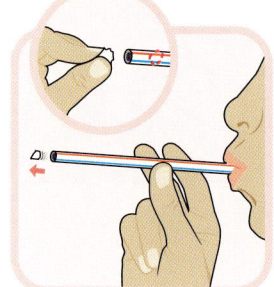
빨대 안에 넣고 분다.

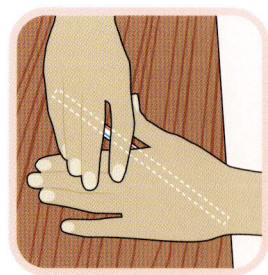
무기를 잘 감춘다.

손가락으로 농구공 돌리기 460

손가락 끝에 올려 균형을 잡는다.

손가락 하나로 돌린다.

손을 바꾼다. 공이 계속 돌도록 살짝 스치듯 돌려준다.

물수제비뜨기 461

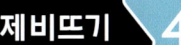

평평하고 매끄러운 돌멩이를 고른다.

손가락 하나로 돌멩이 주위를 감싼다.

몸을 웅크리고 손을 안쪽으로 가져온다.

손목을 휙 돌리면서 돌멩이를 던진다.

요요 기술 땅강아지 배우기 462

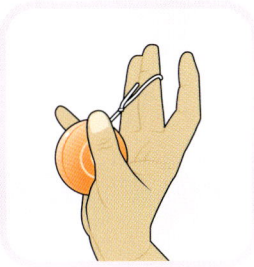
줄을 감는다.

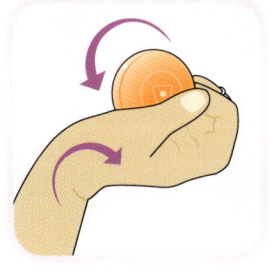
손에 쥔다. 손목을 탁하고 꺾는다.

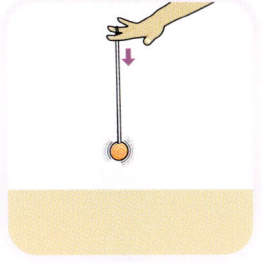
조심스럽게 바닥 쪽으로 내린다.

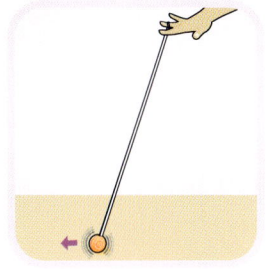
요요가 바닥에 굴러 '걸어가도록' 한다.

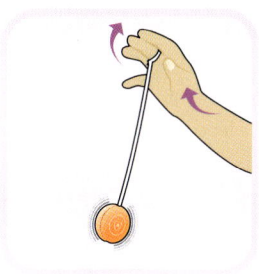
손으로 다시 휙 잡아당긴다.

463 웜 댄스 해보기

자기 몸을 시소처럼 생각한다.(다만 아주 꾸불꾸불한 시소이다.) 발이 땅에서 떨어질 때마다 가슴이 바닥에 닿아야 한다.

발을 차서 힘을 모은다.

엉덩이를 바닥에서 들면서 탁 올린다.

464 멋들어지게 문워크 춤추기

브레이크 댄스의 고전인 문워크 댄스로 댄스 배틀을 준비하자. 달에서 걷는 것 같은 효과를 내려면 동작을 물 흐르듯 이어가야 한다.

오른발 뒤꿈치를 든다.

무게를 오른발에 둔 채로 왼발을 미끄러지듯 뒤로 뺀다.

465 로봇처럼 춤추기

'팝핀'과 '로킹' 댄스를 추려면? 불규칙한 동작과 급히 움직였다 멈췄다 하는 동작을 취하고, 포즈를 조금씩 바꾸어 가면서 각 동작을 잠깐씩 멈춘다.

발가락으로 땅을 짚고 가슴을 들어올린다.

뒤로 돌아서 이번에는 반대 방향으로 멋지게 춤을 춘다.

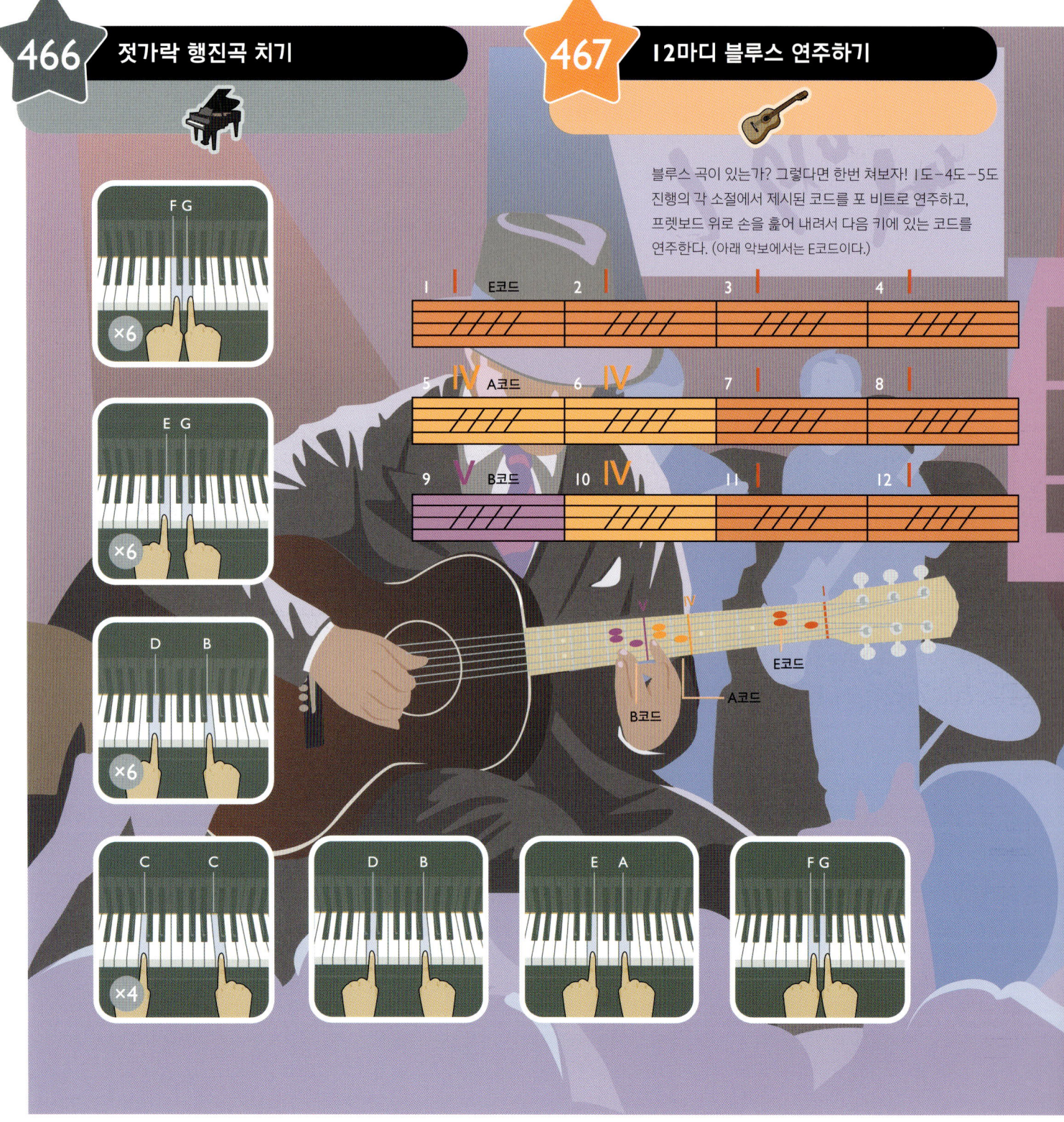

470 담배를 묶어 매듭짓기

비닐 포장지를 제거한다.

포장지의 접은 면을 펴서 평평하게 만든다.

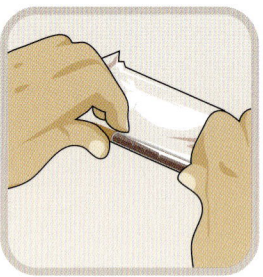
담배를 넣고 만다.

포장지를 묶는다.

매듭을 풀고 포장지를 벗긴다.

471 모자 쓰고 맥주 벌컥벌컥 마시기

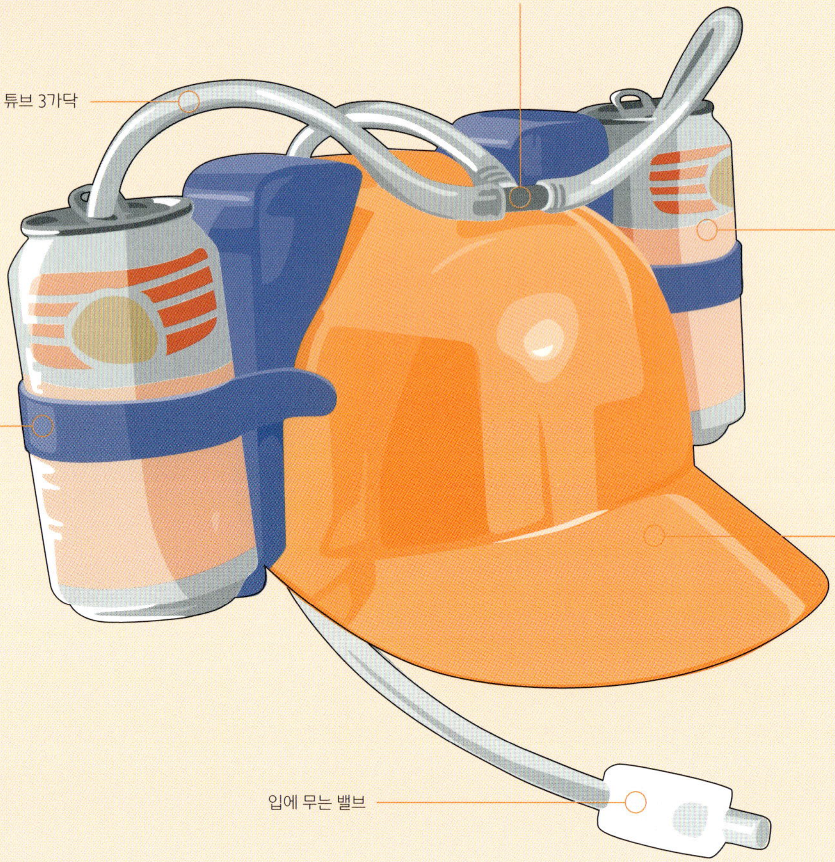

- T자 연결관
- 비닐 튜브 3가닥
- 맥주 2캔
- 컵 홀더 2개
- 딱딱한 모자
- 입에 무는 밸브

동전 떨어뜨리기 내기 472

돈을 건다.

유리잔에 바람을 분다.

판돈을 챙긴다.

맥주통에 올라서서 맥주 마시기 473

맥주통의 가장자리를 잡는다.

다리 하나를 올린다.

나머지 다리도 발로 차서 올린다.

노즐로 맥주를 마신다.

배가 불러 더 못 마시겠으면 다리를 흔든다.

딸꾹질 멈추기 474

두 귀를 막는다.

콧구멍을 눌러서 막는다.

물을 벌컥벌컥 마신다.

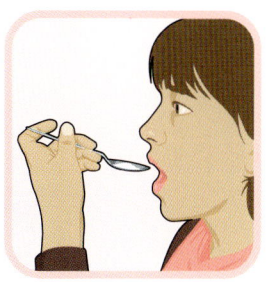
설탕을 씹어서 삼킨다.

물을 더 마신다.

475 클라우드버스터의 힘 이용하기

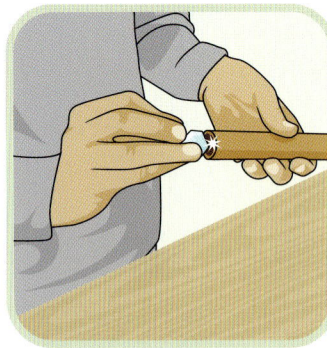
동관(銅管)에 크리스털을 넣는다.

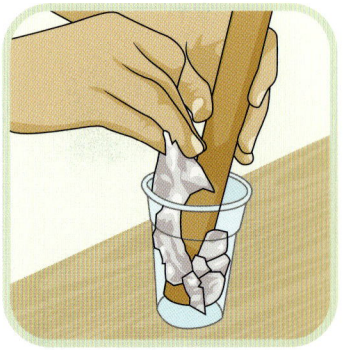
포일을 이용해 고정한다.

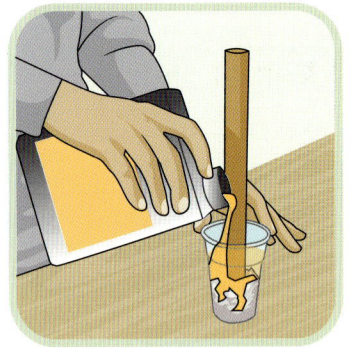
수지(樹脂)를 가득 붓는다.

굳어지도록 놔둔다.

 에너지를 관찰하며 즐긴다.

※ 사이비 과학 숭배자들이 광신적으로 추종하는 클라우드버스터(cloudbuster)는 대기 에너지를 바꾸어 날씨 불균형을 해소하는 힘이 있다고 일컬어진다. 원래 클라우드버스터는 덩치가 큰 장치이지만 이 작은 장치로도 하늘에 낀 구름을 없앤다든지 아니면 비가 쏟아지게 한다든지 하는 데 사용할 수 있다.

476 가짜 UFO로 레이더 교란시키기

헬륨 풍선을 분다.

알루미늄 포일을 구긴다.

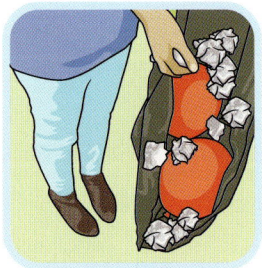
큰 쓰레기봉투에 채운다.

봉투를 묶고 날린다.

⭐ 478 　찻잎 점치기

들이마시면서 질문을 생각한다.

⭐ 479 　삶에서 어떤 사건이 일어날 시기 점치기

컵은 달별로 나눠진다. 찻잎에서 어떤 모양이 보이면 그 사건이 컵에
표시된 시기 후 쯤 일어난다고 예측할 수 있다.

⭐ 480 　찻잎으로 만들어진 기호 찾기

찻잎에서 익숙한 모양을 찾아내기는 구름을 보고 그림 연상하기와
비슷한 하나의 기술이다. 그러므로 자신에게 중요한 질문을
마음속으로 생각해보고 그 징조가 컵에 모양을 나타내는지 지켜보라.

건강	생식력	장수	새로운 사랑
믿지 못할 친구	힘든 수고	메시지	방해
발전	내부 정세	실망	초자연적인 능력
법적인 문제	친구가 도와줌	보호	구사일생

컵을 시계 방향으로 휙 돌린다.

남은 차는 따라버리고 찻잎만 남긴다.

모양을 살핀다.

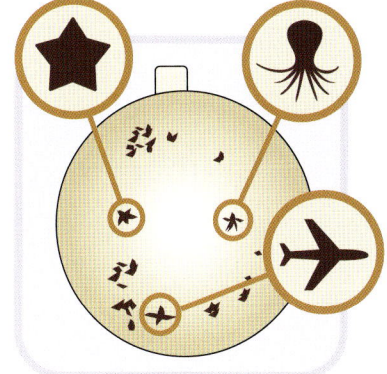

 남자	 여자	 평탄한 여행	 불확실한 여정	 누군가의 이니셜	 연도, 달, 날짜	 맞는 방향	잘못된 방향
 계획 재고하기	 주의 기울이기	 행운	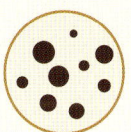 보호	 돈	 손님	 통찰	사랑
 좋은 친구	 신뢰할 가치가 없는 친구	 얽히고설킨 관계	 절도 우려	 주변에 적이 있음	긴 여행	 바쁨	운수대통
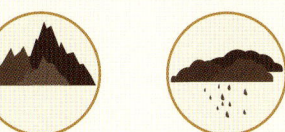 도전	 머지않아 문제가 생김	 깜짝 놀랄 일	 미래의 보답	 큰 변화	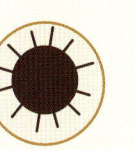 깨달음	 힘, 영향력	 자연적인 주기
 옳은 길	 비밀	 인정	 결혼	선물	 조심!	 폭력	 여행

481 손 그림자 놀이하기

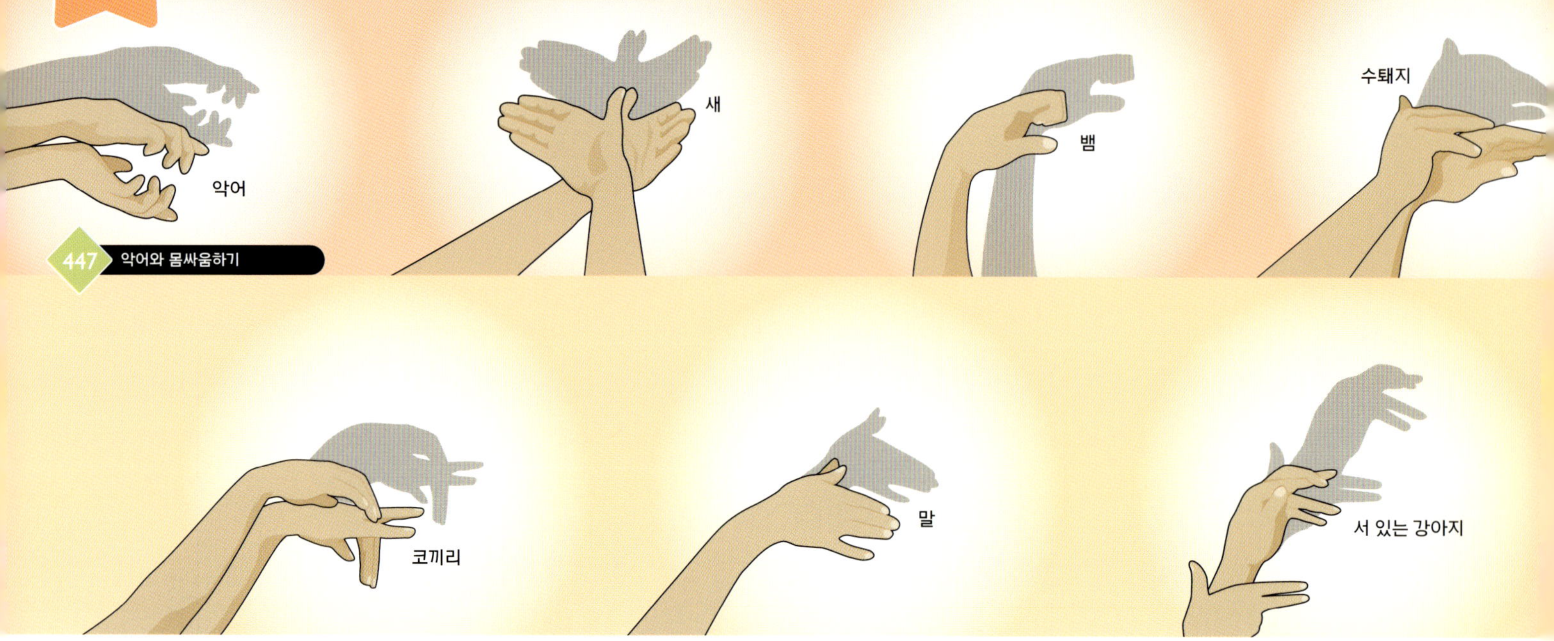

악어
새
뱀
수퇘지

447 악어와 몸싸움하기

코끼리
말
서 있는 강아지

482 음향효과 내기

말 달리는 소리
비
천둥 번개

반으로 자른 코코넛 부딪치기
금속에 쌀 뿌리기
판금 흔들기

57 코코넛 까기

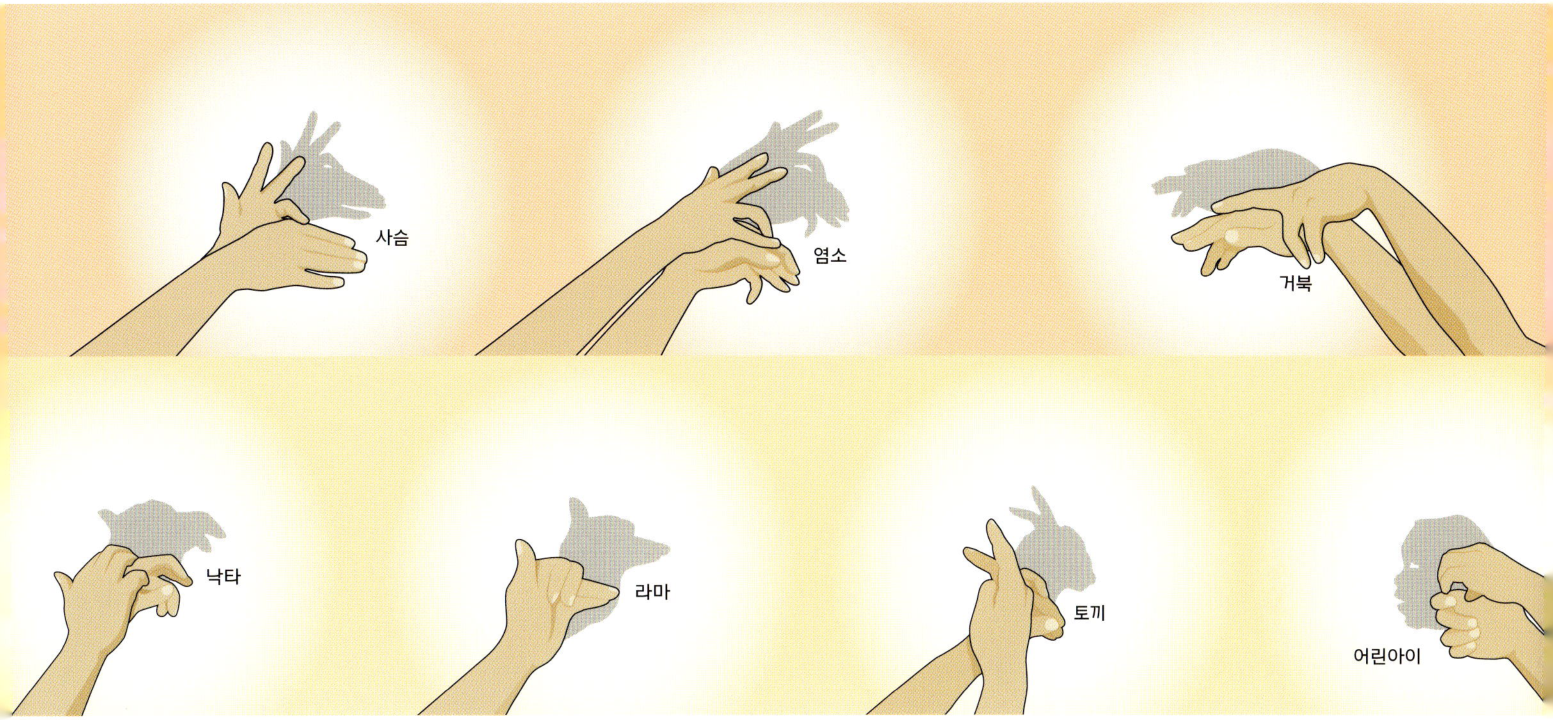

사슴　　　　　　　　　염소　　　　　　　　　거북

낙타　　　　　라마　　　　　토끼　　　　　어린아이

날아가는 새　　탁탁 소리를 내는 캠프파이어　　울리는 종　　문지르기?　　눈 밟는 소리

장갑 펄럭이기　　셀로판 구기기　　금속성 뚜껑 두드리기　　수박 위에 문지르기　　고양이 배설물 상자에 까는 점토 으스러뜨리기

483 동전마술 프렌치 드롭으로 사람들 놀라게 하기

연극을 하듯 멋있게 동전을 사람들에게 내보인다.

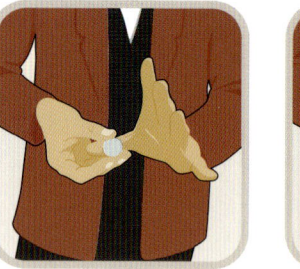
엄지를 아래에 밀어 넣는다.

위로 손을 덮는다.

오른손으로 떨어뜨린다.

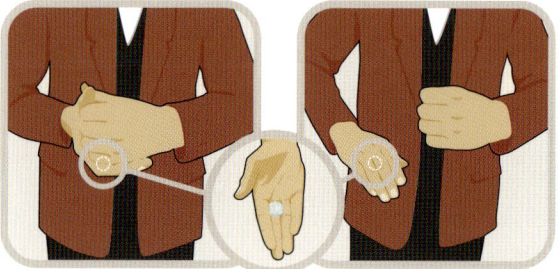
손가락 사이에 넣어둔다.

오른손을 밑으로 내린다.

왼손에 주의를 모은다.

484 공중 부양하는 착시현상 일으키기

통이 넓은 바지를 입는다.

관객을 모은다.

관객의 주의를 딴 데로 돌린다.

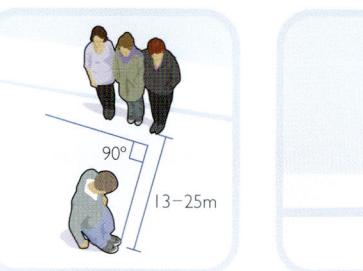

오른쪽 발가락을 땅에 댄 채로 몸을 들어 올린다.

 ## 구속복에서 빠져나오기 485

힘이 더 센 쪽 팔을 교차시킨다. 숨을 들이쉰다.

꼼지락거릴 공간을 만들면서 숨을 내쉰다.

거꾸로 매달린다.

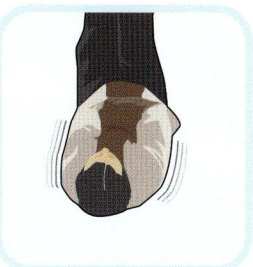
팔꿈치를 꿈틀꿈틀 움직인다.

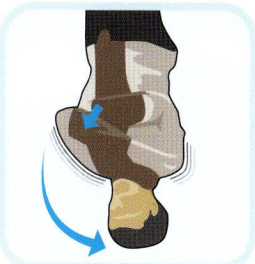
팔꿈치를 밀어 올린다.

교차시킨 부분을 풀고 팔을 위로 든다.

벨트가 채워진 소매를 입으로 푼다.

등에 있는 벨트를 푼다.

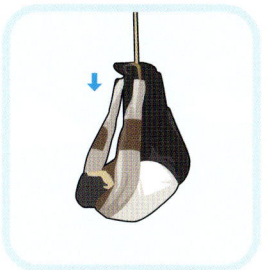
소매 벨트를 걸고 잡아당긴다.

재킷을 멋지게 벗어 던진다.

 유명한 탈출 곡예사 후디니의 묘기를 따라해 보고 싶은가? 맨 처음에 구속복이 씌워질 때, 가슴을 부풀려 구속복을 헐겁게 만들면서 힘이 더 센 팔(주로 쓰는 팔)을 반대쪽 팔꿈치 밑에 넣는다. 그러면 나중에 팔꿈치를 머리 위로 밀어 올릴 때 더 강한 힘을 낼 수 있다. 일단 교차시킨 팔이 풀리면 버클을 풀고, 탈출 곡예 기술로 관중을 매료시킨다.

 ## 위에 놓인 물건 쓰러뜨리지 않고 식탁보 잡아당기기 486

식탁보를 모서리에 맞춰 덮는다.

구김을 편다.

무거운 물건을 올린다.

가운데를 잡는다.

재빨리 잡아당긴다.

487 가짜 지문 만들기

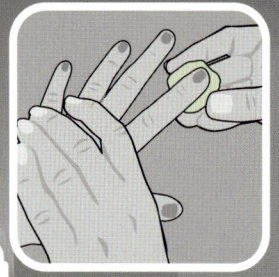
다른 사람의 지문을 찍는다.

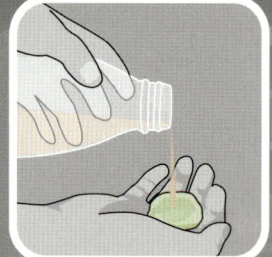
액상 젤라틴을 채운다.

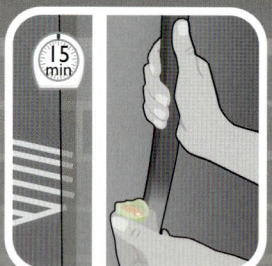
냉장고에 넣는다.

벗겨낸 다음 자기 손가락에 붙인다.

488 금고 잠금장치 비틀어 열기

138 정장 말쑥하게 차려입기

렌치로 테스트를 한다.

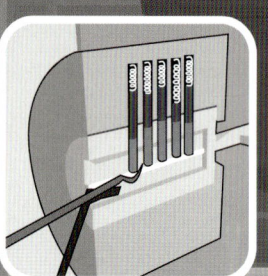
자물쇠 여는 꼬챙이를 집어넣는다.

맨 처음에 있는 핀을 밀어 올린다.

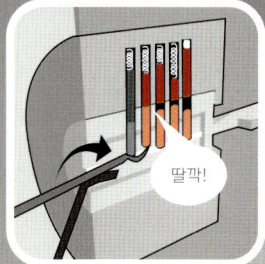
돌린다. 다음 핀을 들어 올린다.

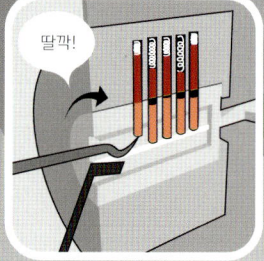
마지막 핀을 들어올린다.

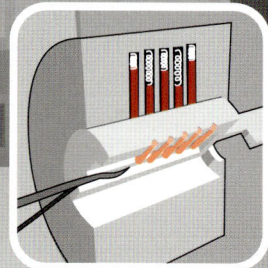
돌린다. 문을 연다.

* 우선 잠금장치가 어느 방향으로 돌아가는지 테스트를 해본다. 그리고 그 방향으로 살짝 돌려서 위에 있는 각 핀이 실린더 밖에 나오도록 핀을 위로 올린다.

거짓말쟁이의 정체 알아내기 ★489

잠긴 서류가방에 무언가 수상한 구석이 있는데, 지금 그 사실을 밝혀내야 한다. 하지만 그녀가 사실을 말하고 있는지 어떻게 알 수가 있겠는가? 다음 정보를 토대로 행동에서 거짓말의 단서를 포착할 수 있는지 살핀다.

눈이 오른쪽을 향하고 있는가? 오른쪽 두뇌가 거짓을 꾸며내고 있다.

입술로는 웃고 있지만 나머지 얼굴은 찡그린 표정이라면 뭔가를 숨기고 있다.

머리카락이나 목, 코 등을 지나치게 꼼지락거리는 행동은 상당히 수상쩍은 몸짓이다.

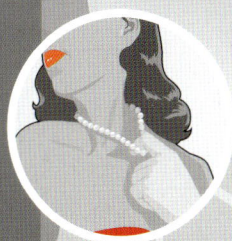
그다지 덥지 않은데 땀을 흘린다면 침착해 보이는 겉모습이 진짜가 아님을 알 수 있다.

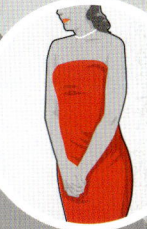
우아한 여성이 뻣뻣하고 부자연스런 자세를 취하고 있다면? 뭔가 문제가 있다.

갑자기 방을 나가는 행동은 불안한 마음을 드러내는 것이다.

뮤지컬 배우 프레드 아스테어라도 되는 것처럼 발을 탁탁 구르는가? 그렇다면 주의하는 게 좋다.

490 자동차를 미끄러지듯 운전해 180도 회전하기

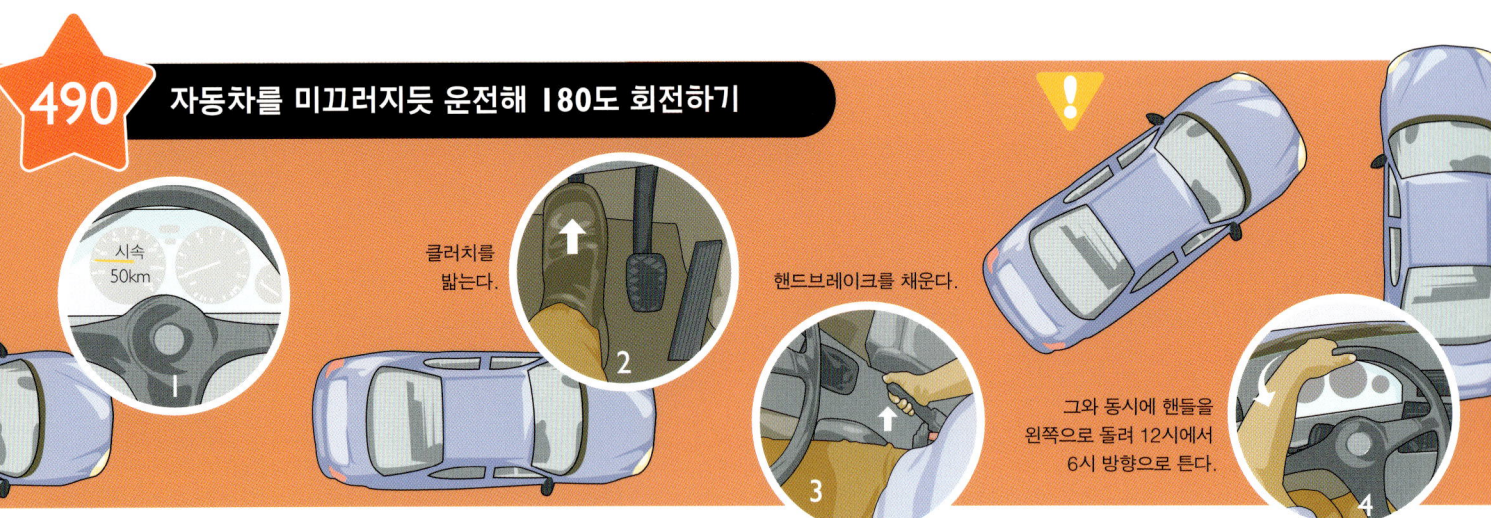

시속 50km / 클러치를 밟는다. / 핸드브레이크를 채운다. / 그와 동시에 핸들을 왼쪽으로 돌려 12시에서 6시 방향으로 튼다.

491 오토바이 앞바퀴 들기

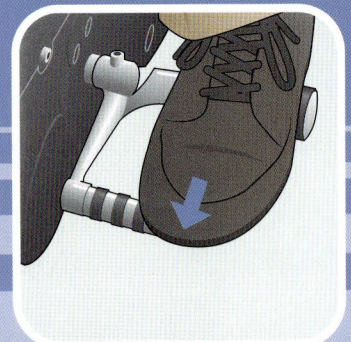

1단을 넣는다.

엔진 회전 속도를 3분의 2까지 올린다.

클러치를 넣는다. 엔진 회전 속도를 최대치까지 올린다.

몸을 뒤로 빼서 앉는다.

스로틀(throttle)을 연다. 클러치에서 발을 뗀다.

만일을 대비해 리어 브레이크 밟을 준비를 한다.

들어 올린다. 앞바퀴를 일자로 유지한다.

스로틀을 풀고, 내려온다.

5. 12시 방향으로 다시 돌린다.
6. 핸드브레이크를 푼다.
7. 1단으로 바꾼다.
8. 속도를 높인다.

자동차 360도 회전하기 492

7. 동시에 핸드 브레이크를 푼다.

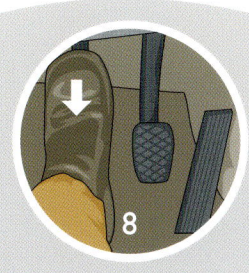
8. 클러치에서 발을 뗀다.

1. 1단을 넣는다.

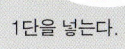
2. 원을 그리며 돌기 시작한다.

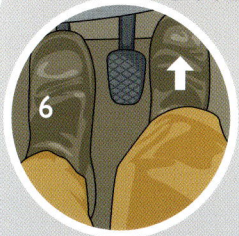
6. 가속 페달을 밟는다.

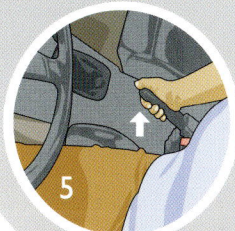
5. 그리고 핸드브레이크를 당긴다.

4. 그와 동시에 핸들을 확 돌린다.

3. 클러치를 밟는다.

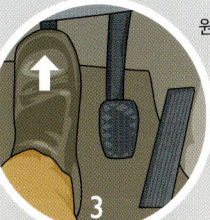

493 입으로 불 내뿜기

처음부터 끝까지 곁에 친구를 둔다.

입으로 뿜어내는 연습을 한다.

바람의 방향을 확인한다.

우유는 등유를 중화시킨다.

입에 문다.

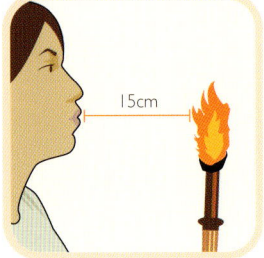

등유를 내뿜는다.

횃불은 밑으로 내린다.

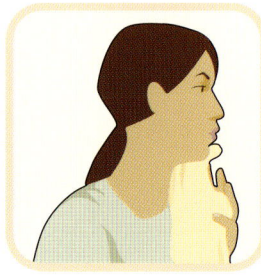
젖은 헝겊으로 닦는다.

빵이 기름을 흡수한다.

494 외발자전거 타이어 위를 걷기

안장을 내린다.

힘이 센 쪽 발을 위에 올린다.

앞으로 구부린 다음 다른 쪽 발을 올린다.

발을 바꿔가면서 바퀴를 굴린다.

간단한 저글링 익히기 495

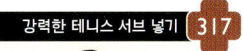

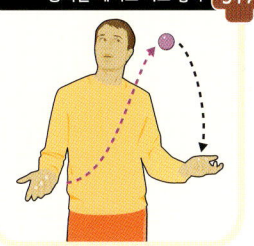
공 하나로 연습한다.

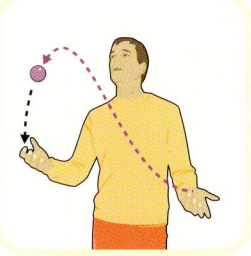
계속해서 공만 쳐다본다.

두 번째 공을 준비한다.

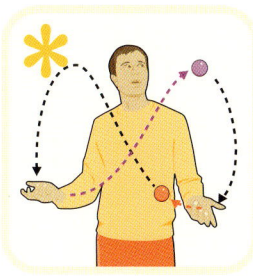
첫 번째 공이 가장 높이 있을 때 던진다.

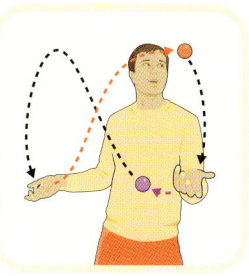
반복한다—아주 많이!

세 번째 공을 준비한다.

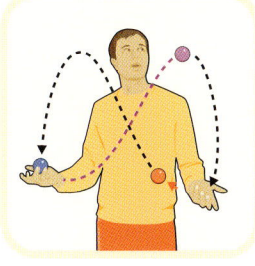
첫 번째 공이 가장 높이 있을 때 던진다.

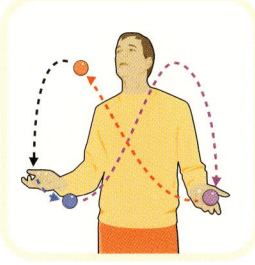
두 번째 공이 가장 높이 있을 때 던진다.

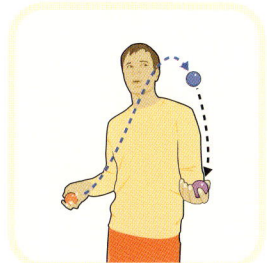

 공 여러 개를 어떻게 공중에 떠 있게 할까? 우선 재빨리 들어 올리는 동작을 이용해 공 하나를 손에서 손으로 던져서 8자를 그리며 던지고 받는 연습을 한다. 또 공을 던질 때마다 '하나', '둘', '셋' 하고 구령을 붙이면 도움이 된다.

인간 포탄이 되어보기 496

대포 안에 올라간다.

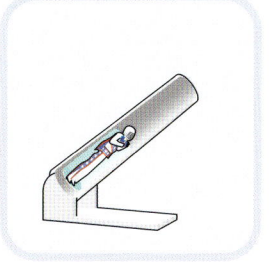
통 밑에 내려간다.

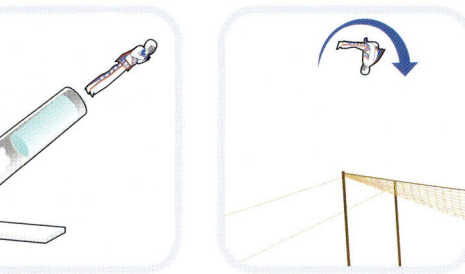

497 프로처럼 알리하기

1. 발 하나를 보드의 중심에 놓고 다른 하나는 끝에 놓는다. 무릎을 굽힌다.
2. 뒷부분을 발로 차서 앞을 들어올린다. 앞발 바깥쪽을 보드에 대고 끌어서 더 높이 올린다.
3. 뛰어 오르면서 양 무릎을 가슴까지 올린다.
4. 착지하고 끝낸다.

498 피블 그라인드 해보기

*데크와 휠을 연결하는 장비.

1. 멋진 경사로 위로 알리 기술을 써서 올라간다.
2. 보드 뒤쪽은 경사로의 안쪽 가장자리에 걸치고, 앞은 경사로의 바깥쪽을 향하게 한다.
3. 경사로의 가장자리를 긁으면서 내려와서 알리점프를 뛴다.
4. 두 발을 트럭* 위쪽으로 놓으면서 내려선다.

499 전통적인 180 킥플립으로 착지하기

1 쪼그리고 앉아서 속도를 붙인다.

2 뒷발로 보드를 차서 멋지게 돌리면서 뛰어오른다.

3 보드가 회전하는 사이 양 발을 보드 위로 가져온다. 시선은 보드에 둔다.

4 앞발은 프런트 트럭이 있는 위치에 뒷발은 테일 위에 놓은 채로 착지한다.

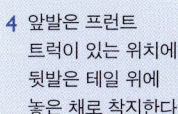

스텐실 슬쩍 남기기 12

500 핸드스탠드 핑거플립 해내기

1 두 손을 트럭 양쪽의 바깥을 잡은 채로 풀쩍 뛰어 물구나무를 선다.

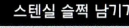

2 무릎을 굽히고 다리를 재빨리 밑으로 내린다. 보드를 위로 젖혀서 돌린다.

3 보드가 회전하면 양 다리를 엉덩이 밑으로 굽히면서 손을 뗀다.

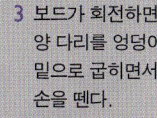

4 트럭 위에 두 다리를 올려놓은 채로 착지한다.

도구

당근	철제 혼다 매듭	실란트	건포도	초탄 (피트 모스)	감자	장난감 공룡	생강	건조대	강아지 간식	대나무 자리	
오렌지주스	막대	정향	야구 글러브	머들러	코코넛	안전 그물망	신용카드	땅콩버터	야구방망이	흙	
연어 알	횃불	양념	갈퀴	눈 화장하는 솔	나무 판	기타	스웨이드	담장 기둥	뱀	검	
오렌지	조롱박 찻잔	구속복 (스트레이트 재킷)	망치	헤어핀	골프 백	장작	사포	바디 브러시	페인트 롤러 연결봉	실란트 도포 용구	
요요	구리선	페탕크 잭	바이올린 활	나무 숟가락	고무풀	말뚝	카드보드 박스	말빗	창문	나무 꼬챙이	
코이	로진	송아지	뿌리가 드러난 나무	부싯깃	쇼핑백	갈라진 나뭇가지	화분	이불	솔방울	젤라틴	
강판에 간 치즈	보석함	지팡이	차 조각	도마	스텐실로 찍은 카드보드	가지	어도비 벽돌	램프 키트	판자	뼈 분장하는 도구	
유리 비즈	틴더 펑거스	콩	초콜릿 바	물 양동이	쇠망치	그라함 크래커	직물 염료	차 주전자	갈색 종이봉지	두루마리 화장지 심	
꽃	차 휘젓는 도구	테이블	모자	나무집게	열장 장부톱	토르텔리니 속	염소 채유장	로프	등산용 초크	나무망치	
농구공	머리빗	담배 (궐련)	맥주	얇은 페인트 브러시	노끈	서핑 보드용 왁스	미끼용 물고기	커피 탬퍼	목재	페인트 받이 천	
성냥	말발굽에 바르는 오일	벨트	젓가락	액자	전기 플러그	신발 광택제	사모바르	고양이 간식	판지	머그	

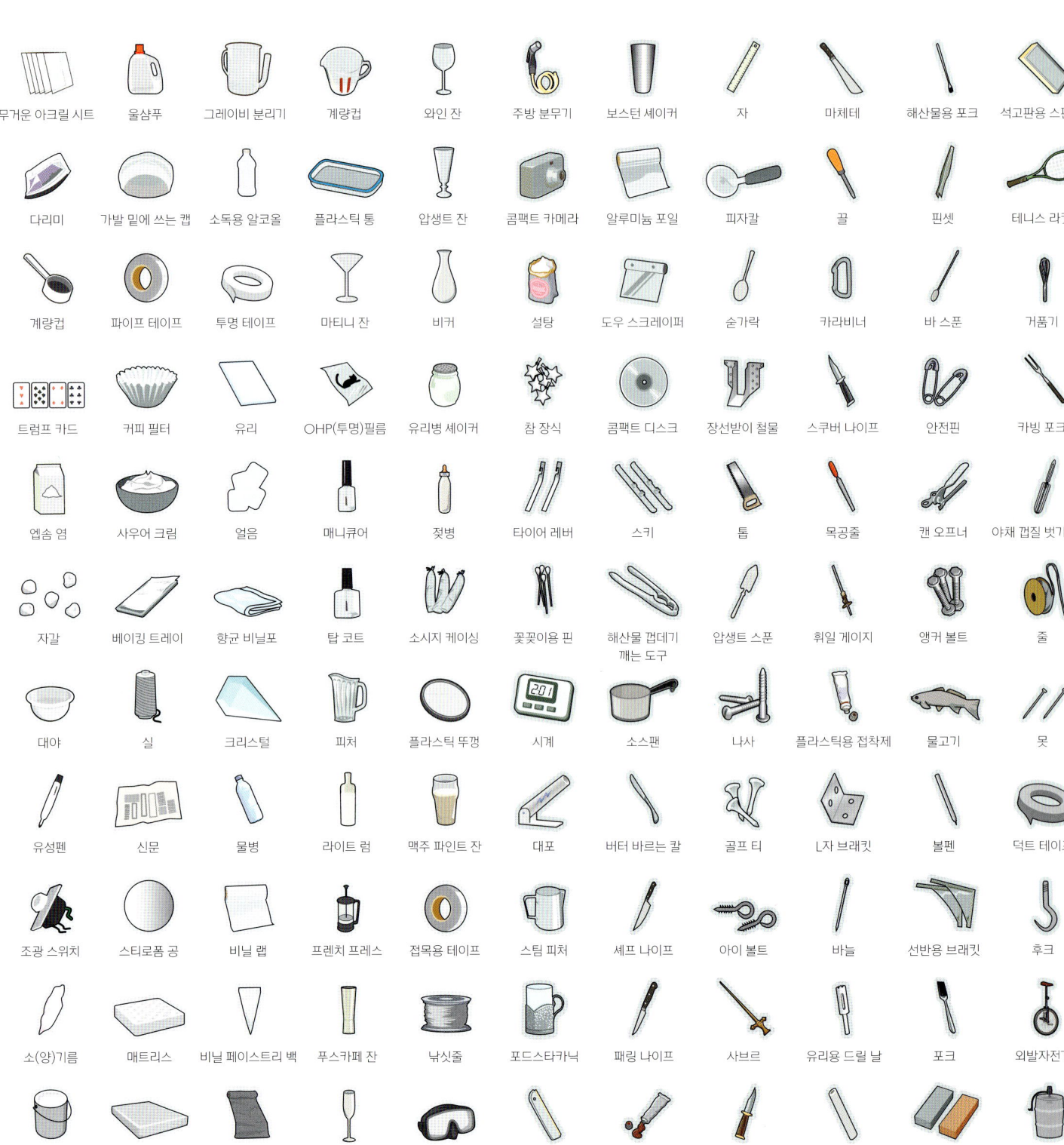

INDEX

ㄱ

가짜 UFO로 레이더 교란시키기	476
가짜 지문 만들기	487
간단한 저글링 익히기	495
간단한 커튼 재봉해 만들기	255
간단한 태극권 동작	352
갈레트 접기	98
감귤나무 접붙이기	266
감자 도장	38
감자로 시계 작동시키기	27
갓난아기 속싸개로 폭 감싸기	303
강력한 테니스 서브	317
개 이빨 닦이기	289
개미 사육 상자	279
개에게 목걸이 채우기	293
개에게 알약 먹이기	292
개의 보디랭귀지 이해	290
거대한 비눗방울	34
거짓말쟁이의 정체 알아내기	489
표범의 공격 피하기	434
겁먹은 고양이와 친구 되기	296
겉뜨기	48
격자무늬 파이	101
격정적으로 탱고 추기	199
계절이 바뀔 때마다 대청소하기	248
고슴도치 안기	287
고양이 발톱 깎이기	298
고양이에게 약 먹이기	297
고양이의 보디랭귀지 판독	294
골프 코스에 나가기	314
골프채 고르기	312
공중 부양하는 착시현상	484
과카몰리 만들기	65
구급상자	336
구두 광내기	139
구속복에서 빠져나오기	485
굴 껍데기 까기	83
굽도리널 수리하기	224

ㄴ

그늘 쉼터 만들기	423
그레이비	93
근사한 나선무늬 염색	46
기(氣) 치료	351
기도 폐쇄 증상	341
기도가 막힌 아기 구하기	347
기모노 입는 법	162
기모노의 종류	163
기본 선반 설치하기	230
기본 요가 동작	353
기본적인 자수법	50
기본적인 항해 매듭	395
기억에 남을 만한 사진 찍기	409
기억에 남을 첫 키스	205
기저귀 가방 꾸리기	302
깎아지른 듯한 암벽 현수하강	388
깨끗하게 시트 접기	235
꼬치에 꽂아서 구운 치즈 토스트	403
꼭짓점 16개 별	16
꽉 껴안은 자세에서 풀려나기	438
끝내주는 서핑 기술	398
나라별 돼지고기 부위와 명칭	85
나라별 쇠고기 부위와 명칭	84
나무 위 오두막 꾸미기	261
나무 위 오두막집 짓기	260
나뭇가지 움막	422
나비넥타이 매기	176
낙타에 올라타기	407
낚싯바늘 던지기	401
남성의류 직물 패턴	136

276

120

278

16

101

남십자성으로 위치 파악하기	420	
남은 일광시간 예측	421	
남자 화장실 풋말	377	
낯선 개와 인사 나누기	291	
노인 분장하기	156	
눈에 들어간 이물질 제거	335	

ㄷ

다른 차의 배터리에 연결해 시동 걸기	399
다육 식물로 정원 조성하기	274
단정하게 올린 머리	144
단추 새로 달기	182
달걀 꾸미기	4
달걀 삶기	59
달걀 프라이	61
담배를 묶어 매듭짓기	470
대나무 울타리 이음매 묶기	259
대나무 울타리 치기	258
데이트 상대의 손금보기—머리	208
데이트 상대의 손금보기—사랑	207
데이트 상대의 손금보기—삶	209
데이트 상대의 숨겨진 뜻 파악하기	187

동상 처치하기	442
동전 떨어뜨리기 내기	472
동전마술 프렌치 드롭	483
두발 자전거 가르치기	307
유해 짐승과 곤충 쫓기	275
뒤집힌 카약 바로잡기	390
드레드 머리하기	149
드레스와 스커트 모양 구별	173
딸꾹질 멈추기	474
뜨개질 코잡기	47
뜨거운 돌 마사지	350

ㄹ

라이터로 맥주병 따기	132
라테에 나뭇잎 그리기	130
램프 만들기	241
러시아 차 끓여내기	123
레코드판 그릇	22
로봇처럼 춤추기	465
로프트 침대 설치하기	231
로프로 큰 원 만들기	457
리오 카니발 페레이드에 참여하기	412

립스틱 바르기	160

ㅁ

마키 스시	79
마테차 마시기	383
마티니 만들기	120
막힌 변기 뚫기	242
말 빗겨서 손질하기	282
말쑥하게 수염 깎기	141
말에 올라타기	408
맛있는 수제 소시지	86
맛있는 스모어 만들기	404
맛있는 이유식 만들기	300
맛좋은 뱀 손질하기	430
망고 자르기	55
매니큐어 예쁘게 바르기	165
맥주병을 이용해 맥주병 따기	131
맥주에 맞는 맥주잔	133
맥주통에 올라서서 맥주 마시기	473
맨손으로 물고기 잡기	426
머들러	119
머리카락에 붙은 껌 떼어내기	309

130

326

61　　　　　　　477

140

먹을 수 있는 식물인지 확인하기	443
문워크 춤추기	464
메를로와 어울리는 음식	106
멱살 잡힌 상태에서 벗어나기	437
명상으로 마음의 평안 찾기	348
모기에 물리지 않기	432
모스 부호	450
모유 수유하기	346
모자 쓰고 맥주 벌컥벌컥 마시기	471
모카신 발 사이즈	52
모호크족 머리하기	147
묘목 옮겨심기	269
무쇠 프라이팬 녹 제거	73
문어 모양 바나나 간식	311
물 담배에 흠뻑 취해보기	381
물수제비뜨기	461
물이 새는 변기	245
미니스커트 차림으로 차에서 내리기	191

ㅂ

바게트 모양내기	99
바닷가재 발라내기	80
바람둥이처럼 하룻밤 즐기기	188
바지 고르기	172
바지를 튜브처럼 활용해 물에 떠있기	448
바틱 무늬의 의미	44
바틱 염색법으로 식탁보 염색	43
반짝반짝 빛나는 요정되기	154
발 마사지	195
발포 고무 검	26
밤새도록 왈츠 추기	197
밧줄로 올가미 묶기	455
방 페인트칠하기	226
배영으로 헤엄치기	360
180 킥플립으로 착지하기	499
뱀에게 물린 상처 처치하기	431
뱃멀미 극복하기	394
버튼다운 셔츠 다림질	186
버티콘으로 장난스럽게 수다 떨기	202
벌에 쏘인 상처 처치	333
벽에 뚫린 구멍 없애기	225
변형된 마티니 만들기	121
보석의 원석 커팅 방식	210
보이지 않는 잉크	13
보트의 각 부분 명칭	392
부두교 인형 만들기	99
부두교 인형 사용하기	80
부적으로 적의 공격 피하기	11
부토니에르 만들기	215
북극성으로 현재 위치 확인	416
분장용 가짜 피 제조하기	151
붙임머리 만들기	146
브러시로 볼터치하기	161
비닐봉지로 소형 깔개 만들기	238
비데로 상쾌하게 마무리	379
비어캔 치킨	89
비타민에 대해 알기	326
비행기에 신호 보내기	454
비행기에서 스트레칭하기	373
빈 캔으로 조명 밝히기	42
빨간 무로 장미 만들기	69
뼈가 드러난 것처럼 분장하기	152
뿌리에 흙이 묻지 않은 나무 심기	265

ㅅ

사건이 일어날 시기를 점치기	479
사막에서 물 구하기	453
사브라주 체험	111
살에 박힌 가시 빼내기	334

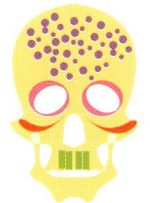
415

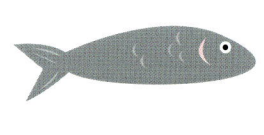
76

326

114

284

상그리아 만들기	115	쇠사슬 비키니	25	식탁보 잡아당기기	486
상대 유혹하기	194	수란(水卵) 만들기	62	식품 보존 기간	76
상상속의 괴물 퇴치하기	308	수염 모양	140	신나게 살사 춤추기	200
상어의 공격	452	술 취한 결혼식 하객 돌보기	217	신발 끈 묶기	178
상자 거북의 성별	284	스노보드로 언덕을 가르기	365	실로 눈썹 정리하기	157
상처 난 곳에 붕대 감기	338	스노볼	39	실크 스크린으로 찍어내기	19
상체 운동하기	358	스릴 넘치는 덕 다이브	397	심폐소생술 실시	340
새끼 양 우유 먹이기	281	스머징으로 집 정화하기	251	12마디 블루스 연주하기	467
새에게 간식 만들어주기	277	스웨드 모카신	53		
새우 껍질과 내장 제거	81	스웨터 손세탁	185		
색다른 커튼 연출법	254	스쿠버 마스크에 들어간 물 빼기	391		
색채학	219	스키 메고 가기	366	ㅇ	
생강 다지기	70	스키 슬로프 내려오기	364		
샤르도네와 어울리는 음식	104	스키를 신고 넘어졌다가 일어서기	363	아기 목욕시키기	299
샴페인 병 따기	112	스테이크 굽기	88	아기 트림시키기	304
샴페인과 어울리는 음식	102	스텐실 남기기	12	아메리카 원주민의 비즈 장식	51
서핑보드에서 일어서기	396	스펀지에 페인트 묻혀 표현하기	228	아보카도 나무	262
석류 까기	54	슬링 둘러메기	343	아보카도 씨 빼기	56
설동(雪洞) 만들기	425	습지에서 안전하게 걷기	444	아이가 야채를 잘 먹게 만들기	310
성 브리지드의 십자가로 수호하기	252	습지에서 잠잘 곳 만들기	424	아이섀도 그리기	159
세계 각지의 변기	375	시계를 이용해 위치 파악	418	아코디언 모양의 책	20
세계 시간	369	시농 머리하기	143	아티초크 다듬기	72
섹시한 코르셋 끈 묶기	203	시차 극복하기	374	악보 보기	468
손 그림자놀이	481	식용 게 껍데기 발라내기	82	악어와 몸싸움하기	447
손가락으로 농구공 돌리기	460	식용 식물로 정원 꾸미기	273	안뜨기	49

433

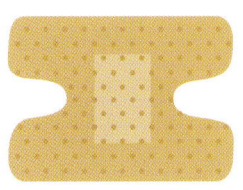
336

267

4

371

알뿌리 식물 심기		오래된 벽지 뜯기	268	으슥한 길거리 안전하게 지나가기	222		435
압생트 준비하기	113	오래된 컴퓨터로 어항 꾸미기		음료수 캔으로 불 지피기	236		445
앵무새 목욕시키기	285	오래된 페인트 벗겨내기		음악 톱으로 신나게 연주하기	223		469
양봉 벌통 설치하기	278	오토바이 앞바퀴 들기		음향효과 내기	491		482
어깨에 은근슬쩍 팔 얹기	192	올가미로 송아지 잡기		이로운 생물	456		276
어도비 벽 만들기	257	올림픽 선수처럼 다이빙하기		이모티콘으로 장난스럽게 수다 떨기	362		201
어도비 점토로 벽돌 만들기	256	옷에 묻은 얼룩 지우기		이음선 보이지 않게 벽지 바르기	184		221
얼굴 각질 제거	169	와인 따개 없이 병 따기		인간 포탄이 되어보기	405		496
얼굴 클렌징하기	167	와인 병 따기		인조 속눈썹 붙이고 떼기	108		158
얼음 구멍에서 기어오르기	439	와인 병 코르크 조각 꺼내기		1도 화상 처치	109		331
얼음 호수에서 물고기 잡기	440	와인 시음하기		일본식 정원 만들기	110		271
얼음사탕	36	완벽한 스윔 자세		일식 관찰 장비	313		30
에스프레소 음료 비율	126	완숙 달걀 빨리 까기		일주일에 한 번씩 집안 정리하기	60		247
에스프레소 추출	129	왕비에게 어울릴 만한 차		1회 제공량 그리기	122		328
여성용 셔츠	171	외계인으로 변신하기		입 속에서 체리 꼭지 매듭 묶기	155		193
여자 화장실 푯말	376	외발자전거 타이어 위 걷기		입으로 불 내뿜기	494		493
여행가기에 좋은 장소	368	요요 기술 '땅강아지' 배우기			462		
여행가방 싸기(남성의류)	371	우아한 부케			214		
여행가방 싸기(여성의류)	370	우정 팔찌			33		
열대 테라리엄	32	운동하기 전에 스트레칭			355		
열두 띠를 기준으로 어울리는 짝 찾기	190	워스트드레서로 낙인찍히지 않기			174		

ㅈ

열장이음 방식	229	웜 댄스 해보기	463	자기 컴퍼스 만들기	419
염소 젖 짜기	280	윈저 노트 방식 넥타이 매기	177	자동차 180도 회전하기	490
영아 산통을 앓는 아기 마사지하기	305	유방암 자가진단하기	345	자동차 360도 회전하기	492
예쁜 꽃 말리기	3	유사(流沙)에서 빠져 나오기	446	자유형 수영하기	359

173

236

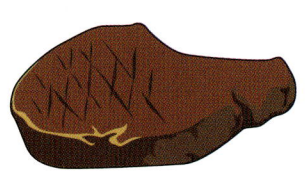
88

250

218

자전거 수신호	386	조리용 체로 와이파이 전파 만들기	240		ㅊ
자전거 타이어 때우기	384	좀비로 변신하기	150		
잔 테두리에 설탕이나 소금 묻히기	116	종이 상자	17		
잘 들러붙지 않는 밀방망이	74	종이 펭귄	18	차에서 아기 낳기	344
잘라낸 가지로 화초 키우기	270	종이로 즉석 결혼반지 만들기	216	찰흙 동물 모양 빚기	7
장거리를 뛸 수 있도록 훈련하기	354	종이를 뭉쳐 몰래 발사하기	459	찰흙 비즈 꿰기	6
장미나무 가지치기	267	주요 항해 깃발 판독	393	찰흙 비즈 만들기	5
장비를 든 채 슬로프 걸어 올라가기	367	주효한 한방 날리기	436	찰흙으로 색다른 모형 창작하기	8
장화 잔에 따른 맥주 단숨에 들이키기	135	죽은 사람처럼 엎어진 자세로 살아남기	449	참호용 라디오 조립	29
재래식 화장실	378	'죽은 자의 날' 제단 만들기	415	찻잎 점치기	478
재봉질 없이 데님 스커트 만들기	183	줄무늬로 페인트칠하기	227	찻잎으로 만들어진 기호 찾기	480
저체온증에 빠진 사람 구하기	441	줄줄 새는 샤워기 꼭지	244	책 속에 텅 빈 공간	14
전문 사진가 같은 효과 내기	411	지압으로 치료하기	329	책상을 인체공학적으로 만들기	330
전통 게이샤 메이크업	164	지폐로 구멍 난 자전거 타이어 고치기	385	천 기저귀 채우기	306
전통 결혼식의 신부 헤나 바르기	211	지혈대 묶기	339	천연 재료로 세척하기	249
전통 방식의 프라이드치킨	92	지혈하기	337	청바지 단 줄이기	181
전화번호부 반으로 찢기	458	직구 던지기	315	첼시 매듭	175
절벽에서 다이빙하기	389	집 꾸미기에 적합한 색	220	초강력 새총	15
젓가락 행진곡 치기	466	집 로맨틱하게 꾸미기	218	초점 모빌 만들기	301
젓가락질	77	집 청소하기	246	최적의 항공기 좌석	372
정글 통과하기	433	집에서 하는 얼굴 마사지	168	축구경기 페널티 이해하기	323
정장 고르기	137	찢어진 청바지 수선	180	축구공 헤딩하기	324
정장 차려입기	138			축구 기본 4-4-2	319
조광 스위치 달기	239			축구 3-5-2 포메이션	321
조난 사고	451			축구 4-3-3 포메이션	320

102

275

178

35

261

축구 4-5-1 포메이션	322	코이 연못 조성하기	286	토르티야 칩	64
축구에서 골 막기	325	코코넛 까기	57	토마토 꽃	68
칠리 고추 깍둑썰기	66	코피 멎게 하기	332	튜브를 엮어 의자 만들기	237
칠면조 고기 자르기	91	콘로 머리하기	148	트럼프 지갑	24
칠면조 굽기	90	콤팩트디스크 미러볼	21	티베트 야크 버터 차	124
침니 오르기	387	크롭 서클 만들기	477		
침대 시트 모서리 접어 넣기	234	크리스마스 리스	40		
침대 정돈하기	233	클라우드버스터의 힘	475		
침대 헤드보드 만들기	232				

ㅋ

				파스타 반죽	95
				파스타와 소스	94
				파인애플 자르기	58
				파인트 잔에 맥주 따르기	134
카베르네 쇼비뇽과 어울리는 음식	107	타란툴라 불에 굽기	428	파트너와 자이브 추기	198
카페인 음료	127	타란툴라에게 먹이주기	283	파티 피냐타	37
칵테일 만들기	118	타이 아이스티	125	팔의 불편함을 해소하면서 애무하기	196
칵테일 혼합하기	117	타이어 갈아 끼우기	400	페디큐어로 발 가꾸기	166
칼 번쩍번쩍하게 갈기	75	타이어 그네	2	페탕크 던지기	318
칼로리를 소비시키는 활동	327	타쿼리아 스타일의 부리토	63	페투치니 자르기	96
캠프파이어 만들기	402	태양 컴퍼스 만들기	417	페트병으로 물고기 잡는 기구 만들기	427
커튼의 기본	253	테마키 스시	78	평영 수영하기	361
커플 요가로 친해지기	206	텍사스 로프 수갑 묶기	204	폴리염화비닐(PVC)관 디저리두	23
켈리스카프 매기	179	토끼 덫 놓기	429	푸스카페 따르기	114
코끼리에 올라타기	406	토끼 잡기	288	풍선 강아지	35
		토르텔리니 접기	97		

ㅌ

46

218

169

126

7

풍수(風水) 활용하기	250	핀란드식 사우나	349	햄버거 만들기	87
프랑스식 파테르 정원	272	핑거웨이브	145	향기 나는 포맨더	41
프레스 포트(프렌치 프레스)	128			허브로 벼룩 없애기	295
프렌치 브레이드 머리 땋기	142			헤나 상징 구별	213
프로처럼 알리(ollie)하기	497	**ㅎ**		헤나 패턴 그리기	212
프리 스로 성공시키기	316			홀리 축제에 푹 젖어보기	413
피가 줄줄 흐르는 상처 분장하기	153			홀치기 염색 줄무늬	45
피노 그리지오와 어울리는 음식	103	하수관으로 빨려 들어간 귀중품 찾기	243	화분갈이	263
피노누아와 어울리는 음식	105	하체를 단단하게 단련하기	357	화산 분출 모형	31
피망 껍질 벗기기	71	하퇴에 부목 대기	342	화초 분갈이하기	264
피부의 광채 유지	170	한국의 공기놀이	380	황도 십이궁에 맞는 짝 찾기	189
피블 그라인드 해보기	498	할라빵 반죽	100	황소와 함께 달리기	414
피코 데 가요	67	해먹에 누워 쉬기	382	회전체	28
핀 앤 텀블러 비틀어 열기	488	핸드스탠드 핑거플립 해내기	500	흔들리지 않게 사진 찍기	410

287

118

268

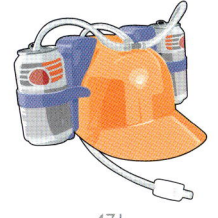
471

94

Show me who

John Owen
High-Flying Executive Chairman

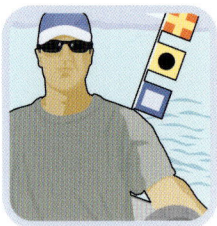
Terry Newell
Salty CEO and President

Dawn Low
Driven VP; Sales

Amy Kaneko
Cosmopolitan VP; Sales

Stuart Laurence
Surfing Sr. VP; International Sales

Kristine Ravn
Animal-Loving Sales Manager

Roger Shaw
Mixological VP and Publisher

Mariah Bear
Hard-Hitting Executive Editor

Lucie Parker
Footloose Project Editor

Paula Rogers
Fire-Breathing Storyboard Editor

Sarah Gurman
Rock-Climbing Editorial Assistant

Mark Perrigo
Clever Director of Finance

Gaye Allen
Tasteful VP; Creative Director

Kelly Booth
Samba-Dancing Art Director

Britt Staebler
Chic Designer and Illustrator

Esy Casey
Cosmic Designer

William Mack
Tricky Designer

Delbarr Navai
Shutter-Snapping Designer

ILLUSTRATION CREDITS The artwork in this book was a true team effort. We are happy to thank and acknowledge our illustrators.

Front Cover: **Britt Staebler:** dancers, shirt, martini, elephant
Kelly Booth: emoticons **Gabhor Utomo:** plant
Bryon Thompson: skateboarders

Back Cover: **Tina Cash-Walsh:** 21, 205 **Gabhor Utomo:** 88 **Juan Calle:** 397, 437

Key bg=background, bd=border, fr=frames, ex=extra art

Juan Calle: 16–18, 27, 28, 44, 81, 86, 150–156, 176, 187–188, 193–194, 258–259 fr, 277, 313–314, 317–318, 334, 347, 363–367, 387–391, 396–398, 412–414 fr, 435–438, 443–447, 460, 463–465, 470, 472
Esy Casey: 19 ex, 43, 126–127 bg, 241 bg, 256 bg, 258 bg, 354, 449

Hayden Foell: 210, 278 fr, 279 **Joshua Kemble:** 11fr, 122–125, 191, 236–238 fr, 256–257 fr, 269–270, 315–316, 331–333, 335, 337–339, 340–343, 426–430, 451–452, 475–476, 490, 492 **Vic Kulihin:** 25–26, 29, 82, 98–101, 231, 241 fr, 252, 260–261bg, 384–385, 448, 461–462, 459, 491, 494–496 **William Mack:** chapter openers **Vincent Perea:** 9 fr, 162–163, 180–182, 186, 280–281 fr, 283–284, 286, 289–290, 294, 296, 392, 394–395, 431–434, 439–42 **Britt Staebler:** 4, 9–11 bg, 10, 32, 35–38 bg, 39, 50, 55–56, 67, 68–69 bg, 76, 77, 77–79 bg, 84–85, 114, 116, 118–119, 120–121, 126–127, 133, 136–138, 171–174, 177, 184, 189–190, 197–200, 212–213, 218, 219–220, 233, 246–249, 250, 262, 268, 271–276, 278 bg, 303, 326–328, 336, 348, 353, 355–358, 370–371, 372, 375, 378–379, 386 fr, 406–408, 412–414 bg, 415, 455–457, 477, 478–480, 482 **Bryon Thompson:** 5–8, 59–62, 102–107, 140, 329–330, 359–362, 421–425, 453–454, 497–500 **Otis Thomson:** 113, 164,

226–228 **Wil Tirion:** 416, 420 **Gabhor Utomo:** 13, 15, 19, 20, 22, 24, 30–31, 33, 35–38 fr, 45–46, 51–53, 58, 73, 75, 87–89, 90, 92–93, 130, 142–143, 149, 185, 195, 224–225, 230, 234–235, 242, 244, 251, 263–264, 265–266, 280–282 bg, 282, 292, 295, 297, 307–311, 312, 319–325, 344–346, 351–352, 368, 373–374, 386 bg, 399–400, 409–411, 419, 458, 466–469 bg, 466, 471, 474, 483–486, 487–489 **Brandy Valenza:** 368–369 bg **Tina Cash-Walsh:** 2, 3, 12, 14, 21, 23, 34, 40–42, 47–49, 57, 63–66 fr, 68–72 fr, 74, 78–79 fr, 80, 83, 91, 94, 95–97, 108–112, 115, 117 fr, 128–129, 131–132, 134–135, 139, 141, 146–147, 157–161, 165–170, 175, 178–179, 183, 192, 203–206, 211, 216–217, 221–223, 236–238 ex, 239–240, 243, 253–255, 285, 287–288, 291, 298, 299–300, 302, 304–306, 349–350, 380–383, 401–405, 418 **Mary Zins:** 144–145, 148, 196, 214–215, 229, 232, 236 ex, 245, 260 fr, 265–267 ex, 267, 301, 393, 393 bd, 417, 467–469 fr, 473, 481, 493

Chris Hemesath
B-Balling Production Director

Michelle Duggan
Slaloming Production Manager

Teri Bell
Artsy Color Manager

Charles Mathews
Engaging Production Coordinator

Hayden Foell
Pint-Lifting Illustration Specialist

Ross Sublett
Undead Illustration Specialist

Matthew Borgatti
Snazzy Illustration Specialist

Michael Alexander Eros
Intrepid Production Assistant

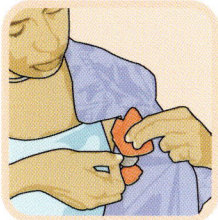
Brandi Valenza
Lucky Art Researcher

Juan Calle
Reanimated Illustrator

Joshua Kemble
Late-Night Illustrator

Vic Kulihin
Juggling Illustrator

Vincent Perea
Dog-Training Illustrator

Bryon Thompson
Adventuring Illustrator

Otis Thomson
Big Daddy Illustrator

Gabhor Utomo
Mysterious Illustrator

Tina Cash-Walsh
Mountain-Biking Illustrator

Mary Zins
Straight-Ahead Illustrator

Lauren Smith
Crafty Spokesperson

Derek Fagerstrom
Saw-Bending Spokesperson

로렌 스미스와 데릭 퍼거스트롬
로렌 스미스와 데릭 퍼거스트롬은 캘리포니아에서 활동하는 편집자, 작가, 디자이너, 점포를 운영하는 사장이자, 색다르고 다방면에 걸친 기술, 특히 수공예품에 관심 깊은 애호가이다. 현재 샌프란시스코 미션 디스트릭트에서 '큐리오시티 숍(The Curiosity Shoppe)'을 운영하며 손수 만드는 우쿨렐레와 들새 관찰 장비 등 좋아하고 아끼는 다양한 물건을 판매하고 있다. 또한 비평가들의 극찬을 받은 '팝업 매거진(Pop-Up Magazine)' 연재 이벤트의 제작 감독을 맡고 있다.

Show me how팀
이 책의 제작팀은 기이한 것을 좋아하고, 다른 사람에게 즐거움이나 정보를 전달하고 싶어 하며, 정말로 효과가 있는지 알아보기 위해 말도 안 되는 일을 기꺼이 시도하는 등의 핵심적인 특성을 공유하는 작가, 편집자, 화가, 디자이너, 다재다능한 지식광들의 집단이다. 이 프로젝트에 기여한 주제별 전문가로는 주부들, 칵테일 기술자, 자전거 배달원, 십대 청소년, 패션 리더, 요리책 저자, 수의사, 응급 구조원, 바리스타 그리고 똑똑하지만 때로는 살짝 정신 나간 듯한 아주 다양한 분야의 많은 사람들이 있다.

옮긴이 신동숙
고려대학교 영문과 대학원을 졸업하고 바른번역 회원으로 활동하고 있다. 역서로는 '미래 아이디어 80', '페이스북 마케팅 for dummies' 등이 있다.

이렇게 만들었습니다.

책의 그림은 어도비 일러스트레이터로 만들고 편집하였습니다. 조사, 검증, 사실 확인은 각 분야의 여러 전문가와 기술자 그룹이 맡아 주었습니다. 우선 요리 전문가 제니퍼 뉴엔과 한나 라힐에게 특히 감사드립니다. 칵테일에 관해 자문해준 루 부스타만테와 육아에 관한 조언을 준 엘리자베스 도허티, 응급 구조 기술에 대해 충고를 해준 제이 와이즈먼, 요가 훈련의 론다 슬로타, 뜨개질 샘플을 제공해준 르네 마이어스, 커피 기술을 전수해준 카페 아비르를 운영자 '사무라이' 칸 하세가와, 조산사로서의 노하우를 전해준 젠 이건, 사교적인 수완에 관해서는 리처드 트로리 그리고 항해 기호와 관련해 조언을 준 캐런 페레즈에게 감사드립니다. 그리고 더 훌륭한 내용을 담을 수 있도록, 오토바이에서 미니스커트까지 다양한 조언과 충고를 아끼지 않았던 그 밖의 여러 전문가 여러분께도 감사의 인사를 전합니다.

'더 쇼 미' 팀원 대부분은 바로 앞 페이지에 소개되어 있습니다. 그 외 이 책의 제작에 도움을 주신 분들로는 크리스토퍼 데이비스, 스테파니 탱, 셸리 펄스, 말린 웨스트먼, 스콧 얼워트가 있습니다. 그 밖에 원고 교열을 도와준 수전 호나이티스, 컴퓨터가 꺼지지 않고 잘 작동하도록 돌봐준 마이크 베이스에게도 고마움을 전합니다. 이 모든 분들께 대단히 감사드립니다.

여러분의 의견을 기다립니다.

이 책에 소개된 요령보다 더 좋고, 빠르고, 현명하게 풀어낼 방법이 있나요? 만일 그렇다면 저희에게도 알려 주세요! info@showmenow.com으로 이메일을 보내 주시면 개정판을 낼 때 독자 여러분의 소중한 아이디어를 반영하겠습니다. 사진이나 동영상을 보내주시면 시연하는 모습을 책에 고스란히 담아드릴 수도 있습니다.

함께 참여하세요!

이 책에 소개되었으면 하는 아이디어가 있습니까? 여러분이나 여러분 친구만 아는 무언가를 사람들에게 자랑하고 싶으신가요? 저희는 자신만이 아는 전문 기술을 세상에 알리는 데 함께할 새로운 팀원을 찾고 있습니다. 최고의 아이디어(또는 그 다음으로 훌륭한 아이디어)를 보내주십시오. 그러면 여러분도 전문가와 열광적인 신봉자로 구성된 멋진 그룹의 일원이 될 수 있습니다.